Ernst Kelchner

Briefe des königlichen preussischen Generals und Gestandten

Theodor Heinrich Rochow an einen Staatsbeamten

Ein Beitrag zur Geschichte des 19. Jahrhunderts

Ernst Kelchner

Briefe des königlichen preussischen Generals und Gestandten Theodor Heinrich Rochow an einen Staatsbeamten
Ein Beitrag zur Geschichte des 19. Jahrhunderts

ISBN/EAN: 9783743606869

Hergestellt in Europa, USA, Kanada, Australien, Japan

Cover: Foto ©ninafisch / pixelio.de

Weitere Bücher finden Sie auf **www.hansebooks.com**

Briefe

des

Königlich Preußischen Generals und Gesandten

Theodor Heinrich Rochus von Rochow

an

einen Staatsbeamten.

Als Beitrag zur Geschichte des neunzehnten Jahrhunderts

herausgegeben

von

Dr. Ernst Kelchner und Prof. Dr. Karl Mendelssohn-Bartholdy.

Frankfurt am Main.
Verlag von J. D. Sauerländer.
1873.

Vorwort.

Denken wir uns, einem Staatsmann aus der Schule Metternich's wäre eine Stunde gewährt, um die Gegenwart zu betrachten. Er würde fragen: „Wo sehe ich die Concentration der Neugestaltung?" Man wiese ihn nach dem Gebäude des deutschen Parlaments. Da kann er die zugemessene Stunde aufbrauchen bereits in der Vorhalle.

Denn was sieht er hier?

Die Bilder Pfizer's, Mathy's, Dahlmann's! Sind das nicht die Verfehmten, mit Polizeibütteln und Bundesgewalt Gehetzten, sind das nicht die „Judenschlingel, Gotteslästerer und Apostel der Revolution?" —

Ja, seitdem ein Mann wie General Rochus von Rochow gestorben ist, sind erst achtzehn Jahre verflossen, und in unserer telegraphisch beschleunigten Zeit haben die Jahrzehnte mindestens den Inhalt von Jahrhunderten. Es ist aber von großer Bedeutung, daß das heutige Geschlecht sehe und aus vertraulichen geheimen Mittheilungen miterlebe, welcherlei Männer, die sich Staatsmänner nannten, vor dreißig Jahren das deutsche Volk bevormundeten und mit welchen Mitteln sie es unmündig zu erhalten glaubten.

Ein classischer Zeuge aus dieser Zeit ist Rochow.

Die vorliegenden Briefe sind ein Beitrag zur Kenntniß der Reactionspartei von 1828—1853. Es ist die Periode von Rochow's gesandtschaftlicher Thätigkeit in Stuttgart, Bern, St. Petersburg und am deutschen Bundestag zu Frankfurt a. M.

Zunächst treten Personen und Zustände Süddeutschlands in scharfem Licht hervor. Altpreuße und streng reactionär gesinnt, fühlte sich Rochow durch die süddeutsche Luftströmung beengt und belästigt. Ihm fehlte der Sinn für das Ideale, der dem Süddeutschen, vor Allem dem Schwaben in einer für den Norddeutschen fremden Formgebung eigenthümlich ist. Rochow war polizeilicher Büreaukrat im vollendeten Sinne des Wortes, sein Gesichtskreis ging nicht über den Polizeistaat hinaus, die Summe seiner Staatsweisheit bestand im Verbieten und im Verfolgen, worin er allerdings leidenschaftliche Kraft und Cynismus genug entfalten konnte. Seine trockenen Randglossen zu dem Gang der inneren Entwickelung Deutschlands haben sich vielfach als zutreffende Prophezeiungen ausgewiesen; sein nüchternes Auge, sein scharfgeschliffenes Urtheil eilte befangeneren Zeitgenossen mit dämonischer Sicherheit voraus, wenn es sich um Lösung kirchlich politischer und socialer Streitfragen handelte.

In Augenblicken jedoch, wo es darauf ankam, mehr als blos polizeilich zu wirken, und kritische Beobachtungen anzustellen: etwas Positives und Gesundes für das politische Leben zu schaffen, verließen ihn Rath und Kraft.

Die Gedanken, welche dem preußischen Politiker am nächsten hätten liegen müssen, waren für ihn unfaßbar. Die Ideen, welche in der Restaurationszeit die deutsche Jugend bewegten, schienen ihm eitel Hirngespinst zu sein. Die deutschen Einheitsbestrebungen waren ihm Gegenstand des Aergernisses und der Sorge, er hatte nur Hohn und Spott für Männer, welche, wie Paul Pfizer, den Gedanken der deutschen Einheit unter preußischer Führung als logische und historische Folgerichtigkeit erfaßten und vertraten.

Kaum war der preußische Gesandte am Stuttgarter Hof einigermaßen orientirt, so hielt er eine größere Thätigkeit des Bundes, als bisher, für nothwendig um die gährenden poli-

tischen und literarischen Elemente Süddeutschlands zu bewachen und
zu beschränken. Er billigte das Verbot des Bundestags gegen das
junge Deutschland und äußerte: „Solche Verbote sind weit besser,
als alle Censur, die in constitutionellen Ländern nicht durchgesetzt und
in andern Ländern durchaus schwer gehandhabt werden kann."

Für Rochow besteht die Presse aus „Judenschlingeln, durch-
gefallenen Advocaten und Gotteslästerern," die man um keinen
Preis sich als Macht constituiren lassen darf. Denn „Milde
hilft nicht, Zucker gibt nur Säure." Ueber Gutzkow's Ausweisung empfindet Rochow eine absonderliche Freude. Dagegen
ist ihm W. Menzel an's Herz gewachsen, und die Angriffe des
„jungen Deutschland," der Heine, Börne, Auerbach gegen den
verehrten Mann erregen seinen tiefsten Unmuth.

Als Cornelius sich in Stuttgart niederlassen will, rühmt
der preußische Gesandte: „Ich habe es dahin gebracht, daß ihm
weder hier noch in Tübingen der Aufenthalt gestattet wurde."

Aber die Würtembergische Regierung hatte jene opposi-
tionellen Regungen noch nicht vergessen, welche während der
zwanziger Jahre in Wangenheim's Trias-Ideen und in dem Manuscript aus Süddeutschland hervortraten. Der schwäbische Par-
ticularismus verband sich mit dynastischen Sonderinteressen, um
gegen die Bundesstaatlichen Consequenzen Front zu machen,
welche die Reaction aus der deutschen Bundesverfassung zu ziehen
suchte. Rochow preist zwar den König Wilhelm selbst als
einen kräftigen und gescheidten Herrn, klagt aber darüber, „daß
man die Verfassung vorschütze, um die preußischen Verordnungen
gegen die Literatur nicht nachahmen zu brauchen." Ueberhaupt
behagen ihm die süddeutschen Zustände nun einmal ganz und
gar nicht. „Preußen zeigt sich ganz nutzlos gefällig gegen
Süddeutschland." „Nirgends Kraft und Festigkeit!" ruft er aus.
Er bemerkt, daß die Verwaltung in Würtemberg immer noch
besser ist, wie in Baiern, „wo Alles darniederliegt, was nicht

auf Griechenland und die Künste Bezug hat." Er vermag seine Abneigung gegen die „historische Politik" König Ludwigs von Baiern nicht zu unterdrücken. Denn er erkennt wohl, daß die Eingriffe der Frankfurter Bundesgewalt an dem Selbst= gefühl und an dem particularistischen Eigenwillen des mächtigsten süddeutschen Fürsten ihre Schranke finden würden. Wie in Würtemberg mit den demokratischen, verbindet sich in Baiern die Opposition gegen den Bund mit den ultramontanen Elementen. In Baiern arbeiteten sich damals Männer empor, wie jener Abel, der die traurige Rolle, die er in Griechenland gespielt hatte, durch frömmelndes Wesen in Vergessenheit zu bringen suchte. „Abel", schreibt Rochow, „liegt täglich mehrere Stunden in der Kirche auf den Knieen, bis es Jemand am Hofe sieht."

Im Uebrigen unterschätzt Rochow die Gefahren nicht, die gerade von dieser Seite drohen. „Die Catholica machen viel Arbeit!" „Es thut mir sehr leid, daß die Revolution auf diesem Felde sich auf den Grundlagen der Geschichte und des Herkommens befindet."

Ein großes Gewicht wird den Zuständen Badens beigelegt. Der damalige badische Premierminister, der freilich in Baden selbst ein zweifelhaftes Andenken hinterlassen hat, Herr von Blittersdorff, wird als „thätig, fest, gescheidt", als der Staats= mann gerühmt, der sich beeifert, zugleich dem österreichischen und dem preußischen System zu folgen, kurz der sich bei Badens gefährdeter Lage „vortrefflich" bewährt habe. Dagegen gedenkt Rochow des preußischen Collegen am Carlsruher Hofe, Herrn von Otterstedt, selten, ohne ihm einen Seitenhieb zu versetzen. „Herr von Otterstedt macht nicht viel mehr. Er leidet an Ob= struction in seinem Einfluß." „Man kann nicht vorsichtig ge= nug gegen Herrn von Otterstedt sein." „Herr von Otterstedt wird spuken, schinderknechten und dergleichen."

Es scheint fast, als ob Rochow seinen Collegen am Carls=

ruher Hof für den üblen Gang verantwortlich machen möchte, den die badischen Dinge nehmen. Denn die Wortführer der badischen Opposition in Kammer und Presse, die Herren von Rotteck und Welcker, waren zwar gemaßregelt, aber darum in ihrem populären Einfluß, der weit über Badens Grenze reichte, keineswegs gehemmt worden. Selbst in den ministeriellen Kreisen stieß Blittersdorf's Reactionseifer auf energischen Wider- stand; und der badische Premier sah sich in die Nothwendigkeit versetzt, die Unterstützung des Bundestags gegen die öffentliche Meinung des eigenen Landes und gegen die eigene Regierung herbeizuwünschen. „Herr von Blittersdorf ist sehr zufrieden, wenn sein Gouvernement aufgefordert wird, strenger zu sein, er allein setzt Nichts durch." In der That konnte Herr von Blittersdorf sich auf die eigene Büreaukratie nicht verlassen. Die Reaction traf in Baden auf die stille Gegenwirkung von Männern wie Winter und Nebenius, die, auch in büreaukra- tischen Umgebungen, eine liberale Gesinnung bewahrt hatten. Dem Minister Winter ist Rochow gram, „weil er so sehr schlecht aufpaßt," er beschwert sich über die „traurige badische Censur, die das Erscheinen und die Verbreitung des Leuchtthurms in Constanz möglich mache; über die „dumpfe Nachsicht", die man von Karlsruhe aus gegen die revolutionären Elemente übe. Er schildert Baden als „das Netz, wo die zusammenhängende Thätigkeit der Radicalen am Trefflichsten organisirt ist. Abhülfe wird nur erfolgen, wenn der Großherzog fest bleibt." Es ge- lingt ihm durchzusetzen, daß „Siebenpfeifer nach Neubreisach ausge- wiesen wird und Elsner vier Wochen brummen muß." „Sie sehen", rühmt er, „ich halte gute Polizei." Dazwischen fällt auch wohl eine ernste Rüge über die Toleranz, die dem Trei- ben in Baden-Baden gegenüber geübt werde. „Welchen Nach- theil hat sich Baden durch diese Hazardspiele verschafft! Cor- rumpirung der eigenen Unterthanen und Beamten und Herbei-

ziehung von Gesindel. Dazu gehört eine bessere Polizei, als
die badische ist."

Im Allgemeinen bleibt es Rochow's ceterum censeo,
daß nur energisches Einschreiten von Seiten der Bundesbehörde
dem vordringlichen badischen Liberalismus steuern könne, „Palliative helfen nicht gegen die wachsende Aufregung. Man betrachtet den Bund schon als einen Cadaver."

Er sieht Süddeutschland als einen Tummelplatz revolutio-
närer Leidenschaften an, die durch die Schwäche der Regierungen
gefördert werden. Seiner Brust entringt sich der charakteristische
Stoßseufzer: „So lange die jetzigen süddeutschen Zustände dauern,
bleibt das Franzosenthum auf uns gepfropft."

Neben der Furcht vor dem Franzosenthum, vor Frankreichs
ansteckenden Einflüssen war die Nähe der republikanischen Schweiz
fortwährend ein Quell der ernstesten Besorgnisse. Bot sich doch
durch die Flüchtlingsfrage der unmittelbare Anlaß zu einem
internationalen Conflict. Rochow war als Gesandter in Bern
dahin angewiesen, ein scharfes Auge auf das Treiben der Flüchtlinge zu haben. Er ließ Notizen über das Verbindungswesen
der Schweiz nach Berlin schicken, er rechnete sich als Verdienst
an, die Fäden der Umtriebe in der Schweiz nachgespürt zu
haben, „wo die Mehrzahl der Staatsmänner sich dem süßen
Wahne hingab und lieber die Augen verschloß, als Unangenehmes für wahr erkennen zu wollen." Der geringste „Rumor"
unter den Flüchtlingen setzte ihn auf den Alarmfuß. Der bloße
Umstand, daß ein Demokrat, wie Fein 10,000 Francs in Basel
stehen hatte, galt schon als gravirend. Auf den späteren badischen Ministerpräsidenten „Mathy" hatte man „ein wachsames
Auge geworfen." Alles, was nur mit der Schweiz zusammen-
hing, was irgend eine Beziehung zu ihren leitenden literarischen
und socialen Elementen hatte, erschien als verdächtig. Die
schweizer Reisenden Hagenbach, Füßli, Siegfried, Ulrich, sollten,

sobald sie den deutschen Boden betraten, auf das genaueste beobachtet werden. „Vielleicht besinnen sich die Schweizer, wenn sie sehen, daß ihnen nirgends Beistand geleistet wird." Rochow betrachtete es als seine Hauptaufgabe, das Asylrecht, welches die Revolutionäre aller Länder in der Schweiz genossen, aufzuheben oder zu beschränken.

Wenn die jugendlichen deutschen Schwärmer, die wegen der ersten unklaren Anwandlungen des akademischen Liberalismus, wegen Singen eines sentimentalen burschenschaftlichen Liedes und wegen verstohlener Liebe zu dem deutschen Einheits-gedanken aus der Heimath verjagt und gezwungen wurden, sich das tägliche Brod im Exil sauer zu verdienen, erfahren hätten, welch' eine Wichtigkeit man ihrem Thun und Treiben beimaß, so würden sie sich gewiß über ihre eigene Bedeutung erstaunt haben. Die meisten unter den deutschen Flüchtlingen, wie Frei-eisen, Stephani, Snell, waren harmlose und wohlmeinende Leute, denen man im Ernst staatsgefährliche Absichten nicht hätte unterschieben dürfen.

Selbst die bedenklicheren Elemente unter ihnen, die Fein, Kombst, Rauschenblatt, Siebenpfeiffer, erschienen neben einem Mazzini ungefährlich genug. Aber in Rochow's Augen wuchsen sie zu gemeingefährlichen Verbrechern heran; er hielt es schon für einen Gewinn, als er Siebenpfeiffer und Snell beim Ab-halten von Collegien an der Berner Hochschule entgegentreten konnte. „So still es zu sein scheint, so wenig schläft der Böse, man soll die Minengänge erforschen." „Das Feuer glimmt wieder unter der Asche. Durch Frankreich kommt Verbindung in die deutschen Flüchtlinge hinein."

In Wahrheit konnte Nichts so deutlich zeigen, wie übel berathen die deutschen Flüchtlinge waren, als daß sie ihre Hoff-nungen auf Frankreich setzten. Die Regierung Louis Philippe's hatte ja schon mehr als einmal denen, die auf sie hofften, ihre absolute Unzuverlässigkeit documentirt, man durfte erwarten, daß

Verträge ausbrütete. „Mir thut es leid, daß der junge Bonaparte nicht sofort erschossen ward. Seit Mürat füsilirt worden,
ist in Neapel von dieser Race nicht mehr die Rede gewesen."
Der freundschaftliche Wunsch ging freilich nicht in Erfüllung
und nach der ersten drohenden Aufwallung war auch von energischen Schritten, um die Schweizer zu züchtigen, und von Repressa-
lien nicht mehr die Rede. Wenigstens wichen die Schweizer bei aller
Höflichkeit der Form in der Sache um keinen Zollbreit zurück.
„Während man zum Schein dem Ausland den Mund durch Beschlüsse stopft, dauert das alte Lied mit den Flüchtlingen fort."

„Ueberall handelt die Propaganda offensiv. Die Presse
der ganzen Welt steht ihr zur Verfügung und wirft 100,000
Feuerbrände nach allen Seiten. Kann man es dem gewöhnlichen Menschen, der Masse verargen, wenn sie ihren Glauben
nach dem Erfolg richtet?"

„Welche Zersplitterung in der Abwehr gegen die Propaganda!" ruft der Gesandte verzweifelt aus.

In tiefstem Vertrauen führt Rochow darüber Beschwerde,
daß am eigenen Hof die nöthige Entschlossenheit fehle. „Gleicht
bei uns die Depesche von gestern der von vorgestern? Kein
System. Und doch will man in Berlin Alles besser wissen."
Er hofft jedoch, daß seine politischen Freunde und Gesinnungs-
genossen, die Wittgenstein, Tauenzien, Herzog Carl von Mecklenburg im Berliner Cabinet den Ausschlag geben. „Der Chef
des Auswärtigen," äußert er, „ist korrect, seine Vorschläge
gehen durch das Läuterungsfeuer des Graf H. und Fürst
Wittgenstein. Letzterer ist Schutzgeist des Vaterlandes."

Gegen Ende der Regierung Friedrich Wilhelm des III.
traten ernste Prüfungen an die preußische Politik heran. Die
hannöversche Verfassungsfrage und der Cölner Bischofsstreit ab-
sorbirten die Aufmerksamkeit der preußischen Diplomatie.

„In Hannover marschirt man rückwärts. Der Himmel

bewahre uns vor unsern Freunden!" bemerkte Rochow, als Ernst August den Verfassungsbruch in Scene setzte, „bei solchem Gang kann die Politik keine Seide spinnen. Ich betrachte das Verfahren des Königs von Hannover im Widerspruch mit dem Rechtsprincip, der Achtung für die Autorität des Bundes und die politische Solidarität aller deutschen Staaten. Für die constitutionellen Staaten ist solch' ein Verfahren sehr übel. Fatale hannöversche Sache! muß gründlich abgemacht werden, sonst endet sie wie die Braunschweig'sche." „Wahrlich kein Freund des Liberalismus, bedauere ich schmerzlich, was Ernst August angerichtet hat." „In der badischen Kammer hat man die Affen in dieser Verfassungsfrage tanzen lassen. Herr von Blittersdorff hat passend geantwortet und sowohl den König als den Bund zu schonen gewußt." Als der König Ernst August sich später Herrn von Rochow zum Gesandten ausbittet und „Sturm für ihn laufen will," findet der preußische Diplomat denn doch, daß Hannover „ein glühender Boden ist, wo Nichts zu machen ist." „Der König raset, da er mich nicht bekommt. Hol' ihn der Henker!" Uebrigens bemerkt Rochow, daß Ernst Augusts Fehler noch immer nicht zur Schadenfreude berechtigen, und je lebhafter der Liberalismus Partei für die durch den König Verfolgten nimmt, desto eifriger sucht Rochow seine Bedenken über den unläugbaren Rechtsbruch, der in Hannover vorgefallen ist, zu unterdrücken.

Die hannoverische Sache trat in den Hintergrund, da der durch die Unduldsamkeit Droste-Vischering's herbeigeführte Conflikt Aller Augen auf die katholischen Angelegenheiten und die Regelung des Verhältnisses zwischen Kirche und Staat lenkte.

Zwar hatte Rochow die Genugthuung zu constatiren, daß der Kaiser von Oesterreich sich über die Cölner Frage „sehr correct aussprach, Einigkeit und Festhalten an den bestehenden Institutionen predigte und erklärte, er habe keinen Beruf sich in

diese Angelegenheiten zu mischen." Wenn man aber auch von
Oesterreich zunächst eine Politik der Enthaltung zu erwarten hatte,
wer bürgte dafür, daß der Wiener Hof nicht von der ultramontanen Strömung mit fortgerissen ward? Rochow sah wohl
allzuphantastisch erregt in die Zukunft, da er einen allgemeinen
Kreuzzug gegen den Protestantismus prophezeite. „Die Leidenschaften und nicht der Verstand regieren die Welt. Es steht
ein Kreuzzug gegen den Protestantismus bevor. Wir müssen
handeln und allen protestantischen Regierungen zur Stütze dienen.
Man darf sich in Berlin nicht beruhigen." „Keiner thut etwas,
aus Besorgniß, von der ersten protestantischen Macht des Continents ohne Unterstützung gelassen zu werden." Rochow vertraut darauf, daß man den Ansprüchen der Curie gegenüber
fest bleibt. Er tadelt die Schwäche in Baden, wo das Ministerium beschließt, des Erzbischofs Demeter Kundgebung für
Droste-Bischering zu ignoriren. Er hofft, daß der Bund den
Preßunfug in Baiern züchtigen werde, da, inspirirt von Görres,
gerade aus Baiern eine Reihe der giftigsten Manifestationen
gegen die preußische Regierung ausgegangen war. „Rom gegenüber hat man nicht theoretisch, sondern thatsächlich zu verfahren. In Grundsätzen behält man ihm gegenüber immer
Unrecht." „Mit Rom ist nicht zu unterhandeln, gegen Rom ist
lediglich zu handeln." Napoleon sagte: „Rom herrscht über die
Seelen und wirft mir nur den Cadaver hin." Dazwischen
fallen freilich Aeußerungen weniger zuversichtlichen Klanges:
„Abwarten ist in den kirchlichen Dingen das Beste." „In den
kirchlichen Dingen findet man, daß Preußen mehr Blößen gegeben hat, als zu erwarten stand, und sich nachgerade in mißlichste Lage verfahren hat."

Alle diese Befürchtungen steigern sich seit dem Tode Friedrich
Wilhelms III. Es begreift sich leicht, daß ein so nüch-
terner Praktiker wie Rochow, wenig Geschmack an der in Fried-

rich Wilhelm IV. verkörperten Romantik fand. Anfangs scheint auch er von der allgemeinen Vertrauensseligkeit beherrscht, die den neuen Fürsten begrüßte. „Es muß eine frischere Bundes-lehrzeit à l'usage des princes beginnen. Unser König wird Alles besiegen, selbst die herzlose und trotzige Geistesverkehrtheit unserer Zeit. So viel Weisheit und so klarer, reiner Wille findet sich nirgends." Aber schon die Günstlinge des neuen Monarchen, Radowitz und Bunsen, sind Rochow offenbar nicht congenial. Radowitz charakterisirt er als „gelehrt, wohlgesinnt, hyperkatholik, nec plus ultra, vielseitig gebildet, aber zu wenig Militär, zu wenig preußischer Officier" und bezweifelt, daß er mit ihm zu-sammen (Radowitz war zum Gesandten von Carlsruhe designirt) eine gute Ehe für Süddeutschland führen werde. Auch über seinen Nachfolger auf dem Schweizer Gesandtschaftsposten, Bunsen, der dort „keineswegs gern gesehen worden sei", äußert er sich in abgünstiger Weise. Friedrich Wilhelm IV. scheint ihm auf einer schiefen Bahn begriffen zu sein. „Der König ist zu offen, denkt zu groß von der Menschheit, fühlt sich als poetische Natur von der aura popularis angezogen." Die Vorfälle mit Herwegh, mit den „Deutschkatholiken" gelten als böse Symptome der Zeit.

Dazwischen findet Rochow unverantwortlich, daß man Schaumann's „Geschichte des zweiten Pariser Friedens" in Berlin unbeantwortet läßt, „einen der perfidesten Angriffe gegen Preußen. Wozu haben wir Ranke, Lancizolle, Rudorff und andere 50 Gutgesinnte! Alle Kraft der Guten verzehrt sich im Raisonniren." Ueber die Landtage heißt es in bedenklichem Ton: „Wenn man einmal angefangen hat zu geben, gibt man leicht zu viel." Und über den Streit mit der Kurie: „Aus Berlin höre ich viel Niederschlagendes. Der König bearbeitet die katho-lische Sache allein mit Minister Eichhorn. Was daraus werden soll, weiß Niemand, vielleicht wissen es nur die Ultramontanen. Die bisherigen Schritte haben im Vaterland und unter den

Protestanten Deutschlands einen sehr trüben Eindruck gemacht."
„Unsere Regierung hat sich Rom gegenüber etwas zu ungeduldig
gezeigt, Alles zu applaniren. Rom benutzte dies." Rochow
resumirt die ganze Lage düster genug dahin: Man hat kein
Vertrauen. Wollen und Nichtwollen, Popularitätsstreben, Genie=
blitze, Ehrgeiz beherrschen die Gemüther.

So wendet sich Rochow von dem Anblick, den sein eigenes
Vaterland während der ersten Regierungsjahre Friedrich Wil=
helms IV. bietet, nicht ungern ab, das Ausland erscheint ihm
in erfreulicherem Licht. Unter den Staatsmännern des Tages
imponirt ihm nur Einer: Fürst Metternich. Er hat zwar auch
Momente des Zweifels bezüglich der Unfehlbarkeit des politischen
Steuermanns an der Donau gehabt, aber sie sind verschwunden,
wenn er Metternich's Expeditionen als das Erhabenste bezeichnet,
was er gelesen, wenn er in halber Verzückung ausruft: „Gott
erhalte uns den Fürsten Metternich! Er hat Gemüth, hohen
Sinn für das Schöne, eine so sichere Stellung, daß er viel
coulanter sein darf als einem Anderen möglich wäre, kurz
er hat Momente im Leben, die an einen antiken Charakter
erinnern."

Es ist das eine ähnliche Anschauungsweise, wie sie Rochow's
Parteigenosse, Herr von Gerlach aussprach, da er den Czaaren
als den wahren Vater und Retter Preußens pries. Auch von
St. Petersburg aus behielt Rochow die deutschen Verhältnisse
unverwandt im Auge. „Alle Blicke sind aus Petersburg auf
Deutschland gerichtet. Man hofft, daß der gesunde über=
legene Sinn der Deutschen bald einen praktischen positiven
Vorschlag erzeugt." Daneben läßt er es an Winken nicht fehlen,
daß der Czaar wie Fürst Metternich betrübt seien über Preußens
Neigung zum Constitutionalismus, d. h. zur Auflösung. Auch
der König von Würtemberg warne vor constitutionellen Neue=
rungen, vor der Berufung des vereinigten Landtags. „Niemand

räth dazu." „Alle ächt staatsmännische Auffassung ist verschwunden. Man hat nicht einmal mehr Routine."

In der russischen Politik bereitete sich unter dem Eindruck des Unbehagens, das der Czaar über die Reformen Friedrich Wilhelms empfand, die Abwendung von Preußen, die Hinneigung zu Oesterreich vor, die zu Olmütz eine eclatante Bestätigung finden sollte. Rochow sah die Ereignisse kommen, ohne sie hindern zu können und hindern zu wollen; die Denkschrift, die er 1850 nach der schweren politischen Niederlage aufsetzte, welche Preußen in Olmütz und Warschau erlitten, legt hierfür ein charakteristisches Zeugniß ab. Die Genugthuung darüber, daß sein Gegner Radowitz mit der Unionsidee Fiasco gemacht, daß in letzter Stunde statt der Politik des „Nicht Dulden Wollens" die Politik „Alles zu ertragen" gesiegt hatte, überwiegt. „Graf Brandenburg ist über die Zugeständnisse, die man sich gegenseitig in Olmütz machte, gestorben; ich bin allein übrig, der Zeugniß von den dortigen Verhandlungen ablegen kann. Sie waren nichts Anderes als Rückkehr auf den Weg des Rechtes." Den Krieg nennt Rochow einen selbstmörderischen Wahnsinn. Die Begeisterung von 1813 sei eine ehrliche, gerechte gewesen, aber jetzt sei sie nicht vorhanden und könne nicht vorhanden sein, da gar kein plausibler Grund zum Kriege vorliege, sondern Preußen nur eine falsche oder doch keine glückliche Politik betrieben habe. „Es ist nicht im Geringsten beeinträchtigt, die Ehre ist außer Spiel. Mit der österreichischen Erklärung in der Hand kann jeder preußische Minister vor die Kammer treten und sie fragen, ob sie noch den Krieg wolle, einzig und allein um die Gebote der sogenannten preußischen Ehre zu befriedigen." Im Fall des Kriegsausbruchs sagt Rochow voraus: daß die Franzosen bis zum Rhein vorrücken und ihn behaupten werden ungeachtet des Becker'schen Rheinliedes; daß die Dänen über die Eider gehn und das Land anderer mythischer Gesänge ihrer Politik einverleiben; daß die Russen in Ost- und Westpreußen einrücken, aber nicht als Befreier. „Rechnet man alle diese Eventualitäten und daß die Enthusiasten zum Krieg gewöhnlich diejenigen sind, welche zu Hause bleiben, so wird eine halbe Million Streiter kaum genügen, zumal man auch den größten Theil von Deutschland gegen sich haben wird." Zum Schluß legt Rochow entscheidendes Gewicht auf eine Aeußerung des Czaaren, der zufolge derselbe sich in der schwebenden Streitfrage auf Seiten Oesterreichs stellen, und im Fall des Kriegsausbruchs zunächst einen scharfen Tadel über die preußische Politik aussprechen werde. So gelangt der preußische Diplomat zu dem Resultat, daß Nachgiebigkeit die größte Klugheit sei.

Anders haben damals freilich Rochow's politische Gegner geurtheilt, denen er vorwarf, daß sie durch Uebermuth die Krisis heraufbeschworen hätten. „Wenn ich voll Bitterkeit gegen Radowitz bin," schrieb Graf Pourtales an Bunsen, „so habe ich keine Worte mehr, um meine tiefe Indignation gegen Manteuffel zu schildern; denn trotz Haugwitz, trotz Georg Wilhelm, trotz Tilsit kann unsere Geschichte meiner Meinung nach Nichts aufweisen, was mit der Olmützer Niederlage zu vergleichen wäre. Unsere Kammern, unser Heer zusammen zu trommeln, um in Gala geohrfeigt zu werden, mit den Erinnerungen von 1813 zu spielen (und welches Spiel), von Concessionen Oesterreichs zu sprechen, weil wir dem Henker Rechberg einen Schinderknecht stellen dürfen, als Kuppler oder als Hehler nach Holstein nachhinken sollen, mit Pauken und Trompeten, Protokollen und Urkunden unsere Schmach und Schande verbriefen lassen zu müssen — dies ist so schmerzlich, so herzzerreißend, so niederschmetternd, daß ich keine Ausdrücke dafür finde."

„Aber: aide toi et le ciel t'aidera! Wir können es nicht verlangen, daß Andere für uns wirken, wenn wir selbst nichts thun. So schlimm, so schmachvoll unsere Lage auch ist, so vermögen Feigheit und Verrath doch nicht ein Factum umzustoßen, nämlich daß Deutschland eine Zukunft hat und daß Preußen berufen ist to take the lead. Die Geschichte der letzten Jahre beweist, daß die Macht der Umstände uns immer wieder die Hegemonie anbietet, welche wir anzunehmen uns so oft erbärmlich geweigert haben. Mag die verblendete Kreuzzeitungs=Partei noch so sehr ihr geschichtliches System auskramen, mögen Rochow, Gerlach und Stahl noch so sehr für Oesterreich und Ausland gegen Preußen handeln und schwatzen, sie bringen damit nicht durch, denn Gott und nicht Manteuffel regiert die Welt,"

Wie gern wird man heutzutage diese frischen Aeußerungen des Vertrauens auf Preußens Stern dem Ausdruck trauriger Resignation gegenüber stellen, mit dem Rochow sich über Olmütz und Warschau zu beruhigen suchte.

Als Preußen sich im Frühling 1851 dazu entschloß, den reactivirten Bundestag zu beschicken, ward Rochow mit der provisorischen Führung der Gesandtschaft in Frankfurt betraut, und der geheime Legationsrath von Bismarck-Schönhausen zu seinem ersten Secretär ernannt. Diesen diplomatischen Neuling stellte der Gesandte im Juli 1851 dem Prinzen von Preußen mit den Worten vor: „Er ist frisch, kräftig, wird gewiß allen Anforderungen Eurer Königlichen Hoheit entsprechen." Nach der Vorstellung bemerkte er: „Ich glaube, der Prinz hätte ihm nur etliche Jahre mehr und graues Haar gewünscht; ob man gerade damit die Pläne des Prinzen durchführen kann, ist doch fraglich."

Von dem Augenblick an, wo es entschieden war, daß Bismarck selbst den Gesandtschaftsposten in Frankfurt erhalten werde, würdigte Rochow seinen Secretär, den er anfangs unterschätzt, über dessen Neigung zum langen Schlafen er wohl gespottet hatte, einer nicht gerade wohlwollenden Aufmerksamkeit. Am Tage seiner Rückkehr nach St. Petersburg ließ er Herrn von Bismarck ein grünes Portefeuille zustellen, worin sich angeblich die laufenden Sachen befinden sollten; aber das Portefeuille war leer. Er erlebte aber nun die Beschämung, daß Bismarck sich am Bahnhof einfand und in den gewähltesten Ausdrücken für all die von den Vätern überkommene Freundlichkeit dankte, welche der Abreisende ihm bewiesen habe.

Zwei Jahre später starb Herr von Rochow zu St. Petersburg, von den Anstrengungen seines Berufs und den verderblichen Einwirkungen des russischen Klimas dahingerafft. In Petersburg, wie in Frankfurt, ward Herr von Bismarck sein Nachfolger; über dem Grab der alten stieg die neue Zeit für Preußen empor.

Freiburg i. Br., October 1871.

K. Mendelssohn=Bartholdy.

Berichtigungen.

Euer Wohlgeboren

bitte ich sehr um Entschuldigung, daß ich gestern so flüchtig in der Unterhaltung mit Ihnen war.

Hätten Sie wohl die Gefälligkeit mir mit einigen Worten zu sagen: was Sie von des Hrn. v. Nagler's Anherkunft wissen und was treibt der Churprinz v. Hessen in Frankfurt, seit wann ist Er dort und wo wohnt Er? Hat Er vielleicht Madame Lehmann *) bei sich?

Euer Wohlgeboren würde mich durch eine gefällige Mittheilung erfreuen.

Morgen gegen 8 Uhr früh werde ich mir die Freude machen, Sie auf einen Augenblick aufzusuchen.

Dem Hrn. Legationsrath Krug bitte ich mich achtungsvoll zu empfehlen.

Mit ausgezeichneter Werthschätzung und verbindlichstem Dank habe ich die Ehre zu beharren als 2c.

––––––

*) Der Churprinz, 1829 in Bonn, lernte da die vier Jahre jüngere Tochter des Weinhändlers Falkenstein kennen (1806 geboren), die damals Gertrude Lehmann hieß und die Gattin eines preußischen Officiers war. Weil sie ihm ganz besonders gefiel, kaufte er sie demselben ab; der cedirende Ehemann mußte aber damals seinen Abschied nehmen, da die Kameraden nicht mehr mit ihm dienen wollten.

Die so erhandelte Frau Gertrude wurde im October 1831 zur Gräfin von Schaumburg und 1850 zur Fürstin von Hanau erhoben.

1

Homburg v. d. H., 24. Mai 1829.

Euer Wohlgeboren

den allerverbindlichsten Dank sagend für alle Gefälligkeit, die Sie mir mit der bereitwilligsten Güte während meines hiesigen Aufenthaltes erweisen, bitte ich Sie noch, die Gewogenheit haben zu wollen: mir bis Morgen, den 25. c. früh 7½ Uhr nach dem römischen Kaiser zu Frankfurt einige Kunde über den Churprinzen zu ertheilen. Auch soll ich nach Berlin Auskunft über Pfeilschifter *) bringen; dürfte ich wohl gehorsamst bitten, mir über diesen unzuverläsfigen Gesellen zu sagen, was Sie wissen? Dem Hrn. Graf v. Maltzahn machen Sie gelegentlich meine Empfehlung, so auch dem Hrn. Legationsrath Krug!

Mit ausgezeichneter Achtung habe ich den Vorzug zu beharren, als ꝛc.

Bern, 27. October 1835.

Lieber Freund!

Empfangen Sie den verbindlichsten Dank für die gefällige Mittheilung vom 23. c., welche mir sehr nützlich ist. Ihre Theilnahme an dem Befinden meines Bruders **) thut mir sehr wohl. Allerdings lauten die Nachrichten von seinem Krankenlager etwas besser, indeß bin ich immer noch nicht beruhigt.

---

*) Johann Baptist Dr. von Pfeilschifter, geboren 1793 zu Häfen in Baiern, studirte zu Landshut, lebte in Weimar, Leipzig und andern Orten, besuchte 1820 Spanien, privatisirte seit 1822 in Frankfurt a. M., ging nach Aschaffenburg und lebte dann in Mannheim; 1829 von dem Herzog von Köthen geadelt.

**) Staatsminister Gustav Adolf Rochus von Rochow, der bekannte preußische Polizeiminister.

Hier stehen sich die Partheien sehr schroff gegenüber; eine Aussöhnung ist sobald noch nicht zu erwarten. Dabei sind die Männer der Bewegung an der Spitze. Von den Nachtheilen, welche die politischen Flüchtlinge*) diesem Lande gebracht, hat man sich zwar überzeugt, auch erkennt man die Unfähigkeit der bei der Universität Angestellten ebenso wie man die Betrügereien und Schurkenstreiche der Uebrigen gefunden hat, allein es fehlt nicht sowohl der gute Wille, als die Macht, solche Kerle zu vertreiben. Wir werden nun wohl den Herzog v. Montebello definitiv als französischen Ambassadeur besitzen.

Ich gehe Freitag über Luzern nach Zürich und von da nach Stuttgart, wo ich aber wohl nur 8 Tage bleibe. Schreiben Sie mir doch dorthin und denken Sie auch ferner gefälligst an mich. Mir ist jede Notiz und jedes fremde Urtheil, besonders das Ihrige, stets willkommen.

Mit gewohnter Hochachtung und Treue c.

Stuttgart, 13. November 1835.

Mein bester Kelchner!

Empfangen Sie den herzlichsten Dank für Ihre beiden Schreiben, deren Inhalt mir sehr interessant war. Höchst wichtig

---

*) Unter den Dentschen, die damals einen Zufluchtsort in der Schweiz gesucht hatten, sind G. Peters, G. Fein, Kombst, Freieisen, Stephani, Rauschenblatt, Karl Mathy, Siebenpfeiffer zu nennen. Letzterer las Kollegien an der Universität Bern. Auch Mathy ward aufgefordert, über Nationalökonomie zu lesen, ging aber nicht auf den Vorschlag ein. Rauschenblatt, der „Kater", wie man ihn wegen seines borstigen Aussehens nannte, machte im Frühjahr 1835 eine Fußtour nach Spanien, um als Freiwilliger gegen die Karlisten zu fechten, kehrte aber zu Beginn des Jahres 1836 enttäuscht nach der Schweiz zurück. Das Treiben der italienischen Flüchtlinge unter Mazzini's Aegibe war jedenfalls weit weniger harmlos.

ist die Maßregel des Bundes*) gegen das Verbot der jungen Literatur und der übrigen verderblichen Bücher. Solche Verbote sind viel besser, als alle Censur, die in constitutionellen Staaten nicht durchgesetzt und in andern Ländern doch nur schwer gehandhabt werden kann. Hier habe ich mich noch nicht orientirt. Jedenfalls scheint es mir, als sei eine größere Thätigkeit und Entwickelung des Bundes — Deutschland noch nöthig. Die Zollverhandlungen zwischen Frankfurt und Berlin sind zwar nicht abgebrochen, allein behufs der Ratification sind noch einige Differenzen zu beseitigen.

Von meinem Bruder lauten die Nachrichten dahin, daß er an Kräften allmälig zunimmt. Haben Sie den herzlichsten Dank, daß Sie sich dieses meinem Herzen so werthen und theuern Gegenstandes freundlichst erinnern. Ich werde wohl bis z u m 21. hier verweilen m ü s s e n.

Herr v. Blittersdorff **) wird sich in seinem neuen Posten

---

*) Das Verbot erfolgte im Anschluß an den Bundesbeschluß vom 22. April des Jahres am 9. November 1835 und verhängte als geringste Strafe Wegnahme der betr. Exemplare.

**) Friedrich Landolin Karl Freiherr von Blittersdorf, geboren 1792 zu Mahlberg im Breisgau, 1812 Rechtspraktikant, 1813 Gesandtschaftssecretär in Stuttgart, 1814 mit dem badischen Kriegsminister Freiherrn von Berstedt im Hauptquartier der Verbündeten accreditirt, 1816 Legationsrath und Gesandtschaftssecretär in Frankfurt, 1817 im geheimen Cabinet des Großherzogs angestellt, 1818 Geschäftsträger am russischen Hofe, 1821 Bundestagsgesandter in Frankfurt, 1824 Geheimrath, 1835 Minister des großherzoglichen Hauses und der auswärtgen Angelegenheiten. 1843 gab er in Folge unangenehmer Verhältnisse zur zweiten Kammer und weil ihm der Großherzog nicht andere Collegen geben wollte, sein Ministerium auf und ward im November wieder Bundestagsgesandter zu Frankfurt und im December auch außerordentlicher Gesandter und bevollmächtigter Minister am belgischen und niederländischen Hofe. Nach der Märzrevolution 1848 auch von dieser Stelle entbunden, lebte er fort in Frankfurt am Main und starb am 16. April 1861.

schwerlich lange halten. Man nennt Herrn v. Friedrich als
seinen Ersatz.

Erinnern Sie sich ferner meiner und rechnen Sie stets
auf den herzlichsten Dank und treue Achtung ꝛc.

Stuttgart, 21. November 1835.

Lieber Kelchner!

Empfangen Sie meinen herzlichsten Dank für alle Ihre
Mittheilungen, die mir jederzeit erfreulich und sehr nützlich sind.

Ich freue mich sehr über die Entweichung von Gutzkow*) und
Consorten. Sehr begierig bin ich von Kombst**) zu hören.

Nach heute aus B. empfangenen Nachrichten soll ich vorläufig noch hier bleiben. Ihre Briefe finden mich demnach
gewiß noch 10—12 Tage.

Aus Berlin gingen meine Briefe nach Zürich, von wo ich
sie erst erwarte. Also bin ich sehr in Unruhe in Bezug auf
meinen Bruder, von dem ich seit dem 10. nichts hörte.

Von Herzen ꝛc.

*) Der bekannte Schriftsteller Karl Gutzkow, am 17. März 1811 in
Berlin geboren, machte damals gerade durch seine Schrift „Wally, die
Zweiflerin. 1835“ großes Aufsehen, welche ihm eine dreimonatliche Haft
in Mannheim einbrachte und den späteren Verfolgungen von Seiten des
Bundestages aussetzte.

**) Gustav Kombst, geboren 1806, bekannt durch seine Schriften:
„Authentische Aktenstücke aus den Archiven des deutschen Bundes. Leipzig
und Straßburg 1838.“ „Der deutsche Bundestag gegen Ende des Jahres
1832. Straßburg 1836.“ Verschwand auf der Ueberfahrt von Schottland
nach Norwegen im Herbst 1846.

Näheres über denselben: „Prutz, Neue Schriften zur deutschen Lite-
ratur- und Kulturgeschichte. Halle 1854. Bd. II. S. 97 u. ff.“ „Kombst,
Erinnerungen aus meinem Leben. Leipzig 1848.“ „Nagler's Briefe an
einen Staatsbeamten. Leipzig 1869“ an verschiedenen Stellen.

Stuttgart, 27. November 1835.

Lieber Freund!

Ihr Schreiben vom 25. c. habe ich heute Morgen erhalten und versichere Ihnen, daß Ihre Nachricht nicht nur hier ganz neu war, sondern auch ungemein interessirt.

Von meinem Bruder erhielt ich gute Nachrichten. Er schrieb mir selbst, und scheint sein Zustand constanter zu sein.

Wo wird sich Gutzkow nun hinwenden? Der Frankfurter Zollanschluß unterliegt weniger Schwierigkeiten, als es schwierig ist, dem Verlangen von Nassau vis à vis von Weimar zu genügen.

Der Correspondent aus Berlin mit 3 Sternen ist Prof. Gans. Im Morgenblatt: Willibald Alexis; im Hamburger Correspondent: Zedlitz-Neukirch; in allen übrigen politischen Blättern: Hofrath Dorow. Herr v. Otterstedt wird schon bei Ihnen sein. Er will am 6. in B. sein. Sagen Sie ihm, daß ich noch hier wäre und machen Sie ihm gütigst meine Empfehlung, wenn Sie es für gut halten.

Die Eröffnung der Stände ging gut von Statten. Aber gewiß entsteht durch Herrn Pfizer *) unnützes Geräusch über die

---

*) Paul Pfizer, älterer Bruder des Dichters und Kritikers Gustav Pfizer hatte sich durch den „Briefwechsel zweier Deutschen Stuttgart 1831" publicistisch ausgezeichnet, in Folge dessen er seine Stelle als Oberjustizassessor in Tübingen niederlegte. Im December 1831 wählte ihn die Stadt Tübingen fast einstimmig in die zweite Kammer, wo er als Wortführer des Liberalismus gegen die Mängel der Bundesverfassung und die Mißgriffe des reaktionären Systems eiferte. Die scharfe Kritik des deutschen Bundes, die er in seiner 1835 erschienenen Schrift „Ueber die Entwickelung des öffentlichen Rechtes in Deutschland" niederlegte, verwickelte ihn in einen Kriminalproceß. 1838 verzichtete er auf die Wiederwahl. In jüngster Zeit that er sich als Gegner des schwäbischen Partikularismus und Vertheidiger des nationalen Gedankens hervor.

Wiener Beschlüsse. Es ist dies leeres Stroh dreschen, da die erste Kammer sehr gut ist.

In der Hoffnung, recht bald wieder von Ihnen zu hören, empfehle ich mich achtungsvoll und ganz ergebenst 2c.

Stuttgart, 4. December 1835.

Lieber Freund!

Ihre stets gleich interessanten und mir höchst nützlichen Briefe vom 29., 30. p. und 2. c. habe ich dankbar empfangen. Ich warte noch auf Befehl aus Berlin über meine Rückkehr in die Schweiz.

Die Preß=Verordnung des Ministers d. Polizei v. 14. gegen die junge deutsche Literatur ist sehr zweckmäßig, ich fürchte aber, daß sie nicht überall nachgeahmt werden wird. Hier schützt man die Verfassung und das Censur-Edikt von 1817 vor. Der hiesige literarische Verkehr ist allerdings sehr bedeutungsvoll und gefährlich, ich habe in dieser Beziehung sehr gute Notizen gesammelt.

Die katholischen Differenzen im Canton Aargau sind vorläufig beseitigt. Man schämt sich jetzt der unverhältnißmäßigen Kraftanwendung. Es thut mir aber sehr leid, daß die Revolution auf diesem Felde sich auf den Grundlagen der Geschichte und des Herkommens befindet.

Frankreich will alles anwenden, um den König Otto in Griechenland zu erhalten.

Aus Berlin habe ich von meinem Bruder ganz leibliche Nachrichten, die mich allerdings beruhigen können. Des Herrn v. Nagler Unwohlsein bedaure ich herzlich.

Se. Maj. hat doch einige Schwindelartigen Zufälle gehabt. Gott behüte den theuersten und besten König. Bei seiner Voll-

saftigkeit und der wenigen Bewegung, die Se. Maj. sich macht,
sind derartige Anfälle doch besorglich.

Sonst weiß ich nichts aus der Heimath, was bedeutungsvoll wäre.

Fahren Sie ja fort, meiner zu gedenken 2c.

Stuttgart, 8. December 1835.

Lieber Freund!

Ihr Schreiben vom 5. habe ich gestern erhalten. Ich
werde nun wieder nach der Schweiz zurückkehren und zwar in
Zürich vorläufig wohnen, da ich aber jetzt gerade unwohl bin,
so werde ich vor 4—6 Tagen schwerlich abreisen können.

Wally*) von Gutzkow ist heute Abend in Beschlag genommen.

Aus Wien sind in dieser Beziehung auch Anträge hier
gemacht worden. Da die Sitzungen aber geschlossen werden,
so wird die Sache wohl vorläufig liegen bleiben.

Aus Berlin nichts Neues.

Die Geschichte mit der Gräfin Potozka ist beachtenswerth.

Die Leiche des Fürsten Montfort trifft Freitag hier ein
und wird in Ludwigsburg beigesetzt. Die trauernde Wittwe
kommt auf 5 Tage her und geht dann nach Bonn.

Schreiben Sie mir doch noch einmal hierher 2c.

Stuttgart, 12. December 1835.

Lieber Freund!

Ihre Zuschrift vom 10. hat mich wohler und voll von Dank

*) Wally, die Zweiflerin. Mannheim 1835. Zog wegen ihrer Pole-
mik gegen den Offenbarungsglauben dem Verf. Menzel's Denunciation,
gerichtliche Verurtheilung und dreimonatliche Gefängnißstrafe auf den Hals.

für Ihre treue, gefällige Mittheilung vorgefunden, doch soll ich noch nicht reisen, auch wird mich der König zuvor noch sehen, so daß ich schwerlich vor Mittwoch reisen werde. Da im Schwarzwald viel Schnee gefallen, so gehe ich über Carlsruhe und halte im Erbprinz mein erstes Nachtlager.

Der Artikel aus Berlin vom 14. c. in dem mir gütigst zugeschickten Zeitungsblatt hat, was das Denkmal Friedrich's des Großen anbetrifft, seine Richtigkeit. Mein Bruder war in der Woche bis zum 6. d. M. nicht so ganz gut, doch nehmen Kräfte nicht ab und der Puls war nicht bewegter. Ich erwarte morgen neue Nachricht. In Zürich ist ein gewisser Sailer arretirt, deutscher Flüchtling, als um den Mord von Lessing *) wissen sollend.

Kombst läßt sich seit dem 29. d. nicht wieder sehen, ich zweifle nicht daran, daß er für die Temps schreibt. Dorthin liefert aber wohl auch Trazel aus Cöln, jetzt in Paris, Material. Des letztern Memoiren eines Flüchtlings sind in Berlin und im Umfange der preußischen Staaten verboten.

Also Herr Graf Münch bleibt wieder 6 Wochen abwesend?

Man schreibt mir aus Berlin auf dienstlichem Wege, daß dem Frankfurter Zollanschluß nichts mehr im Wege stehe.

Des Fürsten Montfort Leiche wird heute in Ludwigsburg beigesetzt. Se. Maj. wohnt der Trauerceremonie nicht persönlich bei. Der Fürst Jerome Montfort wird seine Tochter in die Arme des Königs von Württemberg führen, einige Tage hier verweilen, nach Rom gehen, Geld von der Mutter zu erpressen suchen und beabsichtigt sich demnächst in Florenz zu domiciliren. Graf Malzahn gefällt ausnehmend in Wien. Geh. Rath Philippsborn

---

*) Die Ermordung des nach Art Wit von Dörrings der Spionage für die deutschen Regierungen verdächtigen Lessing gab Anlaß zu diplomatischer Intervention bei dem Schweizer Bundesrathe.

habe ich zweimal dringlich geschrieben, erhielt aber auch keine
Antwort. Vor Schluß des Jahres repetire ich meine Bitte.
Mit gewohnter Achtung und Freundschaft 2c.

Zürich, 13. Januar 1836.

Soeben empfange ich mit vielem Dank Ihr gef. Schreiben
vom 6. mit Beilage, über die Auslagen sagen Sie mir doch
nichts? Ich bitte darum. Tausend Erkenntlichkeit für Ihr Bei-
leib. Ich hüte noch immer das Zimmer; catarrh. krampfhafter
Zustand resp. hämorroidalischer Natur; ich übe Geduld,
weil ich hier nichts versäume. Mein Bruder hat die Geschäfte
des Polizeiministerii übernommen, fährt täglich aus und meine
Nachrichten, die bis zum 7. reichen, sind ganz befriedigend.
Selbst die Aerzte sind zufrieden und besuchen ihn nicht mehr
regelmäßig. Prinz Carl war nach Petersburg gereist. Der
König hatte es 3mal abgeschlagen und die Kaiserin 4mal gebeten.

Aus der Königsstraße keine Sylbe, als wenn alle Anklänge
verhallt wären. Ebenso consequent ist Philippsborn, bei dem
ich heute wieder anfrage! Man glaubt jetzt alles mit Geld
abmachen zu können. Nehmen Sie die 200 Thlr., aber schweigen Sie nicht, Salviaty bekam 300 Thlr. Man muß alles
acceptiren, aber deßwegen nicht ruhig sein. Otterstedt über-
lästigt die Leute in B., die zu thun haben und aus größerem
Maßstabe handeln und denken als in Carlsruhe. Er meint
es gar gut, hat den besten Willen, doch gefällt er nicht mehr.
Doch will ich dies nicht gesagt haben. Lassen Sie mich wissen,
wie er sich bei seiner Durchreise wird aussprechen. Er wollte
das Ordensfest noch abwarten; was für ihn leer ausgehen muß.
Herr v. Blittersdorff ist thätig, klar, bestimmt und gescheut. In
Berlin findet er jetzt Beifall. Minister Ancillon läßt sich sehr
vortheilhaft über ihn vernehmen. Hat er dies wohl Herrn

v. Otterstedt zu danken? ich glaube nicht. Das sind zwei Charaktere, die nicht zusammen passen. Herr v. Humboldt kehrt gern ein, besonders wo es Fürstlichkeiten giebt. Herr v. Sydow war in Rom sehr geachtet; ich will wünschen, daß er Takt für dortige Verhältnisse gewinnt. Comödie wird er nicht bei Gräfin Rossi spielen. Wie sieht es mit der Auflösung der Central-Untersuchungs-Behörde aus? Herr v. Pinfer hat — obgleich befördert und anderweitig angestellt — von Württemberg noch 2—3 Monate Urlaub um den s. g. Schlußbericht zu redigiren. Wie geht es dem Herrn K.-G.-Rath Matthis? Herr v. Röntgen hat sich das Großkreuz vom Zähr. Löwen gehohlt. Für Prinz Carl mit einer Preußischen Prinzessin ist 14000 fl. freilich nicht viel, zumal da sie ihm nur 7000 zubringt. Die Beziehungen in der französischen Kammer auf Polen werden ohne Folge bleiben. Alles gewinnt dort mehr und mehr einen monarchischen Charakter. Welcher Unterschied der Reden am Neujahr 36 und dann gleich nach der Julirevolution.

Nachdem der Vertrag mit Frankfurt am 2. in Berlin unterzeichnet, ist der preußische Zollverein nun auf lange geschlossen; nun kann man sich mit der Beobachtung der Resultate und mit den nothwendig werdenden Verbesserungen beschäftigen. Am 25. tritt die Vollziehungscommission zusammen.

Kommt Herr v. Dubril nach und wenn eher.

Haben Sie doch die Freundschaft, sich in dem Buchhandel zu erkundigen, ob die schädliche, Aufruhr und Mord predigende Brochure: Foi et avenir von Jos. Mazzini*) gedruckt in Biel, Abgang und Anklang findet? Es ist mir wichtig, darüber etwas zu wissen.

Aus diesem abscheulichen Lande kann ich Ihnen sonst nichts Neues melden.

*) Mazzini, Giuseppo, Foi et avenir. Biel. 1838. 8.

Mit herzlichen Wünschen zu allem Guten achtungsvoll und treu 2c.

Den 1. März soll ich nach Bern gehen.

————

Zürich, 18. Januar 1836.

Herzlichen Dank für Ihre beiden Schreiben vom 13. und 16., die St. Ztg. vom 14. bekomme ich erst morgen Abend. Das Unglück ist fürchterlich *), die arme, schöne, junge Wittwe (geb. v. Beck wohlhabend). Er war ein vortrefflicher, angenehmer, guter Mann, guter Offizier und sehr glücklich in seiner Ehe! Des Prinzen Rückkehr beweist doch Gefühl — ich kann diese Catastrophe gar nicht aus den Gedanken verlieren!

Das junge Deutschland hat überall warme Freunde. Für die Schrift von Paulus **) danke ich. Münch aus Stuttgart vertheidigt selbiges in der Allg. Ztg. in einem Correspondenz-Artikel aus Carlsruhe. Auch Hormeyer nimmt es in Schutz. Menzel dagegen foudroyirt immer zu und fährt in seiner Opposition fort.

Ein gewisser Auerbach aus der Heine'schen Schule giebt in

————

*) Graf Schlippenbach begleitete auf einer Reise den Prinzen Carl von Preußen nach St. Petersburg und verunglückte durch den Sturz eines Wagens bei Passirung der Brücke über den Szbunty-Fluß bei Tauroggen, der Wagen war ohngefähr 45 Fuß herabgestürzt und Graf Schlippenbach fand dabei seinen Tod. Nagler's Briefe an einen Staatsbeamten. I. Band. Seite 176.

**) Paulus, H. E. G., des großherzoglichen badischen Hofgerichts zu Mannheim vollständig motivirtes Urtheil über die in dem Roman: Wally, die Zweiflerin, angeklagten Preßvergehen, nebst zwei rechtfertigenden Beilagen und dem Epilog des Herausgebers. Aktenstücke und Bemerkungen. Heidelberg 1836. Groos. gr. 8.

Stuttgart eine Schrift heraus: „Das Judenthum und die neueste Literatur." *)

Das vermeintliche Gutachten von Neander **) über das Leben Jesu von Strauß scheint überall Beifall gefunden zu haben. Dasselbe wird dem Christenthum mehr schaden, als das junge Deutschland.

Tausend Dank für Ihre Theilnahme an dem besseren Befinden meines Bruders. Alle darauf bezüglichen Nachrichten aus Berlin entzücken mich. Er hielt eine Conferenz mit Graf Lottum von 2½ Stunden, in der fast nur er sprach und alles bekam ihm gut. Aus der Königsstraße und über die Bewohner höre ich gar nichts. Daß so wenig von ihnen die Rede ist, wird nicht zufrieden stellen.

Der Graf Hermann Pückler soll wirklich Absicht auf die Nichte haben, deren Mutter aber in ihrer abenteuerlich tollen Art auf den jungen Neffen speculirt.

Foi et avenir ist längst hier im Publicum, es war schon am 2. Januar in Carlsruhe, aber am 16. noch in keiner Sortimentshandlung zu Stuttgart.

In Stuttgart hat Serenissimus die schweizer Handlungs-Commissäre sehr passend apostrophirt über den Unfug, der von den Flüchtlingen stillschweigend geduldet werde. Wegen erleichterten Grenzverkehrs werden sie befriedigt heimkehren, sonst ohne Zugeständnisse. Hr. v. Blittersdorf benimmt sich, nach dem was ich darüber höre und sehe, ganz correct und vortrefflich.

---

*) Eben von Hohenasberg, wo er wegen burschenschaftlicher Umtriebe gesessen hatte, zurückgekehrt, veröffentlichte Berthold Auerbach seine Erstlingsschrift „Das Judenthum und die neueste Literatur." (Stuttgart 1838.)

**) Der Kirchenhistoriker J. A. W. Neander schrieb gegen das 1835 erschienene „Leben Jesu" von D. Strauß. Vgl. Neander „Das Leben Jesu Christi in seinem geschichtlichen Zusammenhang." Hamburg 5. Aufl. 1853.

Das Diner von Alley ist zufällig. Fahren Sie ja fort, mir zu schreiben und bedenken Sie Ihre Auslagen.

Rechnen Sie auf meine Dankbarkeit — meine Hülfe ist schwach, wie lebendig und treu der gewiß gute Wille auch sein mag.

Erhalte Sie Gott!

Weiß man in der Königsstraße von ihrer Correspondenz? Besser den Daumen auf den Mund!

18. Januar, früh.

Ausnahmsweise geht Vormittags schon die St. Ztg. vom 14. ein und bestätigt alles Traurige, was Sie mir gütigst mitgetheilt. Aber welchen schlechten Correspondent hat der Schwäb. Merkur aus Berlin vom 10. und in No. 16 vom 17., ich kann noch nicht für die Auflösung der Central-Untersuchungs-Commission stimmen. Doch wird es wohl dahin kommen; weil, mit Ausnahme Preußens, alles darauf hinarbeitet. Ueber Hrn. v. Sydow*) kann ich nichts sagen, ich kannte ihn als Offizier und später als Student in Bonn und habe ihn als Arbeiter stets loben hören. In Berlin sah ich ihn nur zweimal, wobei mir seine Ansichten (politische) nicht misfielen; ich höre aber, kann es nicht verbürgen, daß er eine sehr religiöse Richtung hat. Darüber ließe sich nun freilich nicht klagen, wenn sie nur nicht in jetzt übliche Pietisterei ausartet — doch erlaube ich mir kein Urtheil über Hrn. v. Sydow, der von allen Bekannten und Verständigen gelobt wird. Er verdient das gewiß also.

---

*) Rudolph von Sydow, der spätere preußische Bundestagsgesandte in Frankfurt am Main.

Zürich, 25. Januar 1836.

Lieber Freund!

Ihr Letztes vom 22. c. habe ich richtig erhalten. Die Er=
nennung des Hrn. v. Nagler ist per Cabinets-Ordre vom 16.
„wegen der als Bundestagsgesandter erworbenen Verdienste und
erlangter Erfahrung" mit Sitz und Stimme im Staats=
ministerio. Der Sitz raubt alle Wochen 3 Stunden Zeit;
die Stimme erfordert Abgabe von Gutachten und Unter=
zeichnung der Protokolle, ich hoffe, daß die Vermehrung der Ge=
schäfte die Promotion nicht im Werth heruntersetzt.

Hier hält sich ein Dr. med. Hörle, Sohn eines Apo=
thekers aus Frankfurt auf, der ausschließlich mit den Flücht=
lingen umgeht. Was wissen Sie von ihm?

Sonst gar nichts Neues. Die Briefe von Pozzo aus dem
Jahre 1826 in Portfolio sind Meisterstücke und gewiß ächt.
In der Liew=Depesche vielleicht einige Stellen verfälscht.

Gott mit Ihnen. Sagen Sie mir bald wieder etwas
Neues und besonders wie O. Ihre Gauen passirt. Vale ꝛc.

Zürich, 4. Februar 1836.

Ihr Letztes mit der Nachricht über Hörle habe ich dankbar
erhalten und opfere Ihre Schriftzüge regelmäßig den Flammen.
Tausend Dank für die Gratulation zur Schleife, Klappern gehört
zum Handwerk, der schwarze Adler=Orden an der Brust des
Hr. v. Sch. freut mich. Es trägt ihn ein würdiger Preußischer
Patriot.*) Von einem Portefeuille für Hrn. v. N.**) hörte ich
nichts, die Nachricht aus der Münchner polit. Ztg., welche in

---

*) General von Schöler, königl. preuß. Bundestagsgesandter.
**) von Nagler.

No. 32 der Allg. Ztg. steht, ist richtig. H. v. Nagler's Mittwoche gefallen allgemein wegen Geschmack und Eleganz der Einrichtung und Artigkeit der Wirthe. Ich habe viel aus Berlin bekommen, aber nichts Interessantes.

Mein Bruder fährt täglich aus, geht sogar in den Thiergarten und arbeitet mit Leichtigkeit. Hr. v. O. scheint sich sehr zu gefallen.

Ueber den Tod der Frau Großherzogin möchte ich die Prinzessin Elisabeth nur beklagen. Man wird die Stände um 30000 Gulden für Prinz Carl bitten und eben so viel zur Einrichtung.

Hier ist alles beim Alten, die Flüchtlinge immer thätig auf dem Handwerk. Der Herzog von Montebello kehrt zum 15. März zurück.

Mit meinem Befinden bin ich jetzt weniger unzufrieden. Gott mit Ihnen 2c.

Zürich, 14. Februar 1836.

Euer Wohlgeboren

habe ich für mehrere interessante und mir nicht minder wichtige Sendungen und zuletzt für das gefällige Schreiben vom 11. c. ganz ergebenst zu danken, welches ich gestern Abend empfangen. Sie glauben gar nicht, welche Freude Sie mir durch Ihre Correspondenz bereiten, da ich absichtlich auswärts wenig correspondire und aus Berlin nur ab und zu Briefe von meinem Bruder empfange. Letzterer giebt mir sehr gute und befriedigende Kunde von seinem Befinden. Seine Aerzte besuchen ihn nur 1 mal die Woche und er kann sich ungetheilt den Geschäften widmen. Auch mir geht es besser und ich hoffe, nachdem ich nun 43 Tage nicht das Zimmer verlassen, vielleicht in 8

Tagen meinen erſten Ausgang zu halten und, Gott Lob! am
1. Mai mich nach Bern zu begeben, wo ich alsdann meinen
Wohnſiß fixiren werde.

Ihre Mittheilung über die deutſchen Etabliſſements in der
Schweiz iſt mir ſehr nüßlich; nicht wegen der Contrebande,
ſondern wegen der Anknüpfungspunkte für Flüchtlinge, die wieder
ſehr in Bewegung ſind. Das Feuer glimmt unter der Aſche,
und wenn manches in der Schweiz ſchweigt und weniger grell
erſcheinen ſollte, ſo leben alle die Verbindungen wieder auf,
ſobald aus Frankreich das Zeichen gegeben wird, dann wird man
die Larve ſchon abwerfen, und wenn man auch wegen des Handels
mit der Baſellandſchaft auf Frankreich raiſonnirt, ſo neigt ſich
doch alles dorthin. Wer ſich darüber täuſcht, der ſchließt abſicht-
lich die Augen. Was Sie von Verbindungen Frankfurts mit hier
nur immer erfahren, ſagen Sie mir ja! Man kann nie zu
viel wiſſen.

Strohmeyer, aus Frankfurt gewieſen, iſt im Cantou Bern,
eben ſo der Küfer Culner aus Frankfurt a. M. Von Rauſchenblatt ſind aus Bercella Briefe in der Druckerei der jungen
Schweiz zu Biel angekommen. Der Schwäbiſche Merkur
No. 42 lügt in Bezug auf die Leſſing'ſche Sache.*) Kombſt iſt
beſtimmt in Paris. Sein Buch erſcheint Ende April deutſch,
franzöſiſch und engliſch, darüber waltet kein Zweifel. Dies

---

*) In der Nacht vom 3. zum 4. November wurde bei Zürich der
Leichnam eines jungen Menſchen ermordet gefunden, achtundvierzig Stich-
wunden zählte man an ihm, die meiſten in der Gegend des Herzens, noch
eine größere Zahl hatte die Bekleidungsſtücke durchlöchert. Dies alles ließ
auf mehrere Thäter und auf den Gebrauch von Dolchen ſchließen. Der
Ermordete war ein Flüchtling aus Preußen, der Student Ludwig Leſſing,
Sohn eines Kaufmanns in Freienwalde. Man vermuthet, daß die andern
Flüchtlinge in ihm einen ſpähenden Verräther, einen bezahlten Kundſchafter
der Regierung geopfert haben. Die Unterſuchung blieb ergebnißlos.
Varnhagen von Enſe, Tagebücher. Band I. S. 4.

alles nur allein für Sie. Die Italiener sind in großer Bewegung und ihr Hauptquartier ist Lugano.

Der Bericht der Central-Commission hinsichtlich der Schweiz wird für mich von der größten Wichtigkeit sein. Brisson's Reise war ganz ohne Absicht auf ein Portefeuille; angerathen durch Hrn. v. Barante, um sich nach 5jähriger Abwesenheit zu zeigen.

Mit steter Bereitwilligkeit und gern beantworte ich Ihre Anfragen.

In Brandenburg werden nur junge Edelleute aufgenommen. Was soll Ihr Sohn werden; d. h. wozu hat er Anlagen und wozu bestimmt ihn der Vater? Ich mache auf die Klosterschulen im Herzogthum Sachsen zu Pforta und Roßleben ꝛc. aufmerksam. Zucht, Unterricht und Leben sind vortrefflich. Auch sind dort halbe und ganze Freistellen zu haben, so daß die Ausgaben ermäßigt werden. Hr. v. Nagler kann und wird Ihnen dabei behilflich sein. Die Aufnahme hängt von Hrn. v. Klentz ab. Ist Ihnen Aussicht eröffnet, diese Sache eingeleitet, so schreibe ich dann an den Consistorial-Prof. von Krosigt in Magdeburg. Ueberlegen Sie, lieber Freund, ich weiß nur Ausgezeichnetes von beiden Schulen! Gründliche Bildung und fromme Zucht; nichts von Pedanterie, aber ernst!

Die Berliner Corresp. in der Allg. Ztg. lügen gewaltig; wer sind sie außer Dorow und Prof. Gans? Wer ist der Verfasser von „Lage und Zukunft von Europa" in der Beilage von 11. und 12. c.?

Bleibt Graf Münch*) bis nach den Osterferien?

Frankreich soll nicht zur Ruhe kommen. Zuletzt wurden die inneren Angelegenheiten geschickt, die äußeren plump und ungründlich geleitet. Man muß auf Alles gefaßt sein. Doch

---

*) Graf Münch, damals kaiserlich österreichischer Bundestagsgesandter und Präsidialgesandter des deutschen Bundes.

hier verliert man den Blick über Europa. Graf Bonbelles ist in Bern wegen kath. kirchlicher Angelegenheiten. Man wird sich strictissime an die Garanten des Wiener Congresses halten, weil die jura circa sacra zu sehr zu den innern Angelegenheiten gehören.

Zürich, 24. Februar 1836.

Euer Wohlgeboren höchst interessantes Schreiben vom 19. und 20. habe ich dankbar empfangen. Die bewußten Artikel in der Allg. Ztg. zur Aufregung Deutschlands gegen Rußland sind unbedingt durch englisches Geld veranlaßt und will ich gern glauben, daß Klüber oder Hormayer die Verfasser sind. Die Schweizer Flüchtlinge haben ihre Agenten in Frankfurt und ziehen von dort Geld aus gemeinschaftlichen Kassen. Jedenfalls sind diese Leute jetzt thätiger als vor einigen Monaten und haben durch den Anhang von mindestens 3—400 ihnen ergebenen Handwerkern seit 2 Jahren an Umfang sehr gewonnen. Auf deutsche etablissements von Basel bis Zürich rechnen dieselben sehr. Was Sie über die Unternehmer solcher Schmuggelstationen hören, lassen Sie mir ja wissen. Man kann nie zu viel hören und muß aus allem Nutzen ziehen.

Das Benehmen der Schutzmächte gegen die freie und unabhängige Republik Krakau ist vortrefflich, und letztere führt deren Willen in seiner Freiheit und Unabhängigkeit gewissenhaft aus.

Graf Pozzo kommt nach Paris, um wahrscheinlich bald den russischen Dienst zu verlassen.

Thiers *) träumt nach seinem Beutel nur von dem linken

---

*) Thiers war den 22. Februar Ministerpräsident und Minister des Auswärtigen geworden; neben ihm übernahmen Montesiat, Pelet, Duchatel, Maison das Innere, den Unterricht, Handel und Krieg. Broglie und Guizot schieden aus.

Rheinufer und so verschmitzt und schlecht er auch ist, so wird doch Alles an der Einigkeit der Mächte scheitern.

Den Kombst scheint man nicht bekommen zu wollen.

Ueber Silbernagel aus Basel weiß ich nichts. Wer von den Cantonal-Regierungen empfohlen wird, dem kann man das Paß-Visum nicht versagen, die Schweizer, welche reisen, sind weniger gefährlich, als die Deutschen, welche dorthin gehen.

Aus Berlin höre ich von meinem Bruder nur Gutes und sonst gar nichts. Weder von Hrn. v. Nagler, noch über Hrn. v. Otterstedt, der das Terrain in Carlsruhe doch verändert finden wird, hörte ich etwas. Wenn Sie mich irgend gebrauchen können, rechnen Sie auf guten Willen und Unermüdlichkeit.

Zürich, 27. Februar 1836, Abends.

Lieber Freund!

Ihr gefälliges Schreiben vom 25. c. geht soeben ein und obwohl die Post erst morgen abgeht, so will ich doch Ihnen schon jetzt danken. Die Berliner Correspondenten der Allgem. Ztg. sind mir ganz unbekannt, doch habe ich — unter uns gesagt — für einen bessern gesorgt, den Hr. v. Cotta unter dem 23. c. acceptirt. In 14 Tagen wollen wir sehen: ob derselbe berichtigt, was die andern lügen, entstellen und verfälschen. Die englische Anfeindung und Verdächtigung Rußlands mit deutscher Feder ist erbärmlich. Die Besetzung des freien unabhängigen Staates Krakau durch die Schutzmächte liefert den praktischen Beweis der Einigkeit.*) Diese wird weder Lord

---

*) In Folge ausgebrochener Unruhen war Krakau von den Schutzmächten besetzt worden.

Palmerſton noch Hr. Thiers erſchüttern. Die hochgeprieſenen Reſultate des großen Zollvereins ſollen ſich nun erproben; endlich ſollte man Zeit gewinnen, darüber klar zu ſehen.

Iſt denn die ſchauderhafte Geſchichte des Fürſten Schwarzenberg gegründet, ich verlange ſehr, genaue Kunde darüber zu erhalten, da ich mit dem Fürſt im vorigen Sommer 6 Wochen von Morgens früh bis Abends ſpät gelebt.

Der Coblenzer Cenſor verdient einen Verweis. Wer giebt die Polizei-Nachrichten nach Berlin von Frankfurt aus? Ihr Wort iſt in dieſer Beziehung gar wichtig? Alle Verbindungen von hier nach Deutſchland finden dort ihren Mittelpunkt oder wenigſtens ihre Vermittelung.

Von Hrn. v. Otterſtedt und über ihn hörte ich ganz und gar nichts. Auch Hr. v. Nagler hat meinen Gratulations-Brief nicht beantwortet, ich bin ihm deßhalb nicht böſe. Er hatte Unrecht, wenn er mich vergeſſen könnte?

Was hörten Sie von der Stellung und Ankunft des Hrn. v. Sydow. Er wird als Reſident nichts nützen. Seine ganze geiſtig-religiöſe Richtung iſt nicht dazu gemacht, um dort zu beobachten. Zu anderen Geſchäften iſt er gewiß ausgezeichnet und vollkommen gediegen, denn ſtets hörte ich ihn loben.

Am 1. März gehe ich nach Bern.

Was wiſſen Sie aus Biberich und Mainz. War Ihr Hr. Chef bei dem Herzog von Naſſau?

Bern, 9. März 1836 früh.

Herzlichen Dank für die beiden werthvollen Schreiben vom 28. v. und 5. d. Mts. Der Inhalt iſt in jeder Beziehung für mich lehrreich und wichtig, ich glaube, daß der Reiſende, dem Sie vor Abgang der Zuſchrift vom 5. ſprachen, mit Unbehaglichkeit auf das Terrain blickt, wo er ſonſt nur zu ſchreien brauchte;

jetzt ist es anders; jetzt findet er Ansichten, Grundsätze, die wenigstens mit Geschick vertheidigt werden. Was ich von dort sehe und von dem neuen Einfluß wahrnehme, kann ich nur loben. Es ist alles der Wichtigkeit dieses Landes mit schwierigen Grenzen entsprechend und verdient deßhalb Unterstützung, nicht blos in Personen, sondern im Wesen der Sache. Wie unser braver thätiger Freund alles aus dem persönlichen Gesichtspunkte betrachtet, so will er in B. eine Spannung der Ministerialverhältnisse wahrgenommen haben! Es mag eine Verschiedenheit der Ansichten über einzelne Gegenstände zwischen dem Reconvalescenten und seinem Amtsverweser stattgefunden haben; allein nach einigen ernsten und festen explicationen ist alles ausgeglichen und ersterer verfolgt ruhig seinen Zweck, und ich stehe Ihnen dafür, daß derjenige, der nach der Han. Ztg. geadelt werden soll, sich weder dem Genesenden, noch dem Fürst Wittgenstein entgegenstellt; daß diese letzten Beide und Graf Cottbus Hand in Hand gehen und in Graf A. den festesten Beistand haben, darüber besitze ich überzeugende Beweise. Der Minister d. Innern u. d. Polizei ist oft in der Controverse mit dem M. d. A. Angelegenheiten, wegen Prinzipien, die sich über Fragen ausdehnen; welche von unserer Gesetzgebung nicht festgestellt sind, doch bei allen hohen politischen Fragen ist der Chef des A. M. correkt und seine Vorschläge gehen durch das Läuterungsfeuer des Grafen Lottum*) und des Fürsten Wittgenstein,**) welche seinen Vorträgen bei S. M. beiwohnen. Letzterer ist ein guter Schutzgeist des Vaterlandes. Es wissen nicht Alle, was dieser seltene Mann leistet. Gott erhalte ihn dem theuern König und dem Lande. Graf Wißleben beschränkt sich in neuerer Zeit mehr

---

*) Karl Friedrich Heinrich, Graf von Mylich und Lottum, geboren 1767, preußischer General der Infanterie, wirklicher geheimer Staats- und Schatzminister, starb 1841.
**) Wittgenstein, Hausminister König Friedrich Wilhelm III. von Preußen.

und mehr auf sein Ministerium. Das Vernehmen mit Fürst Wittgenstein und Graf Lottum hingegen ist weit besser.

Wenn Lissabon besetzt werden sollte, was mir noch sehr problematisch scheint, so wird sich G. L. R. v. Armin diesen Posten, wegen Familienverhältnissen, schwerlich wählen; sollte derselbe aber auch das Ministerium verlassen, so wird Hr. L.-Rath Schöll ihn nicht ersetzen. Derselbe scheint mir mehr für die 2. Abtheilung vorbereitet und bestimmt, als unmittelbar unter dem Hrn. Chef zu arbeiten.

Hier ist der Ausbruch des Bürgerkrieges noch bevorstehend, die Annahme der Badener Conf.-Art. von Seiten des Großen Raths hat die allergrößte Aufregung in den betheiligten Jura-Distrikten herbeigeführt. 2 Bataillone sind schon abmarschirt und der Rest des ganzen ersten Aufzugs, in Summa bestehend aus 6 Bataillonen Miliz, 3 Compagnien Scharfschützen, 2 Compagnien Artillerie und 2 Compagnien Cavallerie, ist einbeordert.

In dem hiesigen Großen Rath gewinnt die Schnell'sche Parthei wieder Macht und Umfang.

Ich kenne die Correspondenten der Allg. Ztg. aus B. nicht. Daß Graf Nesselrode nach London geht, ist gar nicht wahrscheinlich.

Gedenken Sie ferner Ihres 2c.

Bern, 16. März 1836.

Lieber Freund!

Ihr Werthes vom 13. c. geht mir soeben zu. Abermals und immer von Neuem Dank. Sie glauben gar nicht, wie viel Freude Sie mir bereiten, durch Ihre Correspondenz. Es ist mir lieb, daß die Königsstraße *) endlich daran denkt, eine

---

*) Staatsminister v. Nagler in Berlin.

schwere Pflicht zu erfüllen, deren Beseitigung ein angenehmes
Geschäft hätte sein müssen; daß die Leute immer so viel für
sich selbst zu sorgen haben. Ich hätte mir ein besseres und vor-
sichtigeres Organ in Hrn. v. Otterstedt gewünscht. Er ist edel,
entschlossen, meint es gut, aber schreit so laut und hat soviel
Glück; daß und wie er in Frankfurt an sehr verschiedenen Orten
über B. gesprochen, scheint man in Carlsruhe schon zu wissen.
Dadurch hat er die Terrain-Hindernisse nicht geebnet. In der
jetzigen Zeit erzielt man nur einen Zweck, wenn man möglichst
wenig spricht, sich aber das Ansehen gibt, als wolle man
handeln. Gegen mich vulkanisirt Hr. v. Otterstedt! Hat er sich
gegen Sie nicht darüber ausgelassen?

Was die Polizei in Frankfurt betrifft, so habe ich darüber
meinem Bruder vertraulich geschrieben. Der Ort ist zu wichtig,
um ihn so zu lassen, wie er jetzt behandelt wird. Dort ist
der Foyer aller Umtriebe. Es muß in Frankfurt ein förm-
liches bureau de renseignement aus ganz Deutschland sein.
Keine positiv handelnde Behörde, viel mehr beobachtend, in der
sich alle Fäden aus den deutschen Staaten und deren Grenz-
ländern vereinigen. Doch nur Ihnen diese Idee, ich bitte
darüber zu schweigen. Verbrennen Sie alle meine Briefe?

Hr. Thiers scheint noch nicht recht fest zu sitzen.

Mir ist noch manches problematisch. Lange kann aber
die Entscheidung nicht ausbleiben. Louis Philippe ist der
eigentliche Nothanker Frankreichs.

Ist der Schweizer mit dem gleichen Namens verwandt,
der badischer Seits in Paris ist?

Glaubt man, daß Hr. v. Schröder auf den Oubril'schen
Posten speculire? Ich habe gehört, daß er blos nach Frankfurt
gegangen, um Fr. v. Anstetten zu besuchen. Sie wissen, daß
Hr. v. Schröder als Ambassade-Rath in Paris während 15 Jahren

die allerwichtigsten Dienste in polizeilicher Hinsicht geleistet und mit all den dortigen Agenten in geschickter Verbindung steht. Er hat hierzu viel Erfahrung. Hier ziehen die Truppen wieder zu Haus, nachdem viele Insubordinationsfälle vorgekommen, doch damit ist die katholische Streitigkeit noch gar nicht beendet. Frankreich fürchte ich in dieser Beziehung weiter nicht.

Je öfter Sie meiner gedenken, je lieber ist es mir. 2c.

Bern, 24. März 1836.

Lieber Freund!

Ihre beiden lieben Schreiben vom 20. und 21. c. empfing ich dankbar. Daß es schon längst die Absicht war, den Gen.-Lieut. v. Wollzogen zu ersetzen, ist mir bekannt, vielleicht durch General Rühle *), der in Oesterreich nicht gern gesehen wurde von wegen seiner Mission im Jahre 1831 nach München, Stuttgart und Carlsruhe. Caniß aus Cassel wird sich dazu sehr eignen. In dem Gen.-Lieut. v. Wollzogen ruht ein Schatz von Personal-Kenntnissen und Erfahrungen, wie man sie selten kennt. Zum Rathgeben und Urtheilen brilliant.

Die Nachricht, daß sich der Sultan vom Könige Offiziere ausgebeten, ist wahr. Der König hat es auch genehmigt. Herzlichen Dank für alle mir gegebenen Nachrichten. Sie sind Labsal für mich; hier hört man nur von Schweizer Angelegenheiten. Die kirchlich katholischen Angelegenheiten werden noch viele Verwickelungen herbeiführen. Die Revolution ist im Vorschreiten. Hier hat der Radikalismus die Oberhand.

---

*) General Johann Jakob Otto August Rühle von Lilienstern, geb. 1780 zu Berlin, gestorben am 1. Juli 1847 zu Salzburg.

Kombst*) sein Buch erscheint Anfangs April. 3 Bogen
sind gedruckt. Wenn man es für möglich gehalten hat, diese
Papiere in Beschlag zu nehmen, solches aber versäumt hat,
so kann ich's nur beklagen, daß sehr ehrenwerthe Personen
schmählich mitgenommen werden. Doch ich bilde mir ein, daß
die Kombst'schen persönlichen Urtheile in Compagnie mit Krug ge=
fällt sind. Ich habe dessen Ansicht darin erkannt. Mich hat die
Lektüre der 3 ersten Bogen empört!! Doch ist es für Sie allein,
ich habe darüber bereits unter dem 1. Februar und vorgestern
nach Berlin geschrieben. Doch alles verstummt dort.

Das französische Cabinet findet die Besetzung von
Krakau für motivirt und ist nicht leidenschaftlich in der orientalischen Frage, in der auch England ruhiger wird, seitdem es
den Pascha von Aegypten aufgibt.

Herzlich und treu 2c.

Bern, 26. März 1836.

Beide gefälligen Mittheilungen vom 22. und 23. c. sind
mir richtig zugegangen und haben meinen Dank von neuem be=
fördert.

Herzlich freue ich mich, daß Sie das Eis gebrochen und
frei, offen und unbefangen nach Berlin geschrieben. Geschieht nichts,
so schreiben sie unmittelbar an den Minister. Hr. v. Otterstedt
ist zu absorbirt; er hat sich selbst erst eine neue Stellung in
C. zu bilden, also alle Hände voll zu thun. Gott möge Ihrem
Verdienst, Ihrem Eifer und Ihrer Gesinnung Gerechtigkeit
angedeihen lassen. Herzlich will ich mich freuen, wenn Ihre
Anspruchslosigkeit den verdienten Lohn finden möge.

---

*) Kombst, Gustav, Der deutsche Bundestag gegen Ende des Jahres
1832. Eine politische Skizze. Straßburg 1836. 8.

Hr. v. Radowitz wird ganz nach Frankfurt passen, besser als General v. Rühle, wegen Kenntniß, Gesinnung und Brauchbarkeit. Er wird mehr leisten, wohl aber den General v. Wollzogen nicht ersetzen. Radowitz ist gelehrt, wohlgesinnt, Hyperkatholik, nec plus ultra, vielseitig gebildet, aber zu wenig Militär, zu wenig Preußischer Offizier, um daß ich ihn gern in Frankfurt sehe. Dabei ist er im Range zu inferior. Mit Oesterreich wird er sich gut stehen. Er ist ein zweiter Langenau*) und General Schöler gratulire ich nicht zu diesem Nachbar. General Rühle ist sehr gescheut und ausgezeichnet, allein seine Mission im Jahre 1831 hat ihm das Vertrauen von Oesterreich genommen und Radowitz ist sehr intim mit Graf Clam. **) Das ist der Schlüssel.

Seine politischen Grundsätze und seine politische Richtung werden dem Herzog von Nassau zusagen. Ein bedeutender Mensch ist Radowitz gewiß, allein nicht angenehm, absprechend und vielredend, alles wissend 2c. Graf Wollzogen's Erfahrung und ruhiger, allgemeiner politischer Blick, seine militärische Bildung werden sehr vermißt werden. Solche Männer werden nicht immer geschaffen.

Was will nur Hr. v. Nagler mit dem kunstliebenden Polen in Paris?

Alles Vorstehende nur für Sie.

---

*) General Freiherr Friedrich Karl Gustav von Langenau, geb. 1782 zu Dresden. 1815 und 18 Bevollmächtigter bei der Militärcentralcommission beim Bundestage. Starb 1840 zu Gratz.

**) Graf Karl von Clam-Martinitz, geb. zu Prag 1792. — 1836 Geheimer Rath und Chef der Militärsection im Staatsrathe, — starb 1840 in Wien.

Bern, 2. April 1836.

Ihr Schreiben vom 27. v. M. habe ich schon vorgestern
erhalten, ich kann erst heute zu der Antwort gelangen. Die
Ideen des Herrn v. Otterstedt, sich an Herrn K. G. R. Mathis
zu wenden, sind ganz in der bekannten Manier, recht viel
Hände in Bewegung zu bringen, stattdessen viel Köche den Brei
verderben. Ich pflichte Ihren Maßnahmungen vollkommen bei;
sie sind Ihrer selbst und Ihrer Verhältnisse würdig. Hr. v. R.
ist die einzige Schmiede. Er hat die Verpflichtung und wird
auch thätig sein, wenn Sie es nur über sich gewinnen, nicht
loszulassen. Das erfordert der Zuschnitt der Zeit.
Kombst und Krug for ever! Ersterer wird, wenn er nicht in
Paris eine feste Anstellung bei der Redaktion des Reformateur
bekommt, nach Lyon gehen. Seine Genossen in dieser Gegend
sind sehr in Bewegung. Ueberhaupt vive le républicanisme!
vive le radicalisme! Frankreich entwickelt für den Augenblick
am meisten Energie gegen seine Republikaner. Wie lange dauert
es aber vielleicht, deßhalb schmiede man das Eisen, so lange es
glüht. Alle Ihre wichtigen Bemerkungen benutze ich. Wird
das Portfolio in französischer Uebersetzung verkauft, so schicken
Sie mir doch, was heraus ist. Was bin ich Ihnen für den
Kalender schuldig?

Hrn. v. Sydow*) werden Sie so finden, wie ich Ihnen
denselben geschildert. Auch Hrn. v. Radowitz, dessen Anstellung in
Berlin nicht überall Billigung findet. Ich hatte Oberst Canitz**)

---

*) Rudolph von Sydow, königl. preuß. Legationsrath und späterer
Bundestagsgesandter, war letzter Gesandter vor Auflösung des Bundestages
im Jahre 1866. Ueber denselben siehe „Nagler's Briefe an einen Staatsbeamten" an verschiedenen Stellen. Starb im März 1872 in Berlin.

**) Oberst Canitz, Karl Freiherr von Canitz und Dallwitz, geb. 1787.
— 1833 Gesandter am kurhessischen und an dem hannoverschen Hofe,
Generallieutenant und militär. Schriftsteller. Starb 1850 in Berlin.

aus Cassel oder Oberst Scharnhorst gewünscht. Radowitz wird gewissermaßen einen zweiten Langenau spielen wollen. Zerreißen Sie ja meine Briefe.

Das Aergste, was Sie über die Schweiz hören, glauben Sie dreist. Ich kann immer noch keine Wohnung finden und hause im sehr theueren Falken.

Mit meiner Gesundheit bin ich gar nicht zufrieden. Dagegen war mein Bruder schon wieder bei dem Könige. Was haben Sie für Notizen über Schulpforta und Roßleben. Postdirektor Kursch in Naumburg wird Ihnen gute Kunde geben können.

Der Wirkungskreis der Königsstraße scheint sich nach dem Ministerpatent nicht erweitert zu haben. Mein Gratulationsschreiben ist unbeantwortet geblieben, ich bleibe dennoch stets derselbe und bin über Kombst empört.

Gott mit Ihnen ꝛc.

———

Herr von Otterstedt soll übrigens in Carlsruh jetzt stiller sein.

Herr v. Blittersdorf ist in jeder Beziehung zu loben. Er geht gescheut und consequent zu Werke, treibt vorsichtig den Keil und faßt wichtige Fragen gescheut und den Verhältnissen angemessen an. Als Minister mit eigener Verantwortlichkeit, mit Klugheit, die ihm wahrlich nicht abzusprechen, ist es etwas anderes, als in Frankfurt. Jetzt heißt es selbstständig, consequent sein und dabei das Interesse des Landes, die Wichtigkeit und Gefahr dessen geographischer Lage vertheidigen und sich in den Prinzipien der drei Mächte bewegen, vis à vis eines revolutionirenden Nachbarlandes und wenig unterstützt von Bayern und Württemberg. —

Das durch den Abgang des würdigen, ausgezeichneten, edlen Grafen Jagow erledigte 4. Armeecorps dürfte Prinz Carl ober Generallieut. Pfuel bekommen. Doch wie falsch beurtheilt man aus der Ferne die Wahl des Königs!

Gott mit Ihnen und Ihren gerechten Ansprüchen ꝛc.

Bern, 6. April 1836.

Tausend Dank, lieber Freund, für die Zuschrift vom 2. Ich bin jetzt neugierig, was man Ihnen aus der Königsstraße antworten wird.

Frau v. Radowitz ist eine gescheute, liebenswürdige, reizbare Frau.*)

Der Landschaftsmaler Klein ist ein wüthender Kunstliebhaber, nicht ohne gediegene Kunstkenntniß und genereuser Beförderer der Künste. Er hat ein nicht uninteressantes Werk über die neuere Kunst, namentlich über die Düsseldorfer Malerschule geschrieben, welches zugleich deutsch und französisch publicirt werden soll, ich glaube, daß er deßhalb nach Paris reist. Er ist gescheut, sehr reich, unangenehm, herrisch, lieberlich, hat einen Engel von Frau und zwei bildschöne Töchter. Graf Münch kommt wohl vor Ende des Monats nicht.

Der von mir bezeichnete Correspondent der Allg. Zeitung ist leider von Berlin abwesend und in München.

Die fürstliche Schriftstellerin ist die Prinzessin von Sachsen, Schwester des Mit-Regenten. Sehr gescheut, etwas verwachsen, aber voll Talent.**)

Das Avancement hat mich sehr interessirt. Es wird dasselbe viel trübe Gemüther gemacht haben. Der Kriegsminister ist noch immer sehr krank, doch keineswegs bis zum Tode, was

---

*) Geborene Gräfin Voß.

**) Geboren 1794, schrieb unter dem Namen Amalie Heiter Lustspiele. Ihre Werke erschienen unter dem Titel: „Originalbeiträge zur deutschen Schaubühne" 1836—1844. 6 Bde.

man auch darüber sagt. Graf Dönhoff aus München geht auf
Urlaub.

Der Herzog v. Montebello trifft Sonntag hier ein.

Schlechtes Wetter, schlechte Gesundheit, doch guten Muths ꝛc.

Bern, 10. April 1836.

Euer Wohlgeboren

interessante Zuschrift vom 6. habe ich gestern empfangen. Unter
dem 1. Febr. habe ich — unter uns gesagt — schon Mittel
angegeben, um der Kombst'schen Schmähschrift habhaft zu werden
und sie auf immer unschädlich zu machen, doch blieb ich ohne
Antwort. Der junge Hr. v. R. scheint noch nicht geeignet zu
sein, solche Mission auszuführen. Ihre Ansichten über die Fortschritte des Bewegungsprinzips theile ich, die Revolution ist nicht
beendigt. — Wegen der Heranziehung des Gen.-Comm. nach
Berlin geht man ohne Prinzip zu Werke. Es gewährt Sr. Maj.
Freude, Allerhöchst seinen ausgezeichneten Sohn an der Spitze
der Truppen zu erblicken und dem Willen solchen Königs beugt
sich jeder andere Wunsch. Von den erleuchteten Erfahrungen
des Generals Wollzogen, Nutzen in Berlin zu ziehen, halte ich gut
und ich glaube wohl, daß der geistreiche, unübertreffliche Kronprinz den General nicht aus Ueberzeugung nach Berlin eingeladen
hat. Ob Hr. v. Radowitz sich mit General Welde verträgt wird,
lasse ich dahin gestellt sein. In der neuesten Militärveränderung
und Ernennung erblicke ich ein praktisches Urtheil des Generals
Welde und Oberst Lindheim. Alle Ansprüche der Armee in so
langem Frieden zu stillen ist nicht möglich, doch zeigt das, was
geschieht, die Absicht, das Fortkommen zu befördern und gute
Dienste zu belohnen. — Der Berliner Correspondent des schwäbischen Merkurs scheint schlecht orientirt. 8 Personen werden un-

bedingt nicht auf einmal entlaffen; ich wüßte auch nicht, auf wen die Penfionirung fallen follte? Die meiften find gut und tüchtig, vielleicht mit Ausnahme von Rappenthal, Krüger in Minden, Roth in Danzig. Klauch und Schön find abgenutzt, doch diefe rührt man nicht gern an. Stollberg in Liegnitz ift fehr fchwach. —

Hr. v. Otterstedt hält fich ftill, innerlich kocht es aber. In der Königsftraße laffen Sie mich unerwähnt, ich bleibe ihr doch treu und wir werden fchon einmal wieder zufammen- kommen -- ich kann immer dreift und loyal vor diefelbe treten. Was Ihre eigene Sache vis à vis diefer Behörde betrifft, fo fcheint es mir befonders darauf anzukommen, daß man offiziell die Dienfte anerkenne und zur verdienten Belohnung nachdrücklich und immer wieder von Neuem empfehle, welche Sie während der Zeit bis zum Auguft v. J. geleiftet. Dies zu thun und allenfalls bis zum Könige zu gehen ift mehr Pflicht, als das jetzige Verhältniß zu remediiren.

Das follte dort gefühlt werden, ohne den gegenwärtigen Uebelstand als Urfache der Verordnung benutzen zu wollen. Das können Sie dreift dorthin fchreiben, denn die Gegenwart anklagend, macht man fich eigentlich den Vorwurf, daß man nicht früher vorgeforgt hat. So fehe ich die Sache an. Und was ift wohlthuender, als guten Beiftand durch Dankbarkeit zu lohnen. Es ift ein Unding, behaupten oder den Menfchen glauben machen zu wollen, daß man alles allein macht. Diefen Punkt erwähnt Kombft auf eine fchmähliche Weife.

Was Roßleben betrifft, fo hat die Witzleben'fche Familie Freiftellen zu vergeben. Schulpforta kann ich nur fehr empfehlen. Der Direktor, früher in Stralfund, ift ganz vortrefflich. Und wer will, lernt dort gründlich und wird klaffifch gebildet. Wer moralifch und gut erzogen, wird nicht verführt. Ich habe ein Gut bei Rathenow, aus welcher Stadt ein Arzt, mein Patri-

monialrichter 2—3 Söhne dort haben und ausnehmend zufrieden
sind. Einer meiner Prediger hat ebenfalls einen Sohn dort
und zwar mit einer halben Freistelle, welche der Oberpräsident
von Magdeburg vergiebt. Auf diese Weise kostet der junge
Mann 90—100 Thlr., ich kenne in den preußischen Staaten
keine bessere Anstalt. Daß sie Fehler haben kann, wie alle
öffentlichen Erziehungsanstalten, glaube ich, allein gewiß weit
weniger als die meisten. Ich kenne mindestens zehn achtbare
und zuverlässige, mir werthe Bürgerfamilien aus meiner länd-
lichen Nachbarschaft, die ihre Kinder mit Vertrauen daselbst
haben und stets sehr befriedigt darüber waren. Fragen Sie
mich daher nach meinem individuellen, zwar unvollkommenen
Rath, so stimme ich für Schulpforta.

Von dem Kelch habe ich nichts gehört. Trott soll aus-
getreten sein, weil der Cabinetssekretär Koch, kürzlich noch erster
Amtsactuariatsaccessist der auswärtigen Angelegenheiten, das
unbedingte Vertrauen des Churprinzen erlangt hatte und die
Depeschen eher erhielt als Hr. v. Trott. Wer wird am Ende
solchen Herren noch dienen? Ab. Zalesky ist hier als sehr gefährlich bekannt. — Ginge der alte Großherzog von Darmstadt
ab, so käme das Land aus dem Regen in die Traufe.

Gott erhalte Hrn. Du Thil am Leben. Aus Schwaben
erfahre ich von Hrn. v. S. wenig; doch lese ich den schwäbischen
Merkur. Auch kenne ich den traurigen Zustand des südlichen
Deutschlands.

Graf Bonbelles ist hier; den Herzog v. Montebello erwarten wir ehestens, vielleicht schon Sonntag. Um hier gründlich zu helfen, müßte die Politik im Allgemeinen eine andere
Farbe annehmen, als sie hat, und dazu ist wenig Aussicht. Man
wartet ab und läßt die Sache gehen, bis man nicht mehr wird
helfen können. — Ich verbrenne sehr regelmäßig Ihre Briefe.
Daß Janke in Berlin ist, wußte ich nicht.

Gott lohne Ihnen Ihre Treue. Treu und achtungsvoll rc.

3

Lieber Freund!

Ihr Letztes vom 9. habe ich dankbar empfangen und freue mich über die Aeußerungen des Hr. v. Sydow, welche mit dessen gutem Herzen im Einklang stehen. Möchte er ihnen nur auch eine praktische Folge geben. Es ist aber sehr charakteristisch, daß die Königsstraße wieder Andere vorschieben will. So etwas ist wohl erklärlich bei Personen, die noch selbst viel erwirken wollen, jedoch diejenigen, welche schon alles erzielt haben, sollten doch wohl an sich zu denken aufhören. Nehmen Sie das Anerbieten von Hrn. v. Sydow dankbar an; allein ich rathe unvorgreiflich die Königsstraße nicht los zu lassen. — Ich glaube nicht, daß Rußland allein den Herzog von Nassau zu Graf Sch. geführt hat. Hr. v. Nagler hatte gegen Wiesbaden gefehlt und die beiderseitigen Charaktere paßten nicht für einander, unterdessen jetzt mehre Anklänge vorhanden sind. Die Dosen des Herzogs sind unbestimmt verständig. Hr. Eichhorn, dem ich es von ganzem Herzen gönne und der es vollkommen verdient, hat in neuerer Zeit an Präsenten den Werth von mindestens 30,000 Thalern erhalten. Er kann es gebrauchen und verdient sich das Brod theuer und oft ohne Dank.

Wenn der Erlöser-Orden für Graf Lusi *) der Orden pour le crédit wäre, so würde er ihn besser gebrauchen können.

Fürst Gallizin, Adjutant des Kaisers, hat seine Frau, geb. Fürstin Urusoff, (Nichte des Hrn. v. Jatischef) in Wien und hat aus großem Verlangen zu der sehr schönen Gemahlin wahr-

---

*) Graf Lusi, preußischer Gesandter in Athen, liebenswürdig, geistreich und liederlich, verkam in Wechselschulden.

ſcheinlich die Reiſe präcipitirt. Der 4. und 5. Bogen von
Kombſt ſind gedruckt. Eben ſo verrätheriſch als die 3 erſten,
der 6. und letzte iſt im Druck. Ich habe ſeit dem 1. Februar
die Mittel angegeben, um ſich des Manuſcripts zu bemächtigen.
Machen Sie ſich auf alle Infamien gefaßt.

In der Schweiz geht es täglich ſchlechter. Man will es
nicht beſſer. Frankreich allein flößt noch Reſpekt ein und weiß
kräftig und poſitiv zu handeln. Das flößt Furcht ein, doch
mit gutem Rath und Noten erzielt man das nicht.

Aus Berlin höre ich nur gute Kunde.

Heute erwarten wir den Herzog von Montebello.

Jalewsky iſt ſehr bekannt und ebenſo gefährlich.

Unſere Flüchtlinge ſind ſehr thätig, Rauſchenblatt*) iſt
vielleicht ſchon angekommen. Aus Frankreich erwartet man
mehrere Genoſſen.

Fahren Sie ja fort, meiner mitleidig zu gedenken und
laſſen Sie den Schriftwechſel nicht etwa ausbleiben.

Bern, 21. April 1836.

Ihr Werthes vom 17. iſt geſtern eingetroffen und mit
vielem Dank geleſen. Von Kombſt's Heft iſt der 6. Bogen im
Druck. Mir thut es in der Seele weh, daß man meinen Vor=
ſchlägen nicht zeitig genug Gehör geſchenkt. Was Sie darüber
ſagen, ſtimmt mit meiner Anſicht vollkommen überein und gar
gern hätte ich der Königsſtraße, die bei alledem doch eine höchſt
intereſſante Erſcheinung bleibt, Verdruß erſpart. Ich kenne einen

---

*) Dr. jur. Johann Ernſt Hermann Rauſchenblatt, früher Privat=
docent zu Göttingen, als Mitwiſſer beſchuldigt wegen Theilnahme am
Göttinger Aufruhr, ſeit 1831 ſteckbrieflich verfolgt, hielt ſich damals in
Straßburg auf.

alten, alten Hrn. v. B., welcher zu sagen pflegte: dites que B. est un scélérat, un assassin, un monstre, — B. s'en moque — mais B. est mort, dès que Vous lui donnez un ridicule! Der junge Herr wird mit seinem Reisegefährten über Aachen und Düsseldorf zurückgereist sein, weil Letzterer dort sehr bedeutende Bestellungen an junge Maler gemacht. — Wozu ist der Hr. Schöll*) avancirt?

In Stuttgart ist man sehr erfreut über Graf Wollzogen's Ersatz. Man wollte dem General persönlich nicht wohl. Radowitz wird ihn in vieler Beziehung nicht ersetzen und sich demjenigen unbequem machen, der jetzt über die Geschäftstrennung ungehalten ist. Radowitz hatte zu viel Einfluß über Prinz August gewonnen und deßhalb sollte er entfernt werden.

Für den Juli ist allgemeines rendez-vous in der Schweiz für alle Abenteurer. Dabei werden sie das eidgenössische Freischießen im Juli zu Lausanne benutzen. Unterdessen schreiten auch die geheimen Absichten der Radicalen mächtig vorwärts. Man läßt die Sache ruhig gehen, bis man sie nicht mehr wird behandeln können und bis man wird zum Handeln schreiten müssen, was man gar gern von sich schiebt. Alles geht darauf aus, Zeit zu gewinnen.

Der Herzog von Montebello**) ist hier und entspricht vollkommen dem guten Ruf der ihm vorangegangen. Wir wollen nun sehen, wie Frankreich gegen die Schweiz handelt.

---

*) Zum geheimen Legationsrathe.

**) Lannes, Herzog von Montebello, geb. 1794. Pair von Frankreich, 1835 franz. Bevollmächtigter in der Schweiz, verlangte am 18. Juli 1836 durch eine äußerst hochfahrende Note die Ausweisung aller politischen Flüchtlinge aus der Schweiz und betrug sich in einer Weise, daß ihn selbst die Unverletzlichkeit seines Amtes nicht gegen persönliche Beleidigungen und gegen Ausfälle der Journale schützen konnte. 1837 verlangte er die Ausweisung Louis Bonaparte's. Flüchtete 1848 nach London.

Der Marquis Brignole ist Genueser und deßhalb wundert man sich, daß der König von Sardinien ihn angestellt. Er war außerordentlicher Botschafter in Moskau zur Krönung, Schwager des bei Worms verstorbenen Herzogs von Dalberg und sehr reich, liebt Haus zu halten und versteht zu repräsentiren.

Hr. v. Maltzahn, der lange Jahre in Amerika war, der Sprache mächtig und sehr gescheit ist, wurde während des Kaisers letzten Anwesenheit in Berlin von S. M. sehr distinguirt. Zur katholischen Kirche übergetreten, ist er sehr mit religiösen Dingen beschäftigt. Hr. v. Labensky, Neffe des russischen General-Consuls in Paris, soll nicht gescheit sein. In London kam er nicht im Traveller Club fort, ohne je dort eine Sylbe geredet zu haben. Hr. v. Prieser bleibt also bis nach vollendetem General-Bericht. Der Geh. Ober-Justiz-Rath v. Breitenschwert ist mir aus Stuttgart sehr gelobt.

Fürst Schönberg will 5 Wochen in Wien bleiben; wo man aber besorgt, ihn gar nicht wieder zu bekommen, weil in Wien Gesandtschafts- und Botschafter-Posten vertheilt werden sollen.

Herzlichen Dank für alle übrigen Nachrichten. Sie schreiben nichts umsonst. Alles ist mir werth.

Treu und ergebenst 2c.

Bern, 26. April 1836.

Das Geehrte vom 20. ist in meinen Händen.

Der Tod des Fürsten Sulkowsky ist ein Verlust. Er hatte alle ausgezeichneten Eigenschaften seiner Nation, aber nicht die Fehler.

Mit 2807 Thlrn. würde ich Graf Wollzogen nach Bonn zu gehen rathen — obwohl er eigenes Vermögen hat.

Kombst erscheint erst in 14 Tagen bis 3 Wochen. Jetzt sind 158 Seiten gedruckt. Otterstedt kommt auch darin vor. Es ist unverzeihlich, daß man nicht alles angewendet, das Manuscript zu kaufen.

Eine Beschlagnahme in Frankreich ist nicht ausführbar, denn die Bestimmungen des Preßgesetzes vom 12. Septbr. 1835 sind sehr vorsichtig beobachtet, alles daraus entfernt, was das französische Gouvernement von König Ludwig Philipp betrifft. Auch in dieser Beziehung habe ich alles versucht und bin mir bewußt, seit dem 1. Februar c. unaufhörlich darauf aufmerksam gemacht zu haben.

Der vertrauteste Freund von Kombst, unter dessen Adresse bisher die Briefe für ihn nach Paris gingen, ein gewisser Böhr, geht in 8 Tagen über Straßburg nach Deutschland.

Kombst ist mit einem Schweizer Paß in Paris unter falschem Namen. Den Paß hat er durch einen gewissen Halkauer, jetzt Lehrer in Aarau, bekommen.

Sonst nichts Neues. Aus Berlin nur Gutes. Was macht denn die junge Königsstraße in Paris. Ich finde diese Schule nicht gut.

Krug schmeckt aus allen Worten und Urtheilen die Kombstiana hervor. Darauf muß die Königsstraße hindeuten, ich mag in dieser Beziehung nicht Ankläger sein. Frau v. Bülow soll zu Ende Mai nach Carlsruhe gehen. Frau v. Otterstedt war tödtlich krank. Was hören Sie von Graf Galen?

Ein Gerücht sagt, Hr. Staatsminister Ancillon wolle sich vermählen, ich kann es nicht glauben. Die Reise des Hrn. Kühne nach Wien scheint Thatsache. Vielleicht wegen eines Vertrages zwischen dem Zollverein und Böhmen.

Herzlich und treu ergebenst 2c.

Das interessante Packet vom 22. ist angekommen. Dank und immer Dank. Ich würde die Kombstiana nicht verbieten, weil sie doch in 1700 Exemplaren heimlich in Deutschland verbreitet wird.

Das helle Geblasse aus Carlsruhe ist ein wahres Unglück.

Bern, 2. Mai 1836.

Ihre sich stets gleich interessant bleibende Correspondenz habe ich bis zu dem werthen Schreiben vom 29. v. Mts. erhalten und eile, Ihnen meinen Dank ganz ergebenst auszudrücken. Von Hrn. v. Lepel in Frankfurt ist mir sehr wenig bekannt, ich sah ihn niemals.

Die Reise der französischen Prinzen nach Berlin und Wien ist jedenfalls ein événement. Rechnet man dazu die Cirkulardepesche aus Wien wegen der Reduction der Armee mit Ausnahme der Reserve in Tyrol und Vorarlberg, erwägt man den Inhalt und den Ton derselben, und bedenkt auch, daß Silistria geräumt wird, so sollte man auf einen längeren europäischen Frieden rechnen können, und man würde demnach mit der Schweiz nicht nur ein ernstes Wort reden, sondern auch nöthigen Falls gegen sie handeln können, allein ich besorge, daß dies nicht geschehen wird.

Die Artikel in der Temps vom 25. und im Journal des Débats vom 27. über die Reise der französischen Prinzen sind wahrscheinlich bezahlt. Die Sprache ist ganz anders, als sie sich gegen Roßbach vertheidigten. Dazu der honigsüße Artikel Preußen 16. April in der Allg. Ztg. vom 29. Nr. 118.

Was erlebt man nicht alles! —

Von der Reise des Fürsten Talleyrand weiß ich nichts. Doch werden die französischen Prinzen Stuttgart jedenfalls meiden.

Von dem ꝛc. Fabeck, der sich in Frankfurt a. M. aufhält, weiß ich nichts. Doch kenne ich den Major v. Fabeck auf Jablonkew, sowie seinen Bruder, den Obersten v. Fabeck in Kepberg in Preußen. Hr. v. Oubrill ist so gut bezahlt, daß er allenfalls zurücklegen und deßhalb doch ein anständiges Haus machen kann. So schön das Haus v. Mühlen's ist, so viel Unbequemlichkeit hat es doch, und ich weiß nicht, ob ich dasselbe gern bewohnen würde.

Hr. v. Otterstedt schreibt sehr viel über Kombst und weiß doch nichts Bestimmtes. Ich las 158 Seiten und bin indignirt über den schmählichen Inhalt, dabei empört, daß man auf meine Anzeige vom 1. Februar nicht alles angewendet hat, die Publikation zu verhindern. Ich würde es jetzt nicht verbieten. Mag es Jeder lesen. Ungeachtet des Verbots werden genug Exemplare nach Deutschland kommen, freilich wird Ihrer auch gedacht! Je mehr man jetzt, après loup, spricht, je mehr macht man die Neugierigen und Schadenfrohen aufmerksam. Es ist zu niederträchtig, um nicht bei Jedem, der noch etwas Ehre im Leibe hat, Verachtung zu erzeugen.

Hier alles beim alten Schlechten. Doch dürften die Radicalen etwas stutzen, seitdem sie hören, daß der französische Botschafter laut spricht und versichert, sein Gouvernement werde ihren revolutionären und propagandistischen Tendenzen n i e Vorschub leisten.

Ich hoffe, daß Sie meine Schreiben vom 21. und 26. erhielten.

Rathen Sie bei der Königsstraße nur immer auf Ruhe und Rücksicht auf Kombst. Dieser Schinderknecht wird der Rache nicht entgehen und ist vielleicht seine Auslieferung nicht fern. Was Ihre Sache betrifft, so feuern Sie dagegen die Königsstraße an, und dieselbe ist Ihnen nach dem Inhalt der

Kombſtiana um ſo mehr dazu verſchuldet. Sie werden meiner
Meinung ſein, ſobald Sie das Zeug geleſen haben.

Stets derſelbe und treue ꝛc.

Bern, 4. Mai 1836.

Ihr Letztes vom 1. Mai geht mir erſt heute zu. Ich
würde nicht ablaſſen, der Königsſtraße von der Vergangenheit zu ſprechen. Für die damals geleiſteten Opfer ſoll und
muß er Ihnen Erſatz und Anerkennung ſchaffen, die ihm geleiſteten Dienſte ſind es, welche hauptſächlich die Unannehmlichkeit
für Sie in der Kombſtiana verurſachen, dieſelbe und der Umſtand,
daß nicht früher für Sie geſorgt und gewirkt, iſt Urſache des
jetzigen Zuſtandes. Alſo liegt in jeder Beziehung der Königsſtraße die Verpflichtung ob, alles daran zu ſetzen, Ihnen Ent-
ſchädigung, Ruhe und Frieden zu ſchaffen. — Das iſt meine
Anſicht. Wenn Sie die Kombſtiana geleſen, alsdann haben Sie
beſtimmte Veranlaſſung, von Krug*) zu reden. Ich habe ihn in
allem wiedererkannt und deßhalb in Berlin gehörigen Orts
darauf hingedeutet. Die Druckbogen bis S. 158,**) welche ich
mir verſchafft, können erſt den 3. in Berlin eingetroffen ſein,
bis dahin waren nur überſichtliche Notizen über den Inhalt von
S. 50—158 dort, die ich unter dem 9. oder 12. dorthin
geſchickt.

Das Geſchrei über dies Buch, welches von Carlsruhe aus
veranlaßt, ſchildert, wie von dem bielarmigen und großmündigen
Mann ***) dort die Sachen aufgefaßt und ausgebeutet werden.

---

*) Legationsrath Krug bei der preußiſchen Bundestagsgeſandtſchaft in
Frankfurt a. M.

**) Kombſt, Der deutſche Bundestag. Straßburg 1836. 8.

***) von Otterſtedt, preuß. Geſandter in Carlsruhe.

Die Mission für Kühne soll noch nicht recht vorrücken, obwohl Böhme zu nothwendig hat sich dem Vereine zu nähern. In Rußland ist kein günstiges Resultat zu erwarten. Ein großes Unglück für unsere östliche Provinz.

Hr. v. Schack*) scheint mir ein braver Mann, allein kein Premier — das ist aber auch in Mecklenburg bei der feststehenden Verfassung nicht nöthig. Es wird nur Geschäftsverstehung, Rechtlichkeit und gute Gesinnung erfordert.

Von Graf Galen weiß ich nichts. Aber Ihre Vermuthung über das Eis zwischen Darmstadt und Carlsruhe ist begreiflich.

Ueber Radowitz Auftreten bin ich neugierig. Talleyrand hat mit England gebrochen, allein noch nicht mit Frankreich. Talleyrand geht nach Baden=Baden, aber wohl schwerlich nach Berlin, eher nach Wien.

Hatte ich Sie gut über Hrn. v. Sydow unterrichtet?

Ueber die Ankunft der französischen Prinzen in Berlin ist man sehr verwundert. Brassier**) läßt sich viele Staatslivréen machen. Was treibt eigentlich die junge Königsstraße in Paris? Oesterreichs Entwaffnung ist bedeutungsvoll besonders dadurch, daß die Reserven in Tyrol und Vorarlberg aufgestellt bleiben.

Gott mit Ihnen, mein Freund. Stets mit gleichem Dank erfüllt, unter dem Wunsche, daß Ihre nicht zu mindernde Beharrlichkeit doch etwas erziele.

Bern, 10. Mai 1836.

Lieber Freund!

Ihr Schreiben vom 5. besitze ich und werde mich sehr freuen zu lesen, was Sie der Königsstraße geschrieben. Daß

---

*) Mecklenburgischer Gesandter am deutschen Bundestag.
**) Brassier St. Simon, zuletzt preußischer Gesandter in Rom, † 1873.

Sie meine Bemerkungen mit Güte aufnahmen, freut mich. Das Geschrei über Kombstiana von Baron Otterstedt ist odiös. Das viele Gerede und Gespräche hilft in dieser Welt nicht viel. Wenig reden, aber zeitgemäß handeln. — Was macht nur die junge Königsstraße in Paris? Hr. v. Brassier hat wohl Urlaub? Er steht sich mit Hrn. v. Werther gar nicht gut. Was Sie über die Anwesenheit der französischen Prinzen in Berlin, deren dortige Aufnahme und ihre Besuche am deutschen Hofe hören, lassen Sie mir ja wissen.

Daß Baden wegen Aufhebung der Centralbehörde einen Antrag machen wollte, wußte ich leider, doch verbindet Hr. v. Blittersdorff einen andern Antrag damit, der in Wien ge- und in Berlin mißfallen hat.

Weshalb wehrt sich Baden gegen Ausdehnung des Brücken- kopfes von Germersheim?

Da die französischen Prinzen nach Wien gehen, so wird der Herzog von Nassau seine Reise dorthin wohl aufschieben.

Das Coburger Haus macht allzu viel von sich reden. Der regierende Herzog ist immer unterwegs. Wohl ihm, daß er zu Hause einen Carlowitz hat.

Die Tochter des Hrn. Gen.-Lieuten. v. Michaelis, welche der lange, schwarze, aber gescheite Beyer heirathet, muß nothwendig eine Stieftochter sein.

Hat sich in Frankfurt der preuß. Gen.-Consul Merema aus Brasilien gezeigt?

Aus Berlin bin ich lange ohne Nachricht. Gott mit Ihnen, mein Freund.

Vielleicht besinnen sich die Schweizer, wenn sie sehen, daß ihnen nirgends Beistand geleistet wird. Rauschenblatt ist im Canton Thurgau.

Ihr Schreiben vom 9. habe ich erhalten und die Beilage gewürdigt. Ich finde, Sie sind nicht bestimmt genug, was Sie Ursache haben von unseren Ministern zu fordern. Das Uebrige ist verdient und wird erfolgen; allein das Reelle, Titel oder Gehaltsvermehrung müssen von Berlin kommen und deßhalb hätte ich das petitum genannt. Verzeihen Sie meine Offenheit.

Die Kombstiana*) ist seit dem 6. Mai distribuirt. Also müssen Sie solche gelesen haben. Der Verfasser ist auf Preußens Veranlassung aus Frankreich verwiesen und befindet sich seit dem 9. in Basel Landschaft, wo er das Gemeinde-Bürger-Recht bereits erhalten. Uebrigens ist er Anti-Rauschenblatt, doch er mahnt zur momentanen Ruhe. Hier ist viel Bewegung.

Ich gehe Ende Mai über Freiburg, Lausanne, Genf nach Neuchatel und von dort vielleicht nach Solothurn und Aarau. Schreiben Sie ja hierher. Alles wird mir nachgeschickt.

Gen.-Major Röder und Major v. Möller haben die Aufwartung beim Herzog von Orleans. Gen.-Major v. Neumann und Major v. Brand beim Herzog von Nemours.

Ueber Radowitz lassen Sie sich ja aus.

Ihr treuer Freund ꝛc.

Lausanne, 20. Mai 1836.

Lieber Freund!

Alle Ihre Mittheilungen bis einschließlich derjenigen vom 16. sind mir richtig zugegangen und danke ich verbindlichst

---

*) Kombst, Gustav, Der deutsche Bundestag gegen Ende des Jahres 1832. Eine politische Skizze. Straßburg 1836. 8.

für alle Beilagen, die mir ohne Ausnahme neu waren und großes Interesse gewähren. Für die französischen Prinzen *) sehe ich in Berlin nichts Ungewöhnliches, was bei Anwesenheit anderer vornehmer Gäste sonst immer stattfindet. Da sie einmal dorthin gingen, so konnte nicht weniger geschehen. In Prag wird diese Reise nach Wien und Berlin traurige Betrachtungen erzeugen. Man spricht von einer Vermählung des Königs von Neapel mit der Mademoiselle Tochter der Herzogin von Berry. — Einflußreich für Italien.

Ich habe dem Prinzen Carl eine Nachweisung der in Liestal und Solothurn zu veräußernden Alterthümer, Raritäten und Harnische geschickt, allein man scheint dort nichts zu wollen.

Die Verweisung von Kombst ist zwar erfolgt — ich hatte aber mehr gewollt.

Was die Sendung der Kombst'schen Schrift anbelangt, so bin ich dem Hrn. v. Otterstedt doch vorgalopirt, denn ich ließ bereits unter dem 26. April ein Exemplar nach Berlin abgehen; doch habe ich weiter kein Aufsehen darüber gemacht.

Der Artikel über des Herzogs v. Wellington **) Beschuldigung gegen die preußische Armee, den die Allg. Ztg. aufgenommen, ist gut, von Major v. Brand.

Ich habe mit großer Befriedigung das höchst sehenswerthe und in vielfacher Hinsicht ausgezeichnete Pensionat der Jesuiten in Freiburg besucht. Gestern war ich in Vevey, heute habe ich drei Stunden mit dem General La Harpe geredet und morgen

*) Der Herzog von Orleans war der Brautschau wegen nach Berlin gereist. Er vermählte sich im Mai 1837 zu Fontainebleau mit der Herzogin Helene von Mecklenburg.

**) Der Herzog von Wellington klagte im Parlament das Heer Blücher's der Plünderung, der Fahnenflucht und der Zuchtlosigkeit an; wofür ihm von deutscher Seite die verdiente Zurechtweisung zu Theil ward.

gehe ich nach Genf, dann nach Neuchatel, Solothurn, Aarau
und bin den 31. c. in Bern.

Vergessen Sie mich ja nicht, lieber Freund.

Dankbar der Ihrige 2c.

Bern, 4. Juni 1836.

Ihre gütigen Zeilen habe ich erhalten. Am 2. c. zurückgekehrt, habe ich viel zu thun gefunden; doch läßt sich alles
leisten und ich erliege nicht. Hrn. Rohde habe ich leider verfehlt.
Seine Post=Inspections=Reise wird gewiß von Nutzen sein, da
vorzüglich die desfallsigen Einrichtungen in Liestal sehr lobens-
werth sind und die Ketten zum Befestigen der Poststücke, nach
einem Muster aus den Zeiten der Kaiserin Anna, vortrefflich sein
sollen. Hrn. Arnold, den Juden, habe ich nicht gesehen.

Sie werden aus der Zeitung gesehen haben, daß man im
Canton Solothurn die gefährlichsten Glieder der Propaganda
arretirte und, obgleich sämmtliche an dem Savoyer Zug Theil genommen und notorisch gerade jetzt einen ganz ähnlichen Coup
gegen Deutschland bezweckten, wieder freiließ (Mazzini, Ruffini,
Harro Herig und Soldan). In Zürich sitzen noch Eyb, Craaß
und Rottenstein. Die aufgefundenen Documente zeigen deutlich,
was sie gegen Deutschland bezweckt. Rauschenblatt war im
vorigen Monat zweimal jenseits des Rheines.

In Liestal haben alle Flüchtlinge die Papiere verbrannt.
Kombst ist in der Opposition. Er lebt in Muttenz, Canton
Basel=Landschaft.

Wenn man jetzt nur ordentlich will, so bedarf es nichts
als des übereinstimmenden Handelns von Außen, um dem
ganzen Propagandismus in der Schweiz ein Ende zu machen.*)

---

*) In der That erklärte der Vorort Bern sich am 22. Juni auf die

Wenn aber auch jetzt nichts, etwa nur Worte oder nur soviel erfolgt, als nöthig ist, um sich davon zu überzeugen, daß es nicht Ernst gilt, so wird die versäumte Niederlage der Propaganda zu ihrem Siege führen. — Die Königsstraße schweigt seit Anfang October gegen mich.

Meine Reise ist uns sehr nützlich gewesen.

Der französische Botschafter ist vortrefflich.

Herzlich und treu 2c.

Bern, 11. Juni 1836.

Die Sendung vom 6. c. ist gestern eingetroffen. Nun mag ich kein Portfolio mehr haben, dagegen aber gelegentlich meine Rechnung. Kombst ist in Muttenz, Canton Basel-Land=schaft.

Die durch den Hrn. Kreisgerichtsrath Mathis veranlaßte Sendung vom 3. c. ist mir sehr nützlich. Ich hatte mir, unter uns gesagt, dies Aktenstück schon früher verschafft und Auszüge daraus machen lassen. Jetzt besitze ich's ganz, was besser ist. Was ich darauf Ihrem Grafen Exc. unter dem 10. c. geant=wortet, werden Sie wohl lesen. Das Schreiben geht heute ab. Wenn man sich nur nicht täuschen lassen wollte; der gegen-

---

Aufforderung der französischen Regierung hin bereit, alle politischen Flücht=linge aus der Schweiz zu entfernen, welche das gute Vernehmen mit den Nachbarstaaten durch ihre Umtriebe stören könnten. Mazzini's Pläne eines „jungen Europa" waren allzu ungescheut betrieben worden. Die Schweizer Anerbietungen genügten aber der französischen Regierung nicht und Thiers erließ am 18. Juli eine Drohnote nach Bern, welche große Aufregung unter den Schweizern hervorrief.

wärtige Augenblick ist zu wichtig und kommt vielleicht nie mehr
so allgemein eingreifend wieder zum Vorschein.

Ich war so glücklich, seit dem 2. Februar auf alle jetzigen
Erscheinungen aufmerksam machen und die Projekte bezeichnen
zu können. Ueber die am 27. d. Mts. zu Grenichen statt=
gefunde Versammlung habe ich bereits Ende April berichtet·
Abschrift des Kreisschreibens des geschäftsführenden Ausschusses
vom jungen Deutschland an dessen Clubs behufs Sendung
der Deputirten nach Grenichen vom 6. Mai habe ich nach
Berlin geschickt. Mazzini ist wahrscheinlich noch in Grenichen.
Rauschenblatt zwischen Kreuzlingen, Aarau, Lenzburg und
Zofingen. Ich will es mir weiter nicht zum Verdienst anrechnen,
den Fäden der Umtriebe in der Schweiz nachgespürt zu
haben, allein es geschah dies meinerseits jedenfalls in einer Periode,
wo die Mehrzahl der Staatsmänner sich einer süßen Ruhe hin=
gab und lieber die Augen verschloß, als Unangenehmes für
Wahr erkennen wollte. In Berlin wollte man meinen Nachrichten
nicht trauen, hielt sie für übertrieben, unzeitig und ungründlich,
während sich jetzt alles auf den Tag erwiesen darthut. Habe
ich ein Verdienst, dessen ich nur Ew. Wohlgeboren gegenüber
erwähne, so ist es das, daß ich mich durch die Weisungen von
Berlin nicht irre machen ließ.

Die selbst fabricirten Berichte über die französischen Prin=
zen in Wien und Berlin sind ekelhaft. Als wenn sich der
Enthusiasmus der Berliner bis zur Emeute gesteigert hätte!!

Wer schreibt nur die Artikel in die Ober=Postamts=Zeitung
über meinen Bruder?

Graf Königsmark will in Berlin heirathen. Ganz unter
uns, Fräulein Bülow, welche bei der Fürstin Liegnitz ist. Ob
Hr. Wagner, den ich nicht kenne, die Geschäfte versehen kann,
weiß ich nicht.

Fahren Sie ja fort, mich mit Nachrichten zu unterstützen,

selbst wenn meine Antworten nur sehr kahl ausfallen. Was macht Hr. v. Sydow, v. Nagler, v. Radowitz?

Herzlich und treu 2c.

Soeben bekomme ich Ihre von Neuem sehr gehaltvolle Mittheilung vom 8. Baron Otterstedt ist gespannt mit Herrn v. Bülow. Ueber die Schweiz scheint er viel zu berichten; für mich mag er schreiben, was er will. Aber daß er sogar Zeitungen nach Berlin schickt, ist strafbar wegen des unnützen Postgeldes. Ich schicke nie eine Zeitung ein. Sie lügen, entstellen, und man muß sich durch solch Gewäsch nicht irre führen lassen.

Die bekannte Depesche des Hrn. M. Ancillon vom 27. v. M. habe ich erhalten. Classisch ist des Fürsten Metternich Depesche an Hrn. Hasenclever nach London vom 9. Mai. Sie übertrifft Alles, was ich von dort las.

Graf Wolzogen ist ein gescheiter Rathgeber und ich will mich herzlich freuen, wenn man ihn in Berlin nicht blos gehört hat, sondern ihm auch folgt.

Das Varnhagen'sche*) Buch werde ich zu erhalten suchen.

———

Bern, 20. Juni 1836.

Die sehr werthen Schreiben vom 13. und 15. c. sind richtig eingetroffen und haben mir abermals eine Masse mir fremder Dinge kennen gelehrt. Um deshalb drücke ich Ihnen meinen herzlichen Dank für Ihre treue Correspondenz aus, die für mich von unendlichem Werthe ist.

Hier würde Alles noch zu redressiren sein, wenn die Mächte nur eine Nüance von Energie zeigen wollten. Wir suchen

———

*) Leben des General von Winterfeld. Berlin 1836. 8.

4

Furcht einzuflößen, allein dies wird auf die Dauer keinen Effect machen, wenn man nichts Handgreifliches sieht.

In Zürich sitzen noch zehn. Die entlassenen Handwerker ätzen mit chemischer Salzsäure die Worte aus ihren Büchern, welche auf die Fortweisung hindeuten. Dies ist mit den Schlossern Hoffmann aus Ulm und Chr. Gontzky aus Württemberg am 17. zu Liestal geschehen.

In Constanz hatten die Flüchtlinge oft rendez-vous mit deutschen Radicalen. So z. B. am 14. c., wo sich Scriba auf badischem Gebiete befand.

Kombst sitzt immer noch in Muttenz. Es hat Schwierigkeiten für ihn, das Cantonsbürgerrecht der Landschaft zu bekommen. Die Wahl'sche Geschichte wird jetzt ausgeglichen.

Der französische Botschafter ist vortrefflich. Solche Sprache führte selbst zur Zeit der Restauration keiner seiner Vorgänger.

Der Hr. Hagenbach, Vorsteher der Füßli-Orell'schen Buchhandlung zu Zürich, wird bald in Frankfurt sein.

Er ist Freund mit allen Flüchtlingen und der Propaganda zugethan. Was sie hören, theilen sie mir wohl mit.

Hr. Minister Winter lobt die Vortrefflichkeit der badischen Polizei und fulminirt gegen Alle, welche dies nicht glauben. Sein Freund Otterstedt vertheidigt die dortigen Einrichtungen.

Ich kann mich dieser Meinung nicht anschließen.

Aus Berlin erfahre ich jetzt wenig. Ich glaube, daß mein Bruder schon auf dem Lande ist.

Von der Königsstraße weiß ich gar nichts. Handelt sie für Sie?

Unser Herr Chef h a t also sich vermählt? Glück auf! 69 Jahre contra 30. Hysterisch und Nervös; sehr gereizt.

Wien deutet an, hier kräftig einsprechen zu wollen. Die von dort kommenden Erlasse sind classisch.

Graf Bonbelles hat wieder die Gicht. Hrn. v. Dusch erwarte ich bald. Hr. v. Hertling wird durch Krankheit abgehalten zu kommen.

Der hiesige russische Legations-Secretär, Hofrath v. Biollier
ist nach Turin geschickt, um während der viermonatlichen Abwesenheit des Hrn. v. Obrescoff die Geschäfte zu geriren.

Mit gewohnter Treue rc.

Bern, 5. Juli 1836.

Tausend Dank für die interessante Nachricht vom 24. c.
Alles war mir neu.

Das Attentat gegen Louis Philippe *) steht mit dem hiesigen Projecte in genauester Verbindung. Kombst deutete am
11. Mai schon darauf hin, hoffend, daß es während der Reise
der Prinzen ausgeführt werde. de Cudre gab auch Andeutungen.

Daß Einverständnisse zwischen den hiesigen Revolutions-
Aposteln und den französischen Republikanern bestehen, ist außer
Zweifel. Ich besorge aber, daß selbst der gegenwärtige und
gleichsam wie von Gottes Hand dargebotene Anlaß zum Auf-
räumen blos zu einigen auf der Oberfläche sichtbaren Berüh-
rungen führen werde, wenn nicht von Außen beliebte ernste
Maßregeln das Volk zwingen, auf die Verbrecher loszu-
schlagen.

---

*) Als Ludwig Philipp mit seiner Gemahlin und seiner Schwester
Adelaide aus dem Tuilerienschlosse fuhr, schoß ein junger Handlungsdiener
Alibaud, der zu diesem Zweck von Perpignan nach Paris gekommen war,
eine Stockflinte auf den König ab. Er fehlte, da Ludwig Philipp sich
zufällig gerade auf die Seite wandte. Dies war das dritte Attentat gegen
den „Bürgerkönig". Alibaud erklärte, er habe den Tyrannen, welcher die
Volksfreiheit unterdrücke, tödten wollen. Am 11. Juli wurde er guil-
lotinirt.

Der Herzog von Montebello ist vortrefflich. Hr. v. Blittersdorff hat Recht, wenn er ihn lobt.

Hr. v. Dusch ist hier. Er urtheilt gut und hat eine scharfe Beobachtungsgabe.

Die hiesige Wahl zur Tagsatzung ist decidirt radical.

Außer auf Bayerbach empfehle ich Ihnen zur Beobachtung auf folgende Reisende zu sehen:

1. Oberrichter Füßli,
2. Buchhändler Siegfried,
3. Staatsanwalt David Ulrich,

Ultra-Radicale und Freunde deutscher Flüchtlinge.

Daß Sie mit dem jungen Stutzer aus der Königsstraße zufrieden waren, freut mich. Die alte Straße verweiset zu viel auf die Zukunft. Ich bin ein Freund der Vergangenheit und des Handelns. Hoffentlich wird, was lange währt, gut.

Aus Berlin weiß ich gar nichts.

Nach Mainz habe ich geschrieben.

Otterstedt sagte mir sehr unbefangen: die Schweizer Angelegenheiten machten ihm sehr viel zu thun. Ich 'antwortete, daß mir die Angelegenheiten des Großherzogthums Baden Sorge verursachten, aber keine Zeit raubten.

Winter und Bülow scheinen nicht gut zu stehen.

Herzlich und treu 2c.

———

Bern, 28. Juni 1836.

Lieber Freund!

Ich bin sehr beschäftigt. Noch immer keine bestimmte Instruction aus Paris und Wien. An Letztere bin ich gewiesen. Wir suchen so viel als möglich die Furcht und Span-

nung der hiesigen Behörden zu nähren und der französische
Botschafter schürt redlich das Feuer. Allein lange muß man
uns nicht warten lassen.

Die Rede zur Eröffnung der Tagsatzung war sehr gut.

Alibaud hat mit der Schweiz correspondirt. Rauschenblatt
ist dermalen zwischen Mühlhausen und Colmar. Sein Signale=
ment 2c. ist per Estafette heute nach dem Elsaß geschickt. Die
Annahme der Badener Conferenz=Artikel für den Canton Bern
ist durch dieses Einsprechen vom Großen Rath zu bezweifeln.

Herzlich und treu 2c.

———

Bern, 9. Juli 1836.

Lieber Freund!

Ihre Schreiben vom 2. und 3. Juli habe ich erhalten und
bin Ihnen sehr verpflichtet für die mir gewidmete Mühe. Das
was die Königsstraße für Sie gethan, befriedigt mich ganz und
gar nicht. Der Hr. Staatsminister Ancillon scheint seine Vermählung
sehr geheimnißvoll behandelt zu haben, während die Freie Presse
das bevorstehende Beilager schon längst ausgebeutet. Ich glaube,
daß ihm die Sache schon längst überdrüssig war.

Daß der Kronprinz die Revue in Kalisch abnimmt,
muß erst neuerlich bestimmt sein, ich hörte es anders.

Daß die Prinzen Adolph und Waldemar die Schweiz
besuchen wollen, ist mir nicht lieb. Ober=Italien werden sie
wohl wegen der Cholera nicht besuchen.

Hier sind die Flüchtlinge noch immer frei. Von den
in Italien Arretirten werden heute vier in Delle an französische
Behörden abgeliefert und nach Calais transportirt. Darunter

befindet sich Joh. Müller aus Berlin. Rauschenblatt, Fein und Mazzini waren ungestört in Lausanne.

Aus Wien gingen seit dem 10. Juni keine Depeschen ein.

Gott mit Ihnen 2c.

Bern, 16. Juli 1836.

Dero Verehrliches vom 12. c. ist mit gewohntem Dank empfangen. Hr. v. Belleval ist nach Paris zurück. Frankreich führt eine sehr nachdrückliche Sprache mit der Schweiz — wir unterstützen, und leistet die Tagsatzung nicht Folge, so wird gesperrt.

Die Verbindung des jungen Deutschlands mit dem National-Verein ist erwiesen. Die geheimen Oberen waren aber in Frankreich.

21 Individuen sind schon an Frankreich abgeliefert. Frei-eisen auch arretirt, ebenso Schüler aus Darmstadt.

Eyb ist Zacharias Albinger.

Graf Witzleben scheint um seinen Abschied gebeten zu haben.

Hr. v. Otterstedt ist in Baden-Baden.

Ehestens mehr. Tausend Dank für Ihre Unermüdlichkeit. Was hatte des Ministers Ancillon Immediat-Bericht zur Folge?

Ihr treuer Freund 2c.

Mit der Verminderung der Mainzer Garnison bin ich gar nicht einverstanden.

Daß Sie auch Nachricht und Gewißheit über schlechte Po-lizei-Aufsicht in Baden haben, wird vielleicht dahin führen, daß Hr. v. Sydow diesen Gegenstand in Berlin zur Sprache bringt. Hr. v. Bülow ist sehr zufrieden, wenn sein Gouvernement auf-gefordert wird, streng zu sein. Er allein setzt es nicht durch.

Was hören Sie von Hrn. v. Radowitz?

Vale!

Bern, 25. Juli 1836.

Euer Wohlgeboren letzte Zuschrift vom 18. habe ich dankbar erhalten. Seitdem bin ich 8 Tage an der Gesichtsrose krank gewesen, in Folge des schnellen Wechsels der Temperatur. Hier ist Louis Snell arretirt.*) Gärth**) geht morgen über Delle nach Paris und wird vielleicht dort arretirt werden. Es ist wahrscheinlich, daß Tourrel, Troxeler, W. Snell und Siebenpfeiffer von der hiesigen Universität entfernt werden. Rauschenblatt und Kombst sind gewiß noch in der Schweiz. Den Italiener Usiglio hat man hier arretirt. Er war der Correspondenz-Beförderer von Mazzini, von dem man 40 Briefe bei ihm fand. Mazzini erwartet falsche Pässe aus Graubünden, Bastia in Corsica und Lyon von einem gewissen Boncaud, um längs des Rheins nach England zu entkommen. Hr. v. Bobelschwingh ist avertirt. Er läßt sich Briefe an Hrn. Marc François Gauthier adressiren. Gestern nahm man einen Brief für Mazzini mit einem falschen aus dem Tessin in Beschlag. Die Tagsatzung deliberirt noch über die französische Note.

Ehestens mehr.

Bern, 27. Juli 1836.

Lieber Freund!

Mit großem Interesse erhielt ich gestern Ihr Schreiben vom 23. und hoffe, daß die allerhöchsten Beschlüsse in Bezug auf Sie bald veröffentlich werden.

---

*) Ueber die „Flüchtlingshetz" und die vergeblichen Bemühungen der Schweizer Polizei, den unerfindlichen Mazzini zu ergreifen, s. Mathy's Leben von Freitag S. 144. Leipzig 1870.

**) Dr. Gärth, Advokat in Frankfurt, kehrte nach 1848 dahin zurück, ist aber seit einiger Zeit nach England gegangen.

Die Verminderung der Garnison in Mainz ist mir unerklärlich. Es sind nicht die ausgedehnten neuen Werke, welche
mit einer schwachen Garnison kaum besetzt oder nur bewacht
werden können, sondern eine etwas formidablere Garnison in
Mainz war für das Gesindel in der Wetterau, Rheinbaiern,
Rheinhessen und selbst im Rheingau ein geeignetes Warnungszeichen.

Wenn Hr. v. Sydow pro Blittersdorff contra Winter
über schlechtes Postverfahren in Baden berichtet, so hat er nur
die lauterste Wahrheit gesagt und das bestätigt, was ich seit
meinem Hiersein gemeldet und worüber Hr. v. Otterstedt mich
anfeindet und mit seinem Haß verfolgt. Hr. v. Blittersdorff ist
sehr damit zufrieden, daß von Außen auf solche Mängel aufmerksam gemacht wird und erkennt solches Verfahren dankbar
an. Aber Hr. v. Otterstedt wird spucken, schinderknechten und
dergleichen.

Ich hoffe bestimmt, daß man endlich in der Schweiz den
unbedingten Vollzug dessen erlangen wird, was man gefordert.
Erklärt ist es wenigstens. Frankreich ist zu Sperr-Maßregeln
fest entschlossen und nach den neuesten Nachrichten aus Wien
auch Oesterreich. Baden bleibt zuverlässig nicht zurück.
Kombst war vor einigen Tagen in Rheinfelden und ist jetzt in
Thurgau. Rauschenblatt hat man aus dem Gesicht verloren.
Mazzini will in geistlicher Kleidung auf dem Dampfschiffe nach
England zu entkommen suchen. Freieisen will nach Frankfurt,
Mathy nach Baden und Lambert nach Bayern ausgeliefert sein.*)
29 Flüchtlinge und Handwerker sind bereits an französische
Behörden abgeliefert, zwei in Elsaß arretirt und vier stellten
sich freiwillig in Colmar.

---

*) Die Verhaftung und das Verhör Mathy's bei Freitag, a. a. O.
S. 147.

Hr. Prof. Ulrich hat mir heute ein Empfehlungsschreiben des Hrn. Staatsministers v. Nagler gegeben.

Ganz ergebenst und treu 2c.

Bern, 6. August 1836.

Es thut mir sehr leid, daß J. Müller sich als Baron Nordberg herausgestellt hat. Bei Eyb hat man keine verdächtigen Papiere gefunden. Er wird blos wegen Verdacht, daß er von der Ermordung des Lessing etwas wisse, gefänglich eingehalten. An dem Mord selbst hat er nicht Theil genommen. Wer die Thäter sind, darüber bin ich nicht mehr im Zweifel. Alles dieses wundert mich nicht. Kombst wird aufgepaßt und ich gebe die Hoffnung nicht auf, daß er auf eine Weise festgenommen werde, damit man seine Auslieferung erlange. Den National lese ich nicht!

Eine gestern Nachts aus Paris angekommene Depesche vom 3. August, eigenhändig von Hrn. Thiers*), liefert den Beweis, daß Frankreich fest entschlossen ist, den blocus hermétique pour hommes et pour choses unverzüglich eintreten zu lassen, wenn die Tagsatzung der Note vom 18. v. Mts. nicht genügend Folge leistet. Lord Palmerston hat Hrn. Monier gelobt, der Eidgenossenschaft dringend gerathen zu haben, den Forderungen der Mächte Folge zu leisten. England schließt sich Allem an und es ist Thatsache, daß hier sämmtliche Mächte gemeinschaftlich und übereinstimmend der Propaganda offen den

---

*) Da Louis Philippe den Plan hegte, sich durch Vermählung seiner Söhne mit den deutschen Dynastien zu verschwägern, wünschte er sich die deutschen Höfe durch energisches Auftreten gegenüber der Schweiz zu verbinden. Daher die kategorische Note Thiers in der Flüchtlingsfrage und die Androhung einer hermetischen Absperrung der Schweizer Grenze.

Krieg erklärt haben. Dieses Factum steht fest und wir sind so weit vorgeschritten, daß man nun nicht mehr zurück kann! Also Sieg!

Hr. v. Blittersdorff ist vortrefflich. Es thut mir leid, daß sich die badischen Sachen am Bunde nicht günstig wenden, namentlich z. B. die Brückengeschichte. Man müßte dem Hrn. von Blittersdorff, auf den man alles und volles Zutrauen hinsichtlich seiner Principien setzen kann, politische Successe zuwenden, damit er vis-à-vis seinen Minister-Collegen in Carlsruhe mit Erfolg auftrete und bestehe. Hr. v. Bock, Winter*), v. Joly mit vielleicht noch Anderen machen Partei, wenn auch nicht gerade gegen Blittersdorff. Ich sehe keine Gefahr wegen der Brücken und in der Sache von Germersheim würde ich, an Hrn. v. Blittersdorff's Stelle, nicht nachgeben.

Alles, was Sie in Bezug auf die Nordberg'sche Geldsache erfahren, theilen Sie mir mit. Ueberhaupt denken Sie ferner an mich und rechnen Sie auf meinen wärmsten Dank. Besonders aber melden Sie mir bald, daß die Königsstraße wahr gesprochen. Aus Berlin nichts Neues. Ob Hr. v. Bülow**) aus London geht, weiß ich nicht. Blos die Zeitungen sprechen davon und ich glaube es kaum. Sein Nachfolger könnte nur Hr. v. Arnim aus Brüssel sein. Wie geht es Herrn Grafen Galen?

Gott mit Ihnen 2c.

---

*) Der Minister Ludwig Winter war Feind aller hocharistokratischen und hochkirchlichen Restaurationsgelüste und wehrte die Reaction mit Geschick und Energie von Baden ab. „Ich fürchte die oben mehr als die unten" äußerte er in seinen letzten Tagen. Er galt mit Recht als das liberale und volksthümliche Element in der Regierung.

**) Preußischer Gesandter in London. Vgl. zu seiner Charakteristik Guizot, Mémoires V. 56.

Bern, 14. August 1836.

Herzlichen Dank und Glückwunsch für das und zu dem, was Sie mir unterm 10. schrieben. Möge das Andere bald nachfolgen. Mein Antheil ist Ihnen dauernd und aufrichtig gesichert.

Hier zieht sich ein großes Gewitter zusammen. Wird der Bundestag zu dem hiesigen Unfug schweigen?

Die vertraulichen Wünsche wird Hr. v. Blittersdorff schwerlich durchsetzen. Ich vertraue, daß er sich an der französischen Grenze kräftig und einflußreich erhalte.

Hr. Minister Winter ist in der Schweiz. Hr. Dusch ist ganz vortrefflich. Wir tragen ihn alle auf Händen.

Die Berichte nach Prag, Paris, Berlin und Carlsruhe sind wie aus dem nämlichen Guß der Auffassung und Gesinnung redigirt. M. Ancillon fängt an mit mir zufrieden zu sein, weil ich seit Februar d. J. stets in dasselbe Horn stieß und alle meine Nachrichten sich bestätigt haben. Ich bin sehr beschäftigt.

Gott mit Ihnen ꝛc.

Bern, 20. August 1836.

Die gefällige Zuschrift vom 6. August ist mir richtig zugegangen. Es ist ganz gleich, an wen die Briefe von Ludwig Snell geschickt werden. Wir bilden hier eine Familie, handeln übereinstimmend und haben gemeinschaftlich, Niemand, selbst nicht einmal England ausgenommen, der Propaganda den Krieg erklärt. Es ist jetzt fast außer Zweifel, daß die Sperre sehr bald eintreten werde. Alsdann müssen alle Fremden die Schweiz verlassen. Ich wollte die auswärtigen Zeitungen sprächen davon und schilderten die Verluste, welche die Schweiz sich durch eitle Ueberschätzung eigner Ohnmacht zuzieht. Aller Handels-, Personen- und selbst Briefverkehr wird abgebrochen. An den sämmtlichen Grenzen sind die darauf bezüglichen Befehle erlassen. Ein blocus hermétique pour hommes et pour choses tritt ein. Hier wird das Frankfurter Journal und auch die Ober-Post-Amts-Zeitung gelesen.

Graf Malzahn geht wohl von Wiesbaden nach Prag?

Befand sich der edle, gescheite, ritterliche Oberstallmeister v. Knobelsdorff wohl? und wo kam er her, wo ging er hin?

Mein Bruder lobt seine Gesundheit. Er beabsichtigt eine 14tägige Reise in die Provinz Sachsen zu machen.

Welche Friedenshelden haben Mainz mit seinen Außenwerken und Vorräthen mit 6000 Mann gegen die Ungezogenheit der dortigen Straßenjungen schützen wollen?

Einigkeit zwischen Oesterreich und Preußen ist aber vorzüglich in Frankfurt nothwendig, deshalb bespreche man zuvor ja alle Voten und diese Uebereinstimmung beider Großmächte kann dann allein die königliche Macht fesseln und schützen.

Prinz Adalbert war vor drei bis vier Tagen auf dem Gotthard.

Gott mit Ihnen ꝛc.

Bern, 21. August 1836.

Tausend Dank, mein geehrter Herr Hofrath, für Ihre letzten Notizen, welche mir stets neu, lehrreich und willkommen sind. Hier nähert sich Alles dem Schlußakte des sich jetzt handelnden Drama's. Ich vermag es nicht, das Ende bereits vorherzusagen — allein ausgespielt muß die Sache werden. Die Instructionen aus Wien sind vortrefflich, erschöpfend und würdig. Fürst Metternich hat sich nicht eher aussprechen wollen,

als bis er Gewißheit hatte, daß man in Paris ernstlich mit-
wirken, ja vorangehen wolle. In der That ist Frankreich so
weit vorwärts gegangen, um nicht mehr zurückbleiben zu können.

Graf Alvensleben wird, gleichwie Hr. v. Kampz, die
Rhein- oder vielmehr die westlichen Provinzen bereisen.

Die Reiseroute der Königlichen Prinzen scheint noch nicht
definitiv bestimmt zu sein.

Hr. v. Falkenstein nebst Begleitung wird nun schon auf
dem Wege sein die Schweiz zu verlassen, ich sah ihn zuletzt bei
Graf Pourtales in Grengen bei Murten. Minister Winter hat
eine Erholungsreise in die anarchische Schweiz gemacht und sich
überzeugt, daß Alles, was ich seit Februar auf Befehl nach
Carlsruhe berichtet und was er stets in Zweifel zog, wahr ist.
Dies betrachte ich in der That als einen kleinen Triumph,
denn der in Carlsruhe gehegte Zweifel erweckte auch in Berlin,
wo man gern glaubt, was man wünscht, Mißtrauen.

Die Erfahrung bestätigt nur all zu sehr meine zeitigen
Andeutungen. Dies wird mir auch jetzt aus Berlin anerkennend
eröffnet.

Ich habe mich in meinem Gange niemals irre führen
lassen, sondern bin stets der Wahrheit und meiner inneren
Ueberzeugung treu geblieben.

Stets der Ihrige 2c.

_____

Bern, 25. August 1836.

Euer Wohlgeboren

gefällige Zuschrift vom 20. Aug. c. habe ich dankbar empfangen.
Die Antwort des Großherzogs Ludwig ist herbe und enthält viel
Wahres; aber wohin führt das Alles, bessert es seine Lage,
macht dieselbe das Geschehene ungeschehen? Es erbittert nur.
Es ist das Zeitalter unnützer Worte!

Herr Thiers schweigt über die hiesigen Verhältnisse seit dem 3. August. Das Conclusum der Tagsatzung hat in den Cantonen eine Majorität von 26 Stimmen erhalten. Die Schweiz wird am Ende gerade so viel thun, daß man nicht eintreten kann und das wahre Uebel bleibt beim Alten. Ich bitte Sie herzlichst, die Einlage gefälligst besorgen zu wollen. Hr. Platzmann ist mit meiner Familie sehr befreundet und da meine Frau durch ihn in Frankfurt Geld erheben soll und nach ihrem letzten Briefe aus Ems der Tag ihrer Abreise noch nicht bestimmt war, so habe ich Hrn. Platzmann nur von ihrer Ankunft in Frankfurt avertiren wollen.

Prinz Wilhelm, Sohn, geht nach den Manoeuvres nach Stuttgart.

Casimir Pfyffer ist zu Rotteck gereist.

Graf Malzahn schreibt mir, daß das eine Auge seinen Dienst ganz versage.

Von dem Prinzen Wilhelm, Bruder, hatte ich ein Schreiben vom 19. d. M. aus Mainz.

Herzlichen Gruß und die besten Wünsche ꝛc.

Bern, 31. August 1836.

Ihr Letztes vom 26. habe ich dankbar erhalten. Mit Spannung erwarten wir die Composition des neuen französischen Ministerii.*) Jedenfalls wird, wer auch dasselbe bilden

*) Am 25. August nahm Thiers seine Entlassung. Er hatte den König Ludwig Philipp veranlaßt, französischen Soldaten aller Grade zu erlauben, mit Vorbehalt ihres Rücktritts und Ranges in die französische Fremdenlegion einzutreten, die sich im Dienste der spanischen Königin Christine gebildet hatte. In Folge der Revolution am 13. August 1836 in Madrid zog aber Ludwig Philipp trotz des Protestes seines Ministers

mag, das Gepräge des Uebergewichts von Louis Philippe sein.
Und kein französisches Ministerium kann die frechen Beleidigungen, mit welchen die Schweiz Frankreich jetzt überzieht, ungestraft dulden. Die Antwortsnote der Tagsatzung vom 29.
auf die französische Note vom 28. Juli ist über alle Gebühr
impertinent. Soll der Radicalismus nicht eine neue Expan-
sionskraft annehmen, so darf dies nicht so ruhig hingenommen
werden. Es ergreift mich ein Ekel, wenn ich an die hiesigen
Angelegenheiten denke. Wegen der Rheinbrücke ist man nicht
ganz gerecht und billig gegen Baden. Ich sehe keine Gefahr
dabei. Das Verlangen, daß Landau aufhören soll, Bundesfestung zu sein, begreife ich nicht. Der König von Holland*)
treibt Alles auf die Spitze, und was denkt er am Ende zu erreichen?

Ich vernehme, daß Hr. Conrad Platzmann, an den durch
Ihre Güte unterm 25. August schrieb, abwesend ist; geben
Sie gefälligst dem Vorstand des auf der Adresse benannten
Banquier-Hauses den Brief zur Durchsicht, damit im Fall meine
Frau, auf Grund einer Anweisung von Lübeck, dort Geld er-
hebt, Gehör findet.

Hr. Baron Wilkens von Hohenau, hessischer Gesandter in
Berlin, war am 29. hier.

Herzlich und treu 2c.

---

die Fremdenlegion aus Spanien zurück, und Thiers sah sich genöthigt ab-
zudanken. Der König richtete sein Augenmerk auf Guizot, schob aber,
der Unpopularität dieses Ministers wegen, zunächst den Grafen Molé als
Ministerpräsidenten vor und übertrug Guizot den öffentlichen Unterricht.

*) Am 18. August hatte die deutsche Bundesversammlung genehmigt,
daß der König von Holland die westliche Hälfte von Luxemburg gegen einen
entsprechenden Theil des belgischen Limburg an Belgien vertauschte, der
sodann statt des abgetretenen luxemburgischen Theils dem deutschen Bund
einverleibt werden sollte.

Bern, 4. September 1836.

Lieber Freund!

Herzlichen Dank für die Sendung vom 21. v. M., welche ich gestern erhielt. Meine Frau ist noch in Coblenz wegen eines Augenübels. Nach dem 15. habe ich ihr gerathen, nach Baden=Baden zu gehen.

Ueber die hiesigen Verhältnisse läßt sich nichts sagen. Wir sind zur Sperre vollkommen gerüstet. Seit dem Conclusum hat die Schweiz thatsächlich nichts gethan, dagegen hat sie an Frankreich eine impertinente Note erlassen, welche auch die übrigen Mächte mittrifft, insofern nämlich die Repräsentanten derselben auf Grund besonderer und **ausdrücklicher In- struction** Frankreichs Erklärung als für die ihrige anerkannt und ausgegeben haben.

Hr. v. Belleval geht heute nach Paris.

Wir müssen abwarten, was Frankreich thut. Unmöglich kann es die Grobheiten und Beleidigungen der Schweiz unge- rügt hinnehmen.

Von Fürst Wittgenstein habe ich Nachricht, daß Madame Ancillon sehr krank ist. Sonst hörte ich wenig von dort. Das Kammergericht hat über 206 erkannt und 40 zum Tode verurtheilt.

In aller Freundschaft dankend empfehle ich mich herzlich ꝛc.

Bern, 7. September 1836.

Lieber Freund!

Ein Brief aus Coblenz vom 3. c. sagt mir, daß meine Frau etwa den 7. jenen Ort verlassen und sich nach Baden= Baden in Bewegung setzen wolle und dabei einen Tag in

Frankfurt ausruhen werde. Es ist möglich, daß die Reise vielleicht einen Tag später angetreten werde, da meine Frau leider von einem Augenübel befallen war, indessen ist es doch wahrscheinlich, daß eine Antwort sie nicht mehr in Coblenz erreicht, oder gar in Frankfurt verfehlt.

Für den Fall aber, daß sie bei dem Eintreffen dieser Zeilen noch in Frankfurt sich befindet (wahrscheinlich steigt sie im Römischen Kaiser oder allenfalls Russischen Hof ab), so darf ich von Ihrer werkthätigen und bereitwilligen Freundschaft hoffen, daß Sie meiner Familie nöthigenfalls beistehen und ihr Rath ertheilen werden.

Ich habe meiner Frau unter dem 2. und 4. und meiner jüngsten Tochter unter dem 6. noch nach Coblenz geschrieben. Ich glaube, daß die hiesigen Angelegenheiten mir gestatten werden, etwa den 20. oder 21. von hier über Baden-Baden nach Stuttgart zu gehen, wo ich den 27. der Feier des Königlichen Geburtstages beiwohnen will. Ich rechne ferner darauf, daß Sie mir umgehend gütigst sagen, in welchem Gesundheitszustande Sie die Meinigen trafen, denn ich bin nicht ohne Besorgniß.

Von hier nichts Neues. Frankreich hemmt Alles. Die Schweiz macht aber Anstalten, die Flüchtlinge fortzuschaffen, wenigstens sie thut dem Schein nach das Unvermeidliche.

Bern, 11. September 1836.

Lieber Freund!

Mit erneutem Dank habe ich Ihre Sendung vom 5. c. gestern empfangen, denn ich nahm zu meiner Freude wahr, daß Sie das mir mit eben so vieler Bereitwilligkeit als Beharrlichkeit gewidmete Interesse auch auf meine Familie auszu-

5

dehnen belieben. Meine Briefe von meiner Frau reichen bis
zum 3., nach dem sie hofft, daß ihr damaliger Gesundheits=
zustand die Abreise über Frankfurt a. M. am 7. gestatten
werde.

Graf Mole hat unter dem 6. dem Herzog v. Montebello
schon geschrieben und ihm persönlich gesagt, daß er die wich=
tigen Dienste zu würdigen wisse, welche er dem französischen
Gouvernement in der Schweiz geleistet. Ich kann kaum glau=
ben, daß Frankreich die unerhörten Mißhandlungen seines
Botschafters ruhig hinnehmen werde. Vielmehr hoffe ich, daß
es seine Würde und sein Ansehen der Schweiz gegenüber zu
behaupten wissen werde.

Es sind jetzt 57 Handwerker und Flüchtlinge an Frank=
reich abgeliefert, darunter wenig bedeutende Flüchtlinge.
Die von dem Vorort publicirte Liste ist höchst unvollkommen.
Ich habe noch 59 Namen hinzugefügt.

Graf Bonbelles verläßt die Schweiz nicht. Er hat wegen
der Zeitverhältnisse seinen Urlaub nach Scheweningen nicht an=
getreten. Hr. v. Erberg kehrt in das churprinzliche Hoflager
zurück, Graf Gozze, Gesandtschaftscommissär, ist nach Wien ge=
rufen, aus Gründen.

Prinz Wilhelm Sohn geht von Westphalen aus nach
Stuttgart.

Herzlichen Dank für Ihre Mittheilung über den im
Taxis'schen Palais gemachten Besuch. Die Aeußerungen des
Grafen Münch sind tief begründet.

Soll und darf ich Ihrer bei Graf Maltzahn erwähnen?

Die Königsstraße scheint überall ein Schweigen zu be=
obachten.

Die Hallbergische Sache lese ich nun sogleich und bitte,
ganz über mich zu disponiren.

Von meinem Bruder habe ich vom 3. und von Fürst Wittgenstein vom 28. d. Mts. gute Nachrichten.

Herzlich und treu 2c.

Bern, 13. September 1836.

Geehrter Freund!

Ich habe Ihnen für die werthen Schreiben vom 9. und 10. herzlich zu danken. Gestern bekam ich Nachrichten aus Coblenz und da meine Frau und Kinder dort gut sind, so habe ich gebeten, so lange daselbst zu verweilen, bis wir etwa den 29. oder 30. in Baden=Baden zusammentreffen können. Ich warte nur Nachrichten aus Paris ab, um mich zu entscheiden, ob ich's wagen kann die Schweiz auf kurze Zeit zu verlassen. Der neue französische Minister läßt sich in Bezug auf hiesige Verhältnisse noch nicht hören. Sollte das französische Gouvernement noch jetzt genöthigt sein, sich die Mißhandlungen der Schweiz gefallen zu lassen? Der ärgste Feind der Schweiz ist die Zeit. Jeder Tag bringt neue Zwischenfälle.

Es ist jetzt ein Bericht des Reg.=Statthalters Roschi über die politischen Umtriebe der Flüchtlinge und Fremden gedruckt, welcher für die Central=Commission manche Bestätigung oder Entdeckungen enthalten dürfte. Ich finde darin zu meiner Recht=fertigung die Wiederholung aller meiner Angaben über das Treiben der Flüchtlinge seit dem 1. Februar ab. Außerdem darf ich ohne Anmaßung sagen, daß ohne meine Notizen und ohne mein Treiben die Schweizer schwerlich so viele ihnen höchst empfindliche und unbequeme Geständnisse gemacht haben würden. Sobald diese wichtige Schrift im Buchhandel ist, schicke ich sie Ihrem Hrn. Chef Exc.

Die Schmähschrift, von der Sie sprechen, ist in der

Schweiz gedruckt und von Jemand verfaßt, der in der Wiener
Staats-Canzlei war und sich jetzt in Italien aufhält. Ich kenne
sie seit vier Monaten, hier hat sie kein Aufsehen gemacht.
Graf Arnim, der Schloßhauptmann, war Reg.-Rath im Ministerium meines Bruders und suchte längst einen Landraths-
Posten. Er nahm denjenigen an, welchen sein Büreau in Berlin hatte und ist, ganz nahe der Residenz, bedeutend possessionirt.

Was man von Veränderungen unter den obersten Hof-
chargen spricht, so entsteht das Gerücht wohl daher, daß der
Hr. Ober-Ceremonien-Meister v. Buch in Frauenwalde sehr krank
darnieder liegen und schwerlich aufkommen soll. Es hat eine
innere Wahrscheinlichkeit, daß Graf Königsmark dann eine Hof-
charge bekommen möchte, um Frl. Bülow in Berlin zu fesseln.

Ich schreibe ehestens wieder. Herzlichen Dank für alle
Freundschaft und Sorge, welche sie meiner Familie widmen
wollen. Ich habe Ursache zu glauben, daß sie jetzt schwerlich
vor Mittwoch den 20. durch Frankfurt passirt.

Herzlichst und ergebenst ꝛc.

Bern, 15. September 1836.

Herzlichen Dank für die Zuschrift vom 11. Sie werden
nunmehro mein Schreiben vom 13. erhalten haben. Ich er-
kenne aufrichtig Alles, was Sie mit so unendlicher Geduld für
mich leisten!

Können Sie nicht vielleicht den Hrn. Kreisgerichtsrath
Mathis darauf aufmerksam machen, daß seit dem 1. Februar
von mir allmälig sehr beachtenswerthe Notizen über das Verbindungswesen in der Schweiz im Allgemeinen, sowie über
dessen Individualitäten nach Berlin geschickt sind. Auch lieferte
ich beglaubigte Abschriften mehrerer Abhörungen, so z. B. diejenige der Voruntersuchung von Ernst Schüler. Endlich schickte

ich eine Menge Namensverzeichnisse ein, sowie den gedruckten, doch noch nicht im Buchhandel erschienenen Bericht des Reg.-Statthalters Roschi.*)

Fritz Breidenstein ist aus Amerika in Paris angekommen; Rauschenblatt schreibt unterm 5. September an Fr. Barth — der sich heimlich von hier entfernt: „Er soll unerfreuliche Nachrichten und Erfahrungen über's Meer zurückgebracht haben."

Die muthmaßlichen Mörder des Lessing sind in Zürich aus der Haft entlassen. Der eine wurde bereits bei Pontarlier der französischen Grenzbehörde übergeben.

Der kurze Artikel im Journal des Débats vom 10. über des Hrn. v. Belleval Ankunft in Paris ist bedeutungsvoll.

Von der Execution des Conclusums vom 23. v. M. merkt man noch nicht viel.

So eben erhalte ich von meiner Frau ein Schreiben aus Coblenz vom 11. Nach Hrn. v. Otterstedt's Geschnatter wollte sie nun schon zum 21. in Baden sein; ich hoffe, daß sie mein Schreiben vom 12. nach Coblenz noch zur rechten Zeit erhalten oder in Frankfurt ist, da ich schwerlich vor dem 29. in Baden eintreffen kann.

<hr />

Bern, 20. September 1836.

Mein lieber Freund!

Ihrem Rath, die Liste der Flüchtlinge nach Frankfurt zu schicken, habe ich durch meine Sendung vom 17. genügt. Unter den Roschi'schen Beilagen befinden sich auch die vom Vorort

<hr />

*) Bericht an den Regierungsrath der Republik Bern, betreffend die politischen Umtriebe, ab Seite politischer Flüchtlinge und anderer Fremden in der Schweiz; mit besonderer Rücksicht auf den Canton Bern. Bern, gedruckt in der Hallerschen Buchdruckerei. 1836. 8.

der Cantone mitgetheilten Nachweisungen der Flüchtlinge. Ich habe sie durch 57 Namen ergänzt. Seit dem 23. August ist zum Vollzug des Conclusums gar nichts geschehen. An die französischen Autoritäten sind fünf Individuen abgeliefert, von denen einer (Craaß) schon längst in Zürich verhaftet war, vier Polen haben sich aber freiwillig gestellt.

Die Aufforderungen aus England werden dringend und manche Flüchtlinge möchten sich wohl dem Rufe anschließen, wenn sie nur von hier fortgelassen würden. Mazzini ist im Besitze eines Passes unter dem Namen Piattu. Kombst hatte im vorigen Winter und letzten Frühjahr einen schweizerischen Paß auf den Namen des Major Schoch aus Zürich.

Aus Coblenz habe ich vom 17. leibliche Nachricht. Gegen den 24. oder 25. oder gar erst den 26. wird meine Frau vielleicht durch Frankfurt passiren. Möge sie Ihnen empfohlen sein.

Ich weiß noch nicht, welchen Tag ich abreisen darf, ich warte Hrn. v. Belleval's Rückkehr ab.

Bern, 5. October 1836.

Lieber Freund!

Ich habe erst vorgestern Stuttgart verlassen können und konnte so lange meine Familie, die mir so nah war, nicht erreichen. Ich fand, Gottlob! alles wohl und voller Dank für Ihre Güte, deren ich mich schon so vielfältig zu rühmen hatte. Werden Sie ja nicht ungeduldig, wenn ich Sie oft quäle und Ihre Bereitwilligkeit in Anspruch nehme.

In der Schweiz hat die neue französische Note vom 27. v. Mts. große Aufregung erzeugt. Das Sprechen hilft nichts, ebenso wenig das einseitige Handeln. Wird die Schweiz nicht von allen Grenzstaaten gleich behandelt, so wird das Uebel nur ärger.

In Stuttgart habe ich alles beim Alten gefunden. Vollkommen klare Einsicht der Gebrechen, allein weder Willen noch Muth dagegen aufzutreten. Aber dennoch ist die Administration in Würtemberg bei Weitem besser als in Bayern, wo Alles darnieder liegt, was nicht auf Griechenland und die Künste Bezug hat.

Meinen Collegen, Hrn. v. Stralenheim, lernte ich in Stuttgart kennen und habe vor Tafel eine ganz befriedigende Conversation gehabt. Hrn. v. Blittersdorff sprach ich auf der Durchreise in Gegenwart des Hrn. v. Otterstedt, der mich aus dem Bett herausholte.

Da unsere Existenz in der Schweiz noch so sehr unsicher ist, so möchte ich nicht gern große Wein-Bestellungen machen. Alles wird sich nach dem 17. October übersehen lassen. Die Metzler'sche Weinhandlung ist mir überall als sehr solide gelobt. Meinen Champagner beziehe ich direct vom Herzog v. Montebello, der große Weinberge hat.

Ich gehe übermorgen über Basel nach Bern.

Herzlich und treu c.

Vevey, 15. October 1836.

Ihrer theilnehmenden Freundschaft darf ich wohl melden, daß ich meine Familie endlich glücklich in die Schweiz geführt und zuerst hier am Genfer See etablirt. Ich gehe morgen nach Bern zurück, um während der Tagsatzung daselbst zu verweilen.

Mit Ungeduld sehen wir den Entschließungen aus Wien entgegen. Trotz allen Lärmes wird sich die Schweiz beeilen mit Frankreich den Frieden zu schließen. Dorthin gehen noch

immer alle Sympathien der Neuerer und offenbar ist mit Frankreich eine réconciliation leichter als mit den andern Nachbarstaaten. Denn Frankreich fordert nur Worte und Niederschla-
gung einer beleidigenden Verhandlung, unterdessen die östlichen
Grenzstaaten positive Handlungen und Anwendung einer geregel-
ten Regierungsgewalt auf bedingte Verhältnisse gewärtigen, was
bei dem völlig desorganisirten Zustande dieses Landes so leicht
nicht ist.

Georg Peters aus Berlin ist in einer Kattundruckerei bei
St. Gallen, Rauschenblatt wahrscheinlich nach England unterwegs. Ein Schreiben des Hans Vincenz, d. d. London den
29. September, an Rauschenblatt, welches ich eingesehen, erzählt,
daß alle in London anwesenden Flüchtlinge eine société des
refugiés politiques gebildet mit einem Comité von 9 Personen. (28 Deutsche, 15 Franzosen, 9 Italiener, 150—200
Polen.) Sie wollen nach Spanien gehen. Die Abschrift des
Briefes habe ich nach Berlin geschickt. Auch andere Piecen.
Ich erwarte in diesen Tagen Abschrift der Kombst'schen Briefe,
d. d. Paris letzten Frühjahrs, an G. Fein, welche man in des
Letztern Koffer bei Stumm gefunden.

Schon im März und April lieferte ich den wesentlichen
Inhalt dieser Briefe. Jetzt ist es mir doch geglückt, sie im Ori-
ginal zu lesen und die Abschriften werden der Ministerial-
Commission von Nutzen sein.

In Stuttgart lernte ich Hrn. Legations-Rath v. Weißen-
berg kennen.

Von anderer Seite hörte ich, daß Hr. v. Radowitz doch
schon durch Oesterreich Unannehmlichkeiten gehabt. Ich glaube,
er geht zu rücksichtslos zu Werke. Er muß Lehrgeld bezahlen.

Die Badensche Brückensache ist doch noch manierlich genug
durchgefallen.

Bei meinem Aufenthalt in Süddeutschland habe ich die

dortigen Zustände ganz so gefunden, wie ich sie im December vor. J. geschildert. Nirgends Kraft und Festigkeit. Und deshalb beklage ich so sehr, daß der Bundestag alle positiven Interessen Deutschlands bei Seite gelassen. Mit lauter Negationen kann man unmöglich die gehörigen Impulse geben.

Erhalten Sie mir ja Ihr Andenken.

Herzlich und wahr 2c.

Bevey, 25. October 1836.

Ihr lieber Brief trifft soeben ein. Während die Tagsatzung ruhte, habe ich einen Abstecher hierher gemacht. Ich kehre morgen nach Bern zurück.

Die Tagsatzung hat sich am 20. der Flüchtlingssache mit Nachdruck angenommen, um desto freiere Hand in der Conseil'schen Sache zu behalten. Ohne Wortschwall wird es nicht abgehen, obgleich doch eine Knie=Beugung gegen Frankreich erfolgen wird.

Wie man diese Angelegenheit an der Donau ansieht, verstehe ich nicht recht, doch der dortige hohe Steuermann steht auf einem so erhabenen Standpunkte, daß ich meine auf dem Schauplatze gewonnene Ansicht einer höheren und weiseren Erkenntniß unterordne. Doch betrübt es mich im Gefühl des künftigen Nachtheils, daß der jetzige Moment unbenutzt, leer, schaal, schwach vorübergeht. Es ist gar Vieles trostlos.

Ich empfehle Ihnen das Journal des Débats v. 22. Die früheren Artikel konnte ich nicht begreifen. Die Preisgebung Montebello's ekelte mich an.

Gehorsam macht man zum Vorwurf. Es fehlt nur noch, daß in den Reihen der Royalisten die Treue als Fehler proscribirt wird, um alle Kraft wankend zu machen.

Allein alle Zeitungs-Artikel, wie das Benehmen Frankreichs sind doppelzüngig.

Langenschwarz ist der Verfasser der Geheimnisse eines Mediatisirten.*)

Baldamus hat einen andern Styl.

Herzlichen Dank für alle Nachrichten. Es scheint, daß Hr. v. Bülow definitiv von London versetzt sein will. Auch mit Griechenland dürfte eine Aenderung vorgehen müssen. Graf Schafgotsch speculirt dorthin. Für London wäre Hr. v. Arnim aus Brüssel der Geeignetste.

Von Bern schreibe ich wieder.

Herzlich und treu 2c.

Bern, 6. November 1836.

Empfangen Sie den erneuten Dank für die Schreiben vom 31. v. und 1. d. Mts., deren Inhalt mich sehr unterhalten hat. Ich hoffe den besten Erfolg von den unmittelbaren Demarchen bei Seiner Majestät und werde sofort aus eigenem Antriebe an Graf Münch schreiben. Der Gegenstand ist mir werth und werde ich ihn nicht loslassen. Meine Wünsche für Ihr Bestes bleiben sich gleich. Der gleichzeitig dem Herrn v. Sydow und Hrn. Legationsrath Schöll ertheilte Urlaub ist ein Beweis, daß man in Ihre Fähigkeit Vertrauen setzt. Baldamus**)

---

*) Europäische Geheimnisse eines Mediatisirten 1836; machten damals großes Aufsehen, sind aber von der historischen Kritik als eine Fabel-Sammlung erkannt worden.

**) Carl Baldamus, geboren zu Roßberg am Harz, kam 1813 wegen vermutheter Theilnahme an der französischen geheimen Polizei in Untersuchung und saß in Dömitz bis 1814 auf der Festung, ward dann Advocat in Lüneburg, wiemete sich aber bald der Belletristik, verfaßte Romane, ward 1815 katholisch, kam als Secretär zu Friedrich von Gentz in Wien und ging dann in die Schweiz, wo er wieder evangelisch wurde.

hat wohl keinen Einfluß auf das Buch von Langenschwarz gehabt. Ich weiß bis jetzt nichts von des Hrn. v. Bülow's Intentionen, doch, daß er nach Frankfurt nicht und niemals kömmt, davon bin ich überzeugt.

Was fehlt denn dem Grafen Luſi außer Geld und Conduite? Daß Graf Königsmark den Urlaub sehr dringend verlangt, ist gewiß. Gibt man ihm denselben, so kehrt er wohl schwerlich zurück. Doch lebt Hr. v. Bach noch. Wer sollte dann nach Constantinopel und wer nach London? Herr v. Sydow bringt vielleicht Details mit.

Es unterliegt keinem Zweifel, daß die Vorgänge in Straßburg*) mit den schweizerischen Anarchisten in Verbindung standen. Eine gut eingeleitete Inquisition könnte die unterirdischen Fäden dieser neuen Conspiration nach allen Seiten und Gegenden hin zu Tage fördern

Viele radicale Tagsatzung-Gesandte haben um die Absicht von Louis Bonaparte gewußt. Schon längst rechneten sie auf neue Coups in Frankreich, namentlich auf eine Militär-Conspiration. Ihr Zögern und Einhalten der Conseils-Sache war absichtlich.

In der Flüchtlingssache ist ein Bericht erstattet. Er schließt nichts weiter in sich, als das bisherige Verfahren Seitens des Vororts fortzusetzen 2c. In dieser Beziehung wird in dem bisherigen Gange nichts geändert werden. Ich betrachte die Sache als einen schriftlichen Beweis der Aufmerksamkeit, welche die Schweiz den Großmächten hat geben wollen. Thatsächliches wird wenig dabei herauskommen. Das wenige Gute, was der Bericht enthält, haben Hr. v. Dusch und ich durch unab-

*) Am 30. October 1836 versuchte Prinz Louis Napoleon, sich in Straßburg als Napoleon II. ausrufen zu lassen, doch ward der Aufruhr durch den General Voirol bald unterdrückt, und der Prinz mit dem größten Theile seiner Anhänger verhaftet.

läffiges Zufprechen und Vorlegung von Beweifen erzielt. Jeder
thut feine Schuldigkeit, wenngleich wenig Nutzen daraus ent=
fpringt. Kennen Sie Hrn. v. Engelshof in Frankfurt? Er
ift jetzt dort.

Fahren Sie ja fort, an mich mit Freundlichkeit zu denken.
Alles hat für mich Intereffe.

Herzlich 2c.

Vevey, 11. November 1836.

Lieber Freund!

Ich bin noch einmal hierher geeilt, um meine Familie in
die Berner Winterquartiere abzuholen. Ihr Schreiben vom 5.
habe ich mit gewohntem Danke erhalten.

Die Schweizer=Angelegenheiten find weder durch die Ant=
wortsnote vom 5. noch durch die Befchlüffe in Angelegenheit
der Flüchtlinge vorgerückt.

Die vorgedachte Note ift allenfalls eine Explication, aber
keine Satisfaction éclatante und enthält am Schluffe noch
ungeeignete Vorwürfe. Ob Frankreich fich wird damit begnügen
müffen, laffe ich dahingeftellt fein. Die Berner Botfchaft hat
darüber keine pofitive Meinung, fondern erwartet folche fix und
fertig aus Paris. Ift das Cabinet der Tuilerien befriedigt,
fo werden die Radicalen triumphiren!

Die Befchlüffe wegen der Flüchtlinge gewähren dem Aus=
lande nicht diejenige Bürgfchaft für die Zukunft, welche daf=
felbe unter allen Umftänden, feiner eigenen Sicherheit wegen, zu
verlangen berechtigt ift. Es ift thatfächlich nicht der ernfte
Wille der Cantonsregierung, dem feitherigen Treiben der Flücht=
linge nach beften Kräften ein Ende zu machen. Die dermaligen
Aeußerungen find lediglich durch die gegenwärtige kritifche Lage

des Landes, dem Auslande gegenüber, keinesfalls aber in der redlichen Absicht treuer Pflichterfüllung volksrechtlicher Verpflichtungen, herbeigeführt.

Die betreffenden Beschlüsse sind ganz darauf berechnet dem Auslande den Mund zu stopfen. Unterdessen wird das alte Lied fortgehen! Zu spät wird man das fühlen. Wir haben genug darauf aufmerksam gemacht, doch umsonst!

Mit großer Ungeduld sehe ich den Resultaten der Untersuchung gegen Louis Bonaparte entgegen. Es werden hoffentlich alle die unterirdischen Pfade endlich zu Tage kommen, welche man so sorgfältig zu verbergen gewußt. Ueberdies sind England und englisches Geld dabei im Spiele. Dem Hrn. Freih. v. Otterstedt wird das wieder sehr viel zu thun geben. Ich sammle Notizen über die Verhältnisse der Napoleoniden in der Schweiz und deren letzten Umgang. Bis dahin schweige ich. Der gute König von Holland bleibt consequent, will sich zwingen lassen und sein Recht sich vorbehalten. Ob er dadurch Vortheile hat, weiß ich nicht. Was will Ihr hochwürdiger Chef in Berlin? Die Königsstraße hat zwar in Rücksicht des Ranges einen Hintermann, allein in Bezug des Wirkungskreises und Einflusses hat der jüngere Herr Staatsminister denn doch einen weit ausgedehnteren Einfluß. Hr. Wirkl. Geh.-Rath Rother steht bei allen Parteien und Potenzen in dem wohlverdientesten Ansehen. Uneigennützig, productiv an Ideen und Hülfe für Nothleidende, immer für die Sache und das Wesen bedacht, nie an sich denkend, ist Rother eine sehr edle Erscheinung. Er, der so viele Mittel in Händen gehabt und sich so großes Vermögen hätte erwerben können, hat nie davon profitirt und sich erst sehr spät ein Gut in Schlesien gekauft, das noch nicht einmal schuldenfrei ist. Herr Geh.-Rath Rother vereinigt alle ausgezeichneten Eigenschaften in sich, um ihn zu lieben und zu verehren. Fürst Wittgenstein

hat großes Vertrauen zu ihm. Mit meinem Bruder und Alvensleben ist er befreundet, der Kronprinz liebt ihn und alle Stände
blicken mit Hochachtung auf ihn. Besonders der Handelsstand
und der schlesische und preußische Adel. Ich kenne Hrn. Geh.-
Rath Rother seit vielen Jahren und ohne seinen Einfluß und
die Mittel, über welche er gebietet, je in Anspruch genommen
zu haben, ist demselben meine tiefste Verehrung und beste Anhänglichkeit gewidmet. Möge der Allgütige diesen vortrefflichen
Menschen, der von der Pike auf gedient und welcher mit so
großen Fähigkeiten ausgerüstet und doch so anspruchslos ist,
noch recht lange dem Könige und Vaterlande erhalten!

Den Grafen Alvensleben höre ich, worüber ich mich ebenfalls nicht wundere, von allen Seiten l o b e n. Diese Wahl
kann nur eine sehr glückliche genannt werden. In Grundsätzen
correct, von Charakter edel und von Fähigkeit und Gründlichkeit
umfassend, ist er überall auf seinem Fleck. Dabei ist er weder
ehrgeizig noch intriguant, hat ein angestammtes schönes Besitz-
thum und kennt die Interessen a l l e r Stände. Von Herzen ist
er wohlwollend. Ich bin mit ihm erzogen und glaube nicht
zu viel über ihn gesagt zu haben. Ueber Hrn. v. Vahlcamp
habe ich sehr gründliche Notizen eingezogen. E r k o n n t e in
M ü n s t e r n i c h t b l e i b e n. Der Herzog von Meiningen
wurde auf geeignete Weise gewarnt. Doch er wird auch bei
ihm das Lehrgeld bezahlen müssen.

Was wissen Sie denn von dem R o c h a u, den man
maliciöser Weise Rochow genannt hat?

In einigen Tagen kehre ich nach Bern zurück. Ein trauriger Aufenthalt. Die hiesige Wirksamkeit ist lästig und wenig
lohnend. Man muß sich mit dem Bewußtsein trösten, die Wahrheit in Z e i t offenbart zu haben.

Hier haben wir wahres Frühlingswetter.

Hr. v. Dusch ist nach München zurückgekehrt. Wir haben

ihn alle sehr lieb gewonnen. Er ist wohlgesinnt, gründlich und
ein tüchtiger Geschäftsmann von Geist, Kenntnissen und Gemüth.
Hr. v. Blittersdorff ist ganz ausnehmend zufrieden mit ihm
und der Großherzog hat ihn sehr gelobt.

Leben Sie wohl, lieber Freund, so glücklich als möglich.
Mit Ungeduld erwarte ich den Ausfall der bewußten Immediat-
Vorschläge. Die Bescheidenheit findet mit der Zeit doch Anerkennung, zumal sie bei Ihnen mit wahrem Verdienste gepaart ist.

Bern, 20. November 1836.

Lieber Freund!

Für die Schreiben vom 11. und 13. c. danke ich tausend
Mal. Sie sind sehr interessant.

Als ich Ihnen die Herren Rother und Ladenberg lobte
und zwar die lautere Wahrheit sagte, wußte ich deren Beförderung noch nicht. Sie sind Staatsminister, ohne daß ihre
Departements zu Ministerien erhoben sind, was ganz gut ist.

Mit der Gesundheit des Minister Witzleben geht es sehr
schlecht. Es ist nicht ganz unwahrscheinlich, daß Herzog Carl
von Mecklenburg sein Nachfolger wird. Prinz Wilhelm, Sohn,
will es decidirt nicht, wie er mir selbst in Stuttgart gesagt.
Geh.-Rath Natzmer hat sich ebenfalls sehr gegen seine Wahl,
die gewiß gut sein würde, ausgesprochen. Geht Hr. v. Kamptz
einmal ab, so fällt das Ministerium Brenn zusammen. Die
Geschäfte werden theils meinem Bruder, theils Hrn. Rother zu-
getheilt. Hr. v. Brenn geht aber alsdann als Ober-Präsident
nach Magdeburg.

Der Hr. v. Eckstein*) ist schon als Verwandter von Witt

---

*) Ferdinand, Baron von Eckstein, geboren 1790 zu Kopenhagen von

Dörring bekannt; mit Pfeilschiffter affiliirt. Er hielt sich lange
in Paris auf. Rabowitz scheint seine Feder für das Berliner
politische Wochenblatt geworben zu haben. Das Journal de
Francfort halte ich ohne Bedeutung. Daß Hr. Dr. Weil eine
nicht unbedeutende Summe aus Frankreich zieht, ist bekannt.
Doch wird er in Stuttgart nicht begünstigt.

Ich hoffe, daß Graf Kollowrat für Oesterreich erhalten
werde.

Ist die Krönung in der Lombardei wirklich auf den Herbst
verschoben?

Ueber Louis Bonaparte in der Schweiz ein anderes Mal.
Gottlob, daß er fort ist!

Daß Frankreich sich mit der Note vom 5. d. M. begnügt,
hat sich bestätigt. Das elende Ende der affaire Conseil hat
überall einen schlechten Eindruck verursacht. Die Wirkung,
welche nach dem Appell von der geknechteten an die freie Schweiz
hier und da bemerkbar wurde, ist wie durch einen Donnerschlag
zernichtet worden.

Die Billigung des Flüchtlingsrapports hat von Seiten der
Cantone noch keinen Erfolg gehabt; denn die Flüchtlinge
reisen noch immer hin und her; es sind deren noch viele in
allen Ecken zerstreut und als Lehrer, Aerzte, Chirurgen und Advocaten angestellt.

protestantischen Eltern; trat in Rom zum Katholicismus über, in den
Tugendbund und in das Lützow'sche Freicorps, ward später Polizeicom-
missär in Gent, wo er eifrig für die Alliirten thätig war, begab sich nach
der Restauration nach Frankreich, ward General-Commissär der Polizei
in Marseille, 1818 General-Inspector im Polizeiministerium, endlich
Attaché im Departement des Auswärtigen bis 1830. Seit der Juli-
revolution, die ihn unthätig machte, zog er sich ins Privatleben zurück
und schriftstellerte. 1826 gründete er die Zeitschrift „Le catholique",
durch welche er seine apostolischen und absolutistischen Grundsätze zu ver-
breiten suchte.

Es findet sich, daß der an Frankreich abgelieferte Etro-
meyer gar nicht nach England kam, sondern mit Erlaubniß
des Präfecten in Besançon geblieben! v. Glümer ist über
Genf nach Marseille instradirt.

Ostreicher nach Delle.

Leben Sie wohl und geben Sie mir bald wieder gute
Nachrichten.

Herzlich und treu 2c.

Bern, 29. November 1836.

Lieber Freund!

Mit großem Interesse habe ich Ihre Zuschrift vom 24. gelesen und danke für die reichhaltigen Nachrichten.

Also Hr. v. Radowitz arbeitet an einer Katholischen Kirchen-
zeitung? Das wird Allerhöchsten Orts nicht gefallen, wo man
das Sprichwort liebt: „Schuster, bleib bei deinem Leisten."

General Wittgenstein hat halb und halb die Geschäfte übernommen. Doch geht es sehr schwach mit ihm. Den Vortrag
über Militär-Angelegenheiten hat noch immer Oberst v. Lindheim ganz allein.

Der Fürst Wittgenstein ist ein passionirter Jäger. Ge-
heime-Rath Tschoppe schrieb mir schon längst, daß der Fürst jene
Partie nach Töpliz beabsichtige.

Für die Mittheilung über Angelegenheiten des Bundestags
bezüglich Würtembergs bin ich sehr dankbar und werde solche
benutzen. Nur wünschte ich noch einige Aufklärungen, um die
Sache in einem vertraulichen Briefe an Graf Beroldingen schlagend
zu behandeln. Solche Epistel liest der König von Würtemberg.

6

Mir thut es leid, daß der junge Bonaparte*) nicht sofort
erschossen worden ist.   Seitdem Murat füsilirt worden, ist in
Neapel von dieser Race nicht mehr die Rede gewesen.   Graf
Voirol hätte sich um Louis Philipp, um Erhaltung der allgemeinen Ruhe, um den Ruf der französischen Armee ic. ein
großes Verdienst erworben, wenn er jenen Entschluß gefaßt hätte,
wozu die genügende Veranlassung nach vorgängigem summari-
schen Kriegsgerichte noch am Tage des Aufstandes vorhanden war.

Geben Sie mir ja bald wieder Nachricht.

Herzlich und treu.

Bern, 2. December 1836.

Ihr Interessantes vom 27. v. Mts. mit der in Roth
geschriebenen Bemerkung habe ich gestern richtig erhalten und
danke verbindlichst dafür.   Die Sache ist beachtungswerth, doch

---

*) Am 29. Oktober 1836 erschien der Prinz Louis Bonaparte in
Straßburg.   Am 30. Oktober früh stellte ihn Oberst Baudry dem 4. Ar-
tillerieregiment, das er unter die Waffen gerufen hatte, als Neffen des
Kaisers vor und forderte die Soldaten auf, demselben zu folgen, „um
Frankreich seinen Ruhm und seine Freiheit wiederzubringen."   Der Prinz
in der Uniform eines Artillerieoffiziers sprach: „Es sind Euch noch große
Geschicke vorbehalten!" und überreichte dem Regiment einen kaiserlichen
Adler.   Das Regiment setzte sich in Marsch, um das 46. Infanterieregi-
ment zum Beitritt aufzufordern, eine Abtheilung ging ab, um den comman-
direnden General Voirol und den Präfekten von Straßburg zu verhaften.
Da sich aber unter den Soldaten das Gerücht verbreitete, die Persönlichkeit,
welche Baudry ihnen vorgestellt hatte, sei ein untergeschobener, und nicht
der Prinz, sondern der Sohn Baudry's, entstand Murren, man folgte nicht
mehr, der Prinz und Baudry wurden verlassen und gezwungen, sich zu ergeben.   Das französische Ministerium beschloß, von einer gerichtlichen Pro-
cebur abzusehen und ließ den Prinzen so schnell wie möglich nach Amerika
schaffen.   Seine Mitschuldigen, gegen die ein Prozeß eingeleitet ward,
wurden am 18. Januar 1837 freigesprochen.

will ich nicht eher davon Gebrauch machen, ehe Sie mich zu einer vorsichtigen und ganz vertraulichen Anwendung in Stuttgart zur Warnung und Beobachtung des Prinzen Jerome bevollmächtigen. Es kann dadurch mancher Unannehmlichkeit vorgebeugt werden.

Es ist schwer, etwas ganz Bestimmtes über Arenenberg zu erfahren; die Herzogin*) hat noch großen Anhang in der Schweiz. In Thurgau ist sie sehr geehrt und dort ist der Radicalismus wohl gepflegt. Der schmähliche Ausgang, welchen die Straßburger Geschichte genommen, ist nicht vermögend, die seit der Affaire Conseil noch mehr ermuthigten Propagandisten zu bändigen.

Stromeyer ist am 24. in Delle abgeliefert. Ein anderer Flüchtling, Meyer, erschien auch wieder in der Schweiz und hatte einen vom schweizerischen Consul in London unter dem 17. Aug. ausgestellten Paß auf seinen Namen?? England schickt uns alle wieder, davon bin ich überzeugt.

Hr. v. Otterstedt hat nach Berlin berichtet, „die Flüchtlings-Sache sei als abgemacht zu betrachten.“ Unterdessen gibt Zürich an 28 Flüchtlinge die Erlaubniß, noch 6 Monate in der Schweiz zu bleiben? Wie will er diese Behauptung rechtfertigen. Bis jetzt haben wir nichts als Versprechungen.

Hr. v. Dusch hat die Commandeur-Kreuze von Bayern und Würtemberg bekommen.

Wer von Seiten Bayerns den Hrn. v. Hertling, zu Gießen gestorben, hier ersetzen wird, ist noch ungewiß.

Der russische und englische Gesandte gehen mit Urlaub den Winter weg. Der Herzog v. Montebello dürfte vielleicht zur Kammersitzung nach Paris gehen müssen.

Gott mit Ihnen rc.

---

*) Von St. Leu, die Mutter des Prinzen Louis Napoleon.

Bern, 5. December 1836.

Mein lieber Freund!

Ich habe soeben eine Scriptur an die Hohe Residentur zu Frankfurt expedirt, von der ich weder Abschrift behalten noch Anzeige nach Berlin gemacht. Könnten Sie veranstalten, daß mein Schreiben in Copia nach Berlin dem Hrn. Minister vorgelegt, so würde mir ein Gefallen erzeigt und ich nicht nöthig haben, diese Sache zu melden. Die Mandroz ist ein verfluchtes, durchtriebenes und als Intriguantin ganz bekanntes Weib. Ich wollte, Hr. v. Engelshofer wäre in Frankfurt. Gestern befand er sich noch hier.

Sorgen Sie gefälligst dafür, daß ich vielleicht einige Renseignements als Antwort empfange.

Die Radicalen haben nach der Art, wie Frankreich sich begnügt, den Kopf wieder gehoben.

Die Propaganda thront noch sehr fest in diesem Lande. Man will es mir nicht glauben.

Herzlich und treu 2c.

Bern, 9. December 1836.

Lieber Freund!

Zählen Sie darauf, daß ich gewiß noch jetzt keinen Gebrauch von Ihren Mittheilungen hinsichts der Approvisionnement-Forderung machen werde. So warte ich auch Ihre fernere Nachricht über Prinz Jerome ab.

Der Herzog von Orleans hat gewiß keine Absicht auf die Tochter der Stephanie gehabt.

Die Mittheilung der gedruckten Piecen interessirt mich ausnehmend.

Die Frau v. Nimsky, Wittwe, ist die bekannte Demoiselle Hänel, Somnambüle, welche einen großen Einfluß auf den alters-schwachen Fürsten Stanislaus hatte und mit ihm nach Italien reiste.

Hr. v. Engelshofer muß Mittwoch Abends den 7. in Frankfurt eingetroffen sein, gleichzeitig mit meinem letzten Schreiben an Sie.

Allerdings gewinnt Don Carlos mehr an Umfang.

Was hat denn Mecklenburg für einen Handelsvertrag mit Frankreich geschlossen. Derselbe scheint in Berlin nicht zu gefallen.

England will künftig nur diejenigen politischen Flüchtlinge bei sich aufnehmen, welche mit ihrem freien Willen sich dahin begeben.

In der Angelegenheit des Louis Bonaparte haben alle Glieder der Familie Kenntniß gehabt.

Herzlich und treu 2c.

Bern, 17. December 1836.

Ich habe Ihre Schreiben vom 8. und 14. c. dankbar erhalten. Frankreich will jetzt dem Mazzini gestatten, ohne Polizei-Begleitung durch Frankreich nach England zu reisen. Er wird daher die Mandroz nicht nöthig haben. Doch die Propaganda ist sehr thätig und wird bald wieder von sich hören lassen. Es wäre gar nicht so schwer, ihr auf den Leib zu gehen. Die einfachsten Mittel sind die besten. Rauschenblatt ist in der Schweiz, und geht er nicht von selbst, so wird er hier nicht ver-haftet. Das wird man kaum wagen, da er alsdann angesehene Personen compromittiren möchte.

Der Vater Jerome Montfort war am 12. in Stuttgart, und nimmt seinen lieben Sohn mit nach Italien. Die Pariser Polizei behauptet sich überzeugt zu haben, daß Vater und Sohn völlig unschuldig seien. Dies betheuern zwar die Großherzogin Stephanie und die St. Leu auch, aber niemand glaubt es.

Was die Allg. Ztg. über Italien und England berichtet, ist nur zu wahr.

Die vortreffliche, edle, geistvolle Prinzeß Louise Radziwill war eine Freundin der Gräfin Voß, Mutter von Frau v. Radowitz, und Frau v. Radowitz ist sehr befreundet mit der Fürstin Chartorisky.

Anfangs Januar wird Hr. v. Severin*) durch Frankfurt gehen und zwei Tage dort verweilen.

Graf Aresi, italienischer Flüchtling, ist am 8. mit dem Postwagen von Constanz nach Carlsruhe gereist, angeblich nach Amerika. Er wollte am 25. v. M. seinen Paß von der Züricher Staats-Canzlei für Preußen und Baden visiren lassen, doch schlug ich's ab, obwohl der französische Botschafter ihm den Paß zur Reise nach Belgien visirt hatte.

Der Aufenthalt des Großfürsten Michael in Deutschland ist blos aus Sanitäts-Gründen. Ich habe das bestimmte Vertrauen, daß Ihr zweites Immediatgesuch reüssiren wird. Das erste ging durch das Ministerium und wurde wegen der Bezugnahme abgeschlagen. Jetzt sprechen Sie die Gnade des Königs an und da hat Fürst Wittgenstein mit zu sprechen.

Ich vertraue und wünsche das Beste. Lassen Sie mir ja das Resultat wissen. Ich nehme den herzlichsten Antheil und empfehle mich bestens und herzlichst ꝛc.

Bern, 27. December 1836.

Lieber Freund!

Ich habe so lange nichts von Ihnen gehört, daß ich besorgt bin, Sie möchten krank geworden sein. Geben Sie mir bald ein Zeichen, daß ich mich unnöthig geängstigt.

---

*) Dimitri Petrowitsch von Severin, geb. 1792 zu St. Petersburg. 1827—1837 Gesandter in der Schweiz, dann in München.

Hier nichts Neues. Hrn. v. Sydow mache ich auf einen Polen aufmerksam.

Aus Berlin schreibt man mir, daß der Alte*) sehr altere.

Vor Schluß des Jahres schicke ich Ihnen noch eine Geld-Anweisung und bitte auch wieder um einen Kalender.

Ich bin seit acht Tagen auch unwohl.

Herzlich und treu 2c.

Bern, 7. Januar 1837.

Lieber Freund!

Ihr Brief vom 2. mit Kalender kommt soeben zu meiner Freude an und ich danke verbindlichst dafür. Das Banquier-Haus Metzler ist beauftragt, Ihnen 15½ fl. für Portefolio zu zahlen. Ich werde nun noch 3 fl. für 2 Kalender hinzu-fügen lassen. Daß Sie aus Berlin noch nichts haben, ist kein übles Zeichen. Ich hoffe alles Gute.

Frankreich und die Schweiz sind wieder ganz ausgesöhnt. Ich besorgte das lange und habe deshalb so ungestüm gerathen, das Eisen zu schmieden, so lange es warm war. Jetzt wird die Schweiz wieder Schutz bei Frankreich suchen und finden, mehr als es gut ist.

Ich antworte soeben dem Hrn. v. Sydow und schütte ihm mein Herz aus! Hoffentlich zeigt er Ihnen meine Klage-schrift.

Aus Berlin habe ich auch nichts Neues.

Die Diamanten und Reichthümer der Königsstraße mehren sich gewaltig. Doch das befriedigt nicht allein.

Zwei Tage blieb die Preuß. Staatszeitung aus. Graf

*) Se. Maj. König Friedrich Wilhelm III.

Königsmark sollte wegen begangener Fehler rappellirt werden, bekam aber eine zurechtweisende Cabinets-Ordre und Urlaub. Sein Posten wird vacant werden.

Graf Schafgotsch wünscht nicht das Elend Griechenlands, Brassier *) wird wohl dahin gehen. Salviati muckert immer zu und findet, daß seine umfassenden Verdienste unter den Scheffel gestellt werden. Ich höre von ihm nur Klagen.

Haben Sie je etwas von einem preußischen Hofrath Hasse gehört?

Schreiben Sie mir ja oft, lieber Freund, und geben mir stets gute Nachricht von sich.

Herzlich und treu 2c.

Bern, 13. Januar 1837.

Lieber Freund!

Sie wollen heute meinen Dank für die beiden letzten Briefe vom 2. und 7. c. gütigst entgegen nehmen.

Sie werden dagegen mein Schreiben vom 7. erhalten und vielleicht dasjenige vom nämlichen Tage an Hrn. v. Sydow gelesen haben.

Mazzini hat unterm 3. aus Pontarlier an den Vicomte de Belleval geschrieben. Am 2. morgens traf er in Besançon ein und reiste ohne Aufenthalt nach Dijon weiter. Die öffentliche und freie Abreise dieses Verbrechers, feierlich begleitet von mehreren Einwohnerschaften, ohne Aufsicht der Polizei ist ein Triumph für die Propaganda.

---

*) Den Gesandtenposten in Athen erhielt Graf Brassier St. Simon an Lußi's Stelle, nachdem Prokesch interimistisch die Geschäfte der preußischen Gesandtschaft besorgt hatte.

Die Propaganda ist allerwärts von einem Geiste der Zer=
störung erfüllt und geleitet, ein und derselbe Wille setzt sie
in Bewegung — dagegen in der Abwehr welche Zersplitterung!
— Man könnte sagen, die Propaganda hat im Angriffskrieg
einen selbstherrschenden König, während die monarchische Kraft
zur Vertheidigung nur vereinzelte Generale zählt, die noch zu=
dem durch Rücksichten auf Umgebung und eifersüchtige Persön=
lichkeiten gelähmt sind.

Der traurige Ausgang von Bilbao hat mich sehr weh=
müthig gemacht. Gewiß, nur englische Hülfe hat die Carlisten
vertrieben.

Graf Malzahn sagt mir aus Wien noch nichts Bestimmtes.
Doch ist er der Alte für alle seine Freunde und Bekannten.
Er klagt über Abnahme der Sehkraft. Seine Söhne will er
in Wien nicht behalten, sondern schickt sie ·zu Ostern nach Halle.

Graf Königsmark scheint schon unterwegs zu sein. Sieben
arabische Hengste wurden vor ihm her getrieben, deren Transport
bis Wien schon 2000 Thaler gekostet.

Graf Lusi, der, ich weiß nicht wozu, nach Constantinopel
beordert, hat bei Colonos Schiffbruch erlitten. Nur mit Hülfe
des Hrn. v. Prokesch hat er Athen verlassen können, da ihn
seine griechischen Gläubiger nicht ziehen lassen wollten und sein
Haus völlig belagert hielten. Es gibt Banquier=Häuser in
Wien, die protestirte Gehaltsquittungen besitzen, welche Graf
Lusi auf mehrere Jahre voraus ausgestellt hat.

Ich bin sehr begierig, wer den ehrenwerthen Präsidenten
Friese in seinen doppelten Funktionen ersetzen wird. Ob Herr
v. Bülow nicht einen Theil attrapiren möchte?

Wird von der Central=Behörde eine Uebersicht der politischen
Umtriebe geliefert?

Vergessen Sie ja nicht, mir zu sagen, was Sie aus Berlin erhielten oder doch erhalten werden. Was lange währt, wird gut.

Gott mit Ihnen 2c.

––––––

Bern, 19. Januar 1837.

Lieber Freund!

Für das gefällige Schreiben vom 14. danke ich verbindlichst. Die Frankfurter Desertion ist ein schimpflicher Skandal, wird die Gestrengen aber nicht weiser machen. Ich bin überzeugt, daß die Entflohenen nach Havre gehen. Anfangs Februar segelt ein Transport Deutscher von dort ab.

Die schweizerischen Zeitungen wünschen ihnen Glück und triumphiren. Der Schweizer Bote Nr. 4 vom 14. Januar, S. 18, versichert bereits, daß sie in Sicherheit wären. Welche Zuversicht!

Von hier kann ich nur sagen, daß die fremde Propaganda sehr thätig ist. Alles zieht sich nach Genf. Ludwig Frey reiste am 16. über Genf nach Paris. Von dort correspondiren sehr fleißig hierher Fein und Gärth.

Aus Berlin hörte ich lange nichts. An Graf Maltzahn in Wien habe ich kürzlich wieder geschrieben.

Hr. v. Otterstedt erleuchtet mich zuweilen durch seine Ansichten.

Der Großfürst ist im strengsten Incognito gestern hier eingetroffen, geht heute nach Freiburg, den 20. nach Payerne und den 21. nach Lausanne.

Er denkt jetzt nach Neapel zu reisen.

Herzlich und treu 2c.

––––––

Bern, 26. Januar 1837.

Sie empfangen heute den ergebensten Dank für die gefl. Zuschrift vom 19.

Ich sauge Zucker und Honig aus Ihren stets inhaltreichen Mittheilungen.

Aus Wien bleiben wir seit der Depesche vom 26. Novbr. v. J. ganz ohne alle Nachricht. Ebenso schweigsam ist man von Berlin aus. Nur hat man auf meinen Antrag dem Canzlisten Willich 100 Thaler Zulage und 100 Thlr. Remuneration gegeben. Er hatte bisher nur 600 Thlr. Es ist dies ein wahrer Tresor. Der junge Mann zeichnet sich durch Bescheidenheit, Anspruchslosigkeit, Discretion und Fleiß aus. Alles dies sei nur Ihnen ganz allein gesagt.

Ich erbitte den Segen des Himmels und die Großmuth und Gerechtigkeit des Königs für Sie. Was lange währt, wird gut.

Hr. v. Bülow ist doch nach London gegangen. Ich bin neugierig, wer Hrn. Präs. Friese ersetzen wird! Man mag für das Staatssecretariat an Hrn. Geh.-Staats-Rath Köhler denken, dann dürfte Präs. v. Meding an seine Stelle ins Ministerium des Innern kommen. Ich weiß nichts Näheres darüber.

Hier sind wieder die falschen Pässe an der Tagesordnung. Ludwig Frey reist von hier über Genf und Lyon nach Paris auf den Namen Joseph Bartholo aus Frankenthal. Fein lebt unter dem Namen Wagner und Lizius unter demjenigen von Braun in Paris. Dort ist auch bereits Breidenstein.

Zum März haben sich die Parteihäupter der fremden Associationen in Paris ein Rendezvous gegeben.

Diese Nachricht communiciren Sie nur dem Hrn. v. Sydow allenfalls mit.

Was sagen Sie zu der Freisprechung der Straßburger Angeklagten? Ich habe mich kaum darüber gewundert. Unter dem 14. Novbr. v. J. schrieb mir mein Correspondent aus dem Elsaß, daß es so kommen werde. Frankreich ist ganz demoralisirt.

Hrn. v. Nagler habe ich über eine Paß-Angelegenheit geschrieben, den Brief an Rhode adressirt und über Stuttgart gehen lassen.

Was treibt die Gräfin Boose in Frankfurt, wer macht ihr den Hof?

Wir haben hier am 24. drei sehr starke Erdstöße empfunden. Alles war in Bewegung.

Der Großfürst ist den 23. nach Chambery abgereist.

Schreiben Sie ja bald.

Herzlich und treu 2c.

Bern, 1. Februar 1837.

Lieber Freund!

Ihr Brief vom 28. v. M., der gestern mich erfreute, brachte mir die so frohe Nachricht, daß der König Ihre Wünsche erfüllt habe. Es bedarf nicht erst der Versicherung, daß ich den wohlgemeintesten Antheil an Ihrer Zufriedenheit nehme und gewiß zu denen gehöre, die den seltenen Schatz Ihrer anspruchslosen und unermüdlichen Verdienste vollkommen würdigen. Ihr Verhältniß zum Post-Fiscus darf sie nicht drücken. Herr v. Nagler hat seine Pflicht gegen Sie erfüllt und wird es gewiß noch ferner thun. Gott verleihe Ihnen und Ihrer Familie ferner seinen Beistand und die Allerhöchste Gnade.

Des Besuchs der Gräfin Haßfeld, die ich seit ihrer Kindheit

kenne und mit der ich im Auftrage ihrer Familie oft zu thun
gehabt, werde ich mich nicht sehr freuen.

Hr. Geh.-Ob.-Justiz-Rath Dueberg ist von Hrn. v. Kampß
aus Westphalen nach Berlin gezogen worden und mehrere
Ministerien haben sich darum gestritten, ihn zum Justitia-
rius zu erhalten. Graf Alvensleben und mein Bruder haben
ihn mir als sehr befähigt, correct gesinnt und gründlich gebildet geschildert. Ich habe mich daher nicht über seine schnelle
Beförderung gewundert. Bei allem Verdienste und allem Ta-
lente scheint der junge Mann doch auch Glück zu haben. Des
Hrn. Kreis-Gerichts-Raths Mathis Decorirung ist wohlver-
dient; möchte sein Fleiß überall den gerechten Lohn finden.

Mazzini und Ruffini sind in London angekommen. Breidenstein war nach Lyon abgereist, wahrscheinlich um mit Frey
zusammenzutreffen. Letzterer reist mit einem Passe auf den
Namen Jos. Bartholo, Handelsmann aus Frankenthal.

Der Friseur Göbel aus Cassel, aus der Schweiz nach
London exportirt, schreibt fleißig an Fr. Wirth in Zürich.
Bald werden wir alle jene Revolutions-Apostel in Deutschland
sehen.

Ein gewisser Schwarzenbach aus Zürich ist von den dortigen Flüchtlingen nach Paris bevollmächtigt, um mündliche
Rücksprache zu nehmen.

Man gibt mir aus Paris die Hoffnung, daß mein jetzt
dort momentan anwesender ehrenwerther College es dahin bringen werde, die sämmtlichen deutschen Flüchtlinge aus Paris zu
expulsiren.

Ueberall handelt die Propaganda offensiv und läßt sich
durch nichts irre machen. Die Pressen der halben Welt stehen
ihr zu Gebote und werfen stündlich 100,000 Feuerbrände
nach allen Seiten aus und Alles ruht und fürchtet sich vor
jeder eigenen Bewegung. Kann man es den gewöhnlichen

Menschen, also der großen Masse verargen, wenn sie ihren Glauben nach dem Erfolge richtet und denjenigen an eine Kraft des Widerstandes aufgibt? Wie viel wird schon dadurch verloren!

Hier ist mit Frankreich alles wieder ausgesöhnt. Frankreich schmeichelt der Schweiz wieder, und es wird einst die französische Republik ihre Departements de l'Helvétie schon gut organisirt finden. Es ist unglaublich, wie sehr Alles hier im Stillen diesem Zustande näher rückt. Es bedarf nur eines großen Schlages in Paris oder einer meuchelmörderischen oder einer plötzlichen Sinnesveränderung und die Affen Frankreichs stehen unter dem Gewehre!

Erklären Sie mir doch den Rang-Anspruch Alley's etwas näher. Viele Empfehlungen der Herren v. Sydow, Mathis und Radowitz.

Die Gesetze*) in Frankreich sind moutarde après dîner. Was die Depesche vom 22. d. Mts. ist und was sie nutzen soll, weiß ich nicht. Zu viel Rücksicht und Umstände.

Aufrichtig und treu.

Bern, 7. Februar 1837.

Ihr Werthes vom 3. ist gestern richtig eingegangen. Ich erwähne meine Gefühle aufrichtiger Erkenntlichkeit nicht mehr,

---

*) Am 25. Januar legte der Ministerpräsident Graf Molé der Kammer zwei Gesetzentwürfe über die Apanage des Herzogs von Nemours und darüber vor, daß die französische Staatskasse der Königin von Belgien ihr Brautgeschenk, in 1 Million Francs bestehend, auszahlen solle. Außerdem verlangte ein ministerieller Vorschlag Trennung der Justiz der Militärpersonen von der bürgerlichen Jury, eximirten Militärgerichtsstand, und die Verbannung politischer Verbrecher nach der Insel Bourbon. Als die Kammer heftig opponirte, verlangte Guizot ihre Auflösung und nahm seine Entlassung, da Molé nicht in die Auflösung willigte. An Guizot's Stelle trat Salvandy.

denn Sie wissen, wie ich über Ihre Mittheilungen denke und wie werth sie mir sind. Die Thätigkeit der Centralbehörde und alle Anträge der Welt bei der Hohen Bundesversammlung werden das Geschehene nicht wieder gut machen. Moutarde après dîner. Ebenso wenig werden die Gesetzes-Vorschläge in Frankreich etwas nützen. Lasse man alle politische Gährung und Gebrechen bei Seite und fasse nur dasjenige auf, was in der Unterhaltungs-Literatur, in Schauspielen, in der Literatur-Revue enthalten ist, so geht schon aus diesem die Gewißheit hervor, daß die Nation im innersten Mark verderbt sein muß, eben weil man ihr solche Dinge zur Ergößlichkeit darbietet.

Frankreich ist das Land der Extreme. Es trägt noch von den Zeiten der Ligue rebellische Traditionen in sich. Alles wird auf Widerstand, auf Bekämpfung der Autorität hingeleitet.

Deshalb mache man sich auf Alles gefaßt. Alle Calcüls sind zulässig. Die Rheingrenze verlangen alle Parteien. Der Herzog von Orleans, von kriegslustigen Influenzen umgeben, wird dermaleinst der Masse schmeicheln und den alten Kriegs- ruhm durch Erlangung der Rheingrenze restauriren wollen. Auf diese Eventualität hin müssen alle Regierungen ihre Politik richten. Wie stehen wir, was thun wir in diesem kritischen, auf Jahrzehnte entscheidenden Moment — das muß jetzt mit möglichster Bestimmtheit ausgemacht werden. Das halte ich für das einzig Praktische in Deutschland, möchte aber nicht be- haupten, daß es geschieht. Nur mit Spanien, wo weder wir, noch Andere, sondern Gott allein entscheiden wird, kann man sich beschäftigen; aber mit dem Nächsten nicht, so entschieden ist man Allem abgeneigt, was nur einem Schatten von Handeln aus der Ferne ähnlich sieht.

Und man beruhigt sich so leicht, wenn es nicht eben lichter- loh brennt; deshalb geschieht nichts in der Schweizer-Angelegen- heit, nichts in der von Holland, nichts zur Verbesserung der päpstlichen und neapolitanischen Verwaltung, und überall läßt man die brennbaren Stoffe sich aufhäufen, während man die momentane Ruhe benußen sollte, um praktische Verbesserungen einzuführen und später gefährliche Complicationen zu vermeiden.

Ein junger Preuße Namens Wanzer macht sich in Paris mit den fremden Demagogen viel zu schaffen.

Geben Sie bald wieder Nachricht ꝛc.

Bern, 19. Februar 1837.

Ich habe Ihnen für viele Briefe zu danken. Der letzte ging heute ein und ist vom 25. datirt. Lohne Ihnen Gott alle Mühe und Aufmerksamkeit, welche Sie mir widmen.

Minister Rother wird die Bank schon haben, wie er aber alles leiten kann, steht mir der Kopf still. Lambrecht ist sehr gescheit und brauchbar, Querkopf, und man wird sehr froh sein, ihn von Altenstein fort zu haben, wo er Weitläufigkeiten machte. Er ist sehr nah mit Graf Lottum verwandt. Rust ist in seinem Departement ein Despot. Minister Ancillon soll nach der Grippe sehr schwach sein.

Es gehen allerdings nur drei Officiere nach Constantinopel, Fink, Fischer und Capitain v. Mülbach vom Ing.-Corps. Die Frankfurter Zeitungen sind abscheulich. Lizius und Fein sind wirklich aus Paris gewiesen. Ersterer hat viel Geld und prahlt damit. — Die Bayerische Thronrede ist kurz. Die Regierung fordert wenig von den Ständen, der Landtag wird also bald auseinander gehen. Die Ersatzwahlen in Baden sind vortrefflich. Das Einberufungsdecret ist in so fern gut; als es öffentlich verordnet, daß diejenigen Staatsdiener, welche Abgeordnete sind, zuvor den Urlaub nachsuchen müssen.

Was des Königs von Bayern Styl anbetrifft, so ist der-

selbe ungeschminkt einfach. Die Bezeichnung „segensreich" für
den Handelsverein möge sich realisiren. Daß König Otto häus-
liches Glück finden möge, wünsche ich; politisches Glück wird
ihm schwerlich zu Theil. — Heine wird bald in Stuttgart und
Canstatt erwartet. Seiner Reise soll hauptsächlich die Absicht
zu Grunde liegen, sich von einer Person loszumachen, welche
er in Paris als seine Gattin präsentirt.

Der in Trier etablirte Bruder der berüchtigten Savoie
s o l l bei der Flucht der Frankfurter Gefangenen thätig gewesen
sein. Das Weibsbild von Kombst war in Paris Musiklehrerin
und ist aus Darmstadt. Der Vater hat eine Erbschaft gemacht
und verlangt sein Kind aus der wilden Ehe zurück.

Die französischen Zustände sind jammervoll. Die Straßburger Geschichte hat den Rothlauf zu vollem Krebsschaden aus-
gebildet. Wenn die incessirenden Rhetoren Dupin und Schweif
siegen, dann gute Nacht Militär-Disciplin. Verrol und Frankfurter waren sehr für den Bonapartismus geneigt und Letzterer
wirklicher Theilnehmer. Welche schamlose Duperie. Jetzt, nachdem die Gesetze proponirt sind, fehlt nur noch die Niederlage
der Regierung, um alles Ansehen zu erschüttern.

Der Großherzog von Baden hat bei Prinz Gustav Wasa
wegen des Transports der Leiche nach Pforzheim angefragt.

Bezüglich Frankfurts so wird meiner Meinung nach am
Ende freilich nichts weiter übrig bleiben, als eine ständige Garnison in Frankfurt zu haben, was aber auf eine weniger kost-
spielige und sonst auf zweckmäßigere Weise geschehen muß.

Auf Verstärkung des Vertheidigungssystems von Deutsch-
land sollte man eifrig bedacht sein. Zum Bau der vierten
Bundesfestung liegen ja noch 20 Millionen Franken vorhanden.
Doch die Bundesversammlung feiert ein halbes Jahr in imposantem
Nichtsthun, weil man sich scheut die eigentlichen Lebensfragen
aufs Tapet zu bringen. Bedächte man nur, daß sich durch

7

gefällige Formen, durch Entgegenkommen und mündliche vertrauliche Rücksprachen viel erreichen läßt; man würde sich alsdann vielleicht weniger vor den Angelegenheiten des Bundes scheuen
und diesen Grundpfeiler der europäischen Politik nicht
auf die bisherige laue Weise untergraben lassen.

Gott mit Ihnen.

Herzlich und treu 2c.

Bern, 4. März 1837.

Tausend Dank für alle Mittheilungen bis einschließlich derjenigen vom 1. c., die soeben eingeht. Gratulor ex animo
zu der jährlichen Remuneration von 300 Thalern. Es ist
etwas und trägt den Beweis der Anerkennung. Selbst was
spät kommt, muß man in dieser traurigen egoistischen Welt als
gut betrachten. Ich habe dagegen viel schriftliches Lob von
Sr. Exc. erhalten und werde mich beeifern, dasselbe ferner zu
verdienen.

Hier geht Alles dem Abgrund entgegen. Selbst die ge-
mäßigten Radicalen verzweifeln bei der überhandnehmenden
Willkür und dem Terrorismus, zu dem man schon sehr geneigt ist.

Die Fremden sind jetzt sehr thätig. In Zürich wieder
die Italiener; aber auch auf der deutschen Seite des Bodensees
ist Bewegung. Und was sagen Sie dazu, daß man die Thore
von Constanz demolirt. Es ist, als sollte das Terrain mit
Arbeit und Fleiß verebnet werden, das den Anlauf der Revolution erschweren würde.

In Arenenberg werden keine Anstalten zur Abreise gemacht. Doch kommen überrheinische und schweizerische Radicale
dort fleißig zusammen.

Der Bürgermeister Heß, Hr. Pestalozzi-Hirzel und Finster

gehen in diesen Tagen von Zürich nach Paris, angeblich in Eisenbahn-Angelegenheiten. Doch das Frühjahr naht, wo alle Parteihäupter zusammen kommen wollten und Heß ist mit allen fremden Verbrechern sehr befreundet und facilirt. Sie kehren über Brüssel zurück.

Neue Ereignisse stehen uns bevor! Mit Stuttgart habe ich jetzt wenig geistig zu thun. Das Ministerium schickt Alles an die gewandte Hand des Hrn. v. Salviath. Ich kann nur unter der Hand warten, bis der König meinen Brief an Graf Beroldingen liest. Hrn. v. Sydow antworte ich, sobald ich Antwort aus Genf habe. Mein Bruder schreibt sehr befriedigt über die jetzigen Frankfurter Leistungen.

Der Posten von Hartig ist schon gewissermaßen durch Reuß besetzt, da Hartig seit einem Jahre emeritirt war.

Alle übrigen Posten bleiben unbesetzt, wenigstens denkt man noch nicht an den Remplaçant. In der Nachdrucks-Sache verspreche ich mir von Würtemberg nicht viel.

Mich interessiren sehr die den diesseitigen Provinzialständen gemachten kgl. Propositionen der Wege-Ordnung. Das Provinzial=Kirchen= und Schulgesetz und das Gewerbe=Polizei=Gesetz sind höchst wichtig und nothwendig. Im Staatsrath wurde bereits berathen das Gesetz wegen des Waffengebrauchs des Militärs und der Forstbeamten und jetzt sind in Arbeit und Berathung das Strafgesetz wegen der Studenten=Verbindungen und wegen der Mobiliar=Versicherungen.

Sagen Sie doch Hrn. v. Radowitz, daß die Märkischen Bauern auf ein Gesetz antrügen, daß man ihr Erbrecht so regulire, damit ihre Güter vor Zerstückelung bewahrt würden. Wer hätte vor 6 Jahren so etwas gedacht??

Leben Sie wohl und erlaben Sie mich ja mit Nachrichten, die mir stets einen Genuß gewähren.

Bern, 12. März 1837.

Empfangen Sie meinen Dank für Ihr Neuestes vom 7. Auf vertraulichem Wege erfahre ich soeben, daß die Frankfurter Flüchtlinge in Mülhausen gesehen wurden. Einer von ihnen dürfte in der Schweiz sein; ich habe sofort das Signalement fortgeschickt und werde später darüber Mittheilung machen.

Haben Sie von einem angeblichen Graf Dunin — Emil Brzekowski gehört? Er hält sich in Aarau auf, spielte schon hier früher eine zweideutige Rolle und macht jetzt durch seine Depeschen Aufsehen. Man hält ihn für einen russischen oder preußischen Agenten. Es sollte ihm in solchem Falle mehr Behutsamkeit empfohlen werden.

Die Bewegung der politischen Fremden ist sehr lebhaft. Sie haben etwas im Werke. Ereignisse sind nah! Sie werden von Frankreich ausgehen. Nachdem das Trennungsgesetz durchgefallen, gute Nacht Disciplin und Subordination! Keinem Beobachter darf sich die Wahrscheinlichkeit verbergen, daß jeden Augenblick in Frankreich eine Revolution und mit ihr ein allgemeiner Krieg ausbrechen kann.

Gottlob, daß die deutsche Bundesversammlung und die Militär-Commission alles vorbereitet haben und die verschiedenen Kräfte jeden Augenblick gerüstet dastehen.

Leben Sie wohl und möchten Sie sich besser befinden als ich. Ich kann das hiesige Klima fast gar nicht vertragen, ebenso wenig die Meinigen und auch meine Leute liegen abwechselnd zu Bett.

Aus der Mecklenburgischen Heirath scheint doch Ernst zu werden. Die unglückliche Prinzeß.

Viele Empfehlungen dem Hrn. v. Sydow.

Ihr werthes Schreiben vom 16. habe ich gestern dankbar erhalten.

Emil Dunin war Unter-Officier im 2. polnischen Linien-Regiment, bat um Gnade bei dem Kaiser Nikolas, wurde von hier protegirt, doch wollte der Fürst von Warschau nicht darauf eingehen, ohne grade besondere Klagepunkte gegen das gedachte Subject zu erheben. Ueber die Frankfurter Gefangenen habe ich seit einem Schreiben von Hrn. v. Sydow nichts weiter gehört. Alles Gesindel zieht sich eben gern in die Schweiz. Von preußischen Arbeitern säubere ich dies Land aber nach-gerade, denn ich weise alles unnachsichtlich fort und habe nur zu klagen, daß meine Nachbarn oft Pässe hierher visiren, ohne daß ihnen die Befugniß zusteht. Ich schicke alle Monate die Paßvisa-Register gewissenhaft mit Bemerkungen ein, damit man eine Controle in der Heimath von denen hat, die hier waren. Daher kommt es, daß nachgerade alle Individuen sitzen, welche in Biel oder Zürich waren. Besonders freue ich mich, daß man nun sicher Haz aus Mergentheim und Wagner aus Stettin verhaften konnte.

Der Verkehr der Deutschen in Paris mit den noch hier befindlichen Revolutions-Aposteln ist sehr frequent. Alle Nach-richten stimmen dahin überein, daß sie mit Absichten gegen den Rhein umgehen und dieselben mit neuen Revolten in Frankreich combiniren.

Es wird also von dem abhängen, was sich in Frankreich zutragen dürfte. Trotz aller unsinnigen und schlechten Tenden-zen und unüberlegten Anträge wird es hier nicht eher zu einem éclat kommen, als bis sich in Frankreich eine Katastrophe ereignet. Eine solche kann aber mit jedem Tage eintreten, denn die Macht der Anarchie greift gewaltig um sich. Die dort herrschende

Demoralisation ist grausenhaft. Die Freisprechung des Charivari ist ein neuer Beleg der dort herrschenden Stimmung.

Geht Graf Appony wirklich während der Vermählungs-
feierlichkeit von Paris fort? Sein Urlaub scheint längst schon
intentionirt. Und wenn eher findet nur das unglückliche Beilager statt. Die Cavalier-Perspective habe ich nicht gelesen.

Die Eisenbahnen nach Mainz sind wohl zu controliren.
Die Gräfin Fernemont hat wirklich dem Grafen Kalkreuth einen
Korb gegeben. Jetzt macht ihr der Hofmarschall Graf Hermann
Pückler den Hof. Die tolle, sentimentale Mutter will die in
den Samen geschossene königliche Tochter nur noch ihrem Charles
de Nagler conserviren. Was treibt der junge Mann jetzt?

Ich muß mir das Militär-Wochenblatt kommen lassen um
die Militär-Veränderungen kennen zu lernen, welche der bevorstehende 30. Mai bringen soll. Man macht jedes Jahr immer
im Voraus viel Geschrei davon.

Weshalb ging nur der brave General Rummel ab? Er zieht
sich auf das Gut seiner Frau bei Cöln zurück. Sie ist die
Tochter eines österreichischen Generals Mylius, der vor einigen
Jahren in Cöln starb. Borckhausen in Würtemberg hat jubi-
lirt. Mit allem hat es wohl seine Ursache.

Wenn eher findet denn die Vermählung in Bieberich statt?
Hr. v. Otterstedt wird dort in seinem ganzen Glanz erscheinen.

Gott mit Ihnen, mein Freund x.

Bern, 1. April 1837.

Lieber Freund!

Tausend Dank für Ihr Interessantes vom 24. v. Mts.
Ich hoffe, Sie wurden von der Grippe verschont. Das abscheu-

liche Winterwetter nach zurückgelegtem Aequinoctium steht der
Rückkehr aller Kräfte furchtbar im Wege.

Hr. v. Sydow wird Ihnen meine Grüße vom 28. gebracht
haben. Aus Paris erfahre ich, daß Georg Fein verhaftet und
in Calais nach England eingeschifft ist. Lizius hatte sich der
Arrestation entzogen, wird aber verfolgt. Strohmeyer ist
unter besondere Aufsicht in Frankreich gestellt. Gärth hat sich
bereits im September nach England eingeschifft. Ludwig Frey
und Breidenstein sollten in Lyon sein und verhaftet werden.
Der eine Breidenstein ist in Neu-Orleans gestorben. Freieisen
hat die Erlaubniß bekommen, sich nach Paris zu begeben und
dort zu bleiben.

Von Aarau geht der Buchhändler Fritz Sauerländer nach
Leipzig und Berlin. Er dürfte zu beobachten sein.

Die Oesterreichische Mission ist angewiesen, dem Langenschwarz keinen Paß nach Oesterreich zu visiren. Auch soll sie
vorkommenden Falls einen Hrn. v. Boethky beaufsichtigen.

Es herrscht viel Lebendigkeit unter den hiesigen Flüchtlingen
und der Propaganda — nur sind sie jetzt bei weitem vorsichtiger.
Sie behaupten, Verbindungen in Rheinbayern und Rheinhessen
zu haben und verdächtigen Gesinnung und Disposition in den
übrigen hessischen Provinzen, sowie in Franken.

Einer der bedeutendsten Revolutions-Apostel schreibt unter
dem 26. Mai, (der Brief liegt im Original vor mir): „Dem
Ganzen gibt das Gefühl der Rache den festesten Zusammenhang!"

Aus Frankreich lauten die Nachrichten sehr betrübt. „Das
Unwahrscheinlichste geschieht," sagt J. v. Müller, und da Napo-
leon die Politik dem Zufall vermacht hat, so können wir auf
Alles gefaßt sein.

Ich werde gestört und kann Sie daher nur herzlich und
in gewohnter treuer Weise grüßen c.

Lieber Freund!

Ihr Schreiben vom 30. v. Mts. kann ich Ihnen erst heute besonders verdanken. Alle die Mittheilungen sind mir nicht nur nützlich, sondern fast unentbehrlich.

Nach der Ansicht des Vororts soll Rauschenblatt in Belgien und Georg Peters in Deutschland sein. Doch daß Letzterer noch vor drei Wochen in Kreutzberg war, darüber besitze ich Beweise. Rauschenblatt war in Paris, hat der propagandistischen Verfolgung beigewohnt und wurde durch den Minister Gasparin weggewiesen. Darauf kam er wieder in die Schweiz und jetzt zeigt man einen Brief von ihm aus Belgien vor, den er sehr füglich hat schreiben lassen können. Der schwarze Schrader hat sich einer Theatergesellschaft angeschlossen.

Glauben Sie mir, das alte Treiben wird fortgesetzt; ihre Pläne haben diese Abenteurer gewiß nicht aufgegeben. Alle jene Arrestationen im vorigen Sommer waren nur Spiegelfechtereien. Die Zahl der noch vorhandenen Individuen dieser Art wird sich erst zeigen, wenn in Frankreich das vive la république! ertönt. Dann haben sie ungehinderte Thätigkeit auf dem hiesigen, der Propaganda so schon offen daliegenden Terrain.

In den Rheingegenden dürften die ultra-katholischen Umtriebe vorsichtig zu beachten sein.

Aus Frankreich hat man immer schlechte Nachrichten.

Daß man von Constanz aus schmuggelt, ist Factum. Was Sie an Details darüber wissen, theilen Sie mir ja mit.

Ich bin sehr neugierig, welche Thätigkeit die Bundesversammlung entwickeln wird. Wenn nur nicht der unglückliche Selbstständigkeitstrieb der Staaten zweiten und folgenden Ranges wäre. Dabei herrscht in den sämmtlichen Ministerien eine Abneigung gegen die Bundestagsgesandtschaften und in diesen theilweis

wieder eine Emancipations-Tendenz. Möglich, daß uns eine
große Krise aus dem Schlaf (dem wachenden) aufwecken kann;
aber erst nach Schaden werden wir klug. Und so lange die
jetzigen süddeutschen Zustände dauern, bleibt das Franzosenthum
auf uns gepfropft.

Schreiben Sie mir ja bald 2c.

Bern, 8. April 1837.

Mit vielem Dank zeige ich Ihnen den richtigen Eingang
Ihres gar gütigen Briefes vom 4. c. an, der mir wegen
Ihrer wohlmeinenden, aber für mich viel zu günstigen Gesinnung große Freude verursacht. Ihr Urtheil ist durch Ihr Wohlwollen für mich zu hoch gestellt — ich thue meine Pflicht —
weiter gar nichts, und da ist nichts außer der Ordnung zu
lohnen — das geht bei uns auch nicht. Deshalb bin ich ganz
in meiner Reihenfolge avancirt. Der Oberst Staff ist seit 17
Jahren, wo wir beide zu Majors befördert wurden, mein
unmittelbarer Vordermann und Brese seit eben der Zeit mein
Hintermann — also seit 17 Jahren die nämliche Leier.

In der That würde ich die Nachricht durch Sie zuerst
empfangen haben, hätte ich nicht vom Oberst Lindheim einige Tage
früher ein Paar confidentielle Zeilen erhalten. Auch Herr
von Otterstedt schrieb mir gestern und ist ganz Liebe.

Minister Ancillon ist dans un marasme complet, hat keinen Schlaf, speit Alles aus, was er ißt. Jetzt geht es zwar
etwas besser, allein Barez findet ihn sehr bedenklich und gibt
eigentlich wenig für sein Leben. Seine Gattin pflegt ihn, wie
man mir schreibt, avec beaucoup d'intérêt.

Sonst nichts Neues aus Berlin.

Eyb ist zu einhalbjähriger Einsperrung und in die Kosten

verurtheilt. Dabei ift er öffentlich als öfterreichifcher Spion bezeichnet, fowie Leffing als preußifcher, dies zu publiciren war der Hauptzweck. Acht Tage fpricht man davon, dann verhallt es.

Schreiben Sie ja recht oft.

Der Ihrige 2c.

––––––

Bern, 19. Mai 1837.

Meine Reife hat mich abgehalten, Ihnen für das letzte Schreiben zu danken. Ich habe mit allen Elementen gekämpft und heute find wir durch fußhohen Schnee beglückt. Der Untergang der Welt ift nahe!

In den eidgenöffifchen Cantonen habe ich alles beftätigt gefunden, was ich den Winter über vorgeklagt. Das Conclufum vom 23. Auguft v. J. ift gänzlich vergeffen und alte und neue Flüchtlinge finden überall willkommene Aufnahme.

Perfönliche Bekanntfchaft, wie auch Furcht vor Rache lähmen die Erfüllung jedes Verfprechens. Die Erfahrungen des vorigen Jahres haben alle Beforgniffe zerftreut. Die Tagfatzung von 1837 wird daher zu keinem andern als formellen Ziele führen und von factifchen Beweifen ebenfo entblößt bleiben, wie bisher.

Die Amneftie in Frankreich,*) die ich durchaus mißbillige, wird nicht ohne fehr nachtheiligen Einfluß auf die Nachbarftaaten bleiben.

Da Graf Maltzahn fchon den 15. c. in Berlin eintreffen follte, General v. Schöler dafelbft auch erwartet wird und Herr v. Werther ebenfalls nach dem Beilager eine Reife nach Berlin unternimmt, fo fcheinen diefe drei Herren die vorzüglichften Can-

––––––

*) Am 9. Mai erließ Ludwig Philipp eine Amneftie für alle politifchen Gefangenen in Frankreich, um einem Angriff der Kammer-Oppofition gegen das herrfchende Syftem zuvorzukommen.

didaten zur Nachfolge des Hrn. Ministers Ancillon zu sein. Von Hrn. v. Nagler ist in der That gar nicht die Rede.

Wie ich vorausgesehen, das Interimisticum zieht sich in die Länge. Hr. v. Jordan zieht sich je eher je lieber von der gegenwärtigen Arbeit zurück. Da die Belgier von neuem den Befestigungs-Plan vornehmen wollen, den wir nicht dulden können, so wird Hr. v. Arnim aus Brüssel wohl auch nach Berlin gehen, und da Graf Königsmark daselbst schon seinen Einzug gehalten und Hr. v. Küster täglich erwartet wurde, so dürften im Juni etwa sieben Gesandte mit Hrn. v. Jordan zu Berlin versammelt sein.

Gottlob, daß Geh.-Rath Eichhorn außer Lebensgefahr ist. Doch dürfte er noch sehr lange nicht arbeiten können.

Hr. v. Salviaty hält auch um Urlaub an.

Abschrift der Lessing'schen Artikel bekomme ich. Aber wie ist die Untersuchung geführt?!!

Die Dame Eyb dürfte jetzt in Frankfurt a. M. oder Mainz sein. Aldinger schimpft jetzt gewaltig auf den preußischen Flüchtling Erhardt, doch sind wahrscheinlich Cratz und Alban die Mörder. Vielleicht wissen Sie auch nur darum und die That ist durch zwei Italiener vollführt. Cratz ist in Frankreich und Alban ruhig in Zürich.

Ist Graf Galen eben wieder auf Urlaub?

Leben Sie wohl, lieber Freund, und schreiben Sie mir ja recht bald.

Herzlich und treu 2c.

Bern, 22. Mai 1837.

Lieber Freund!

Mit dem verbindlichsten Dank habe ich ihre gefällige Zuschrift vom 18. c. empfangen und bitte um die Erlaubniß, die

Beilagen an den Hrn. Staats-Minister v. Nagler Exc. zu befördern. Der Hr. Minister, bedenkend, daß mein Bruder während der Pfingstfeiertage, zur Zeit der Ernennung des Herrn
v. Werther abwesend war, hat die Gewogenheit gehabt diese Bestimmung Sr. Maj. mir mitzutheilen. Diese Aufmerksamkeit
hat mich unendlich gerührt. Ich preise die Wahl Sr. Maj.,
Hr. v. Werther ist ein Ehrenmann und ein guter Preuße, und
alles Uebrige wird sich schon finden. Diese Combination ist nicht
so übel. Arnim aus Brüssel oder Graf Dönhoff dürften nun
nach Paris gehen; weshalb Graf Malzahn nach Berlin so eilig
vorging, weiß ich noch nicht. Der vortragende Rath v. Arnim,
ehemals in Darmstadt, dürfte auf die Vacanz rechnen, welche
durch Besetzung der Stelle in Paris entsteht. Er schrieb mir
letzthin und lud mich ein nach Berlin zu kommen, — dasselbe thut
Hr. v. Nagler, doch ich schiebe die Reise bis zum Herbst auf.

Von hier nichts Neues. Alles beim Alten, doch so still es
zu sein scheint, so wenig schläft das Böse, dessen es so viel hat.
Grade in solchen Zeiten soll man die Minengänge erforschen,
da die Arbeiten daran ungestört fortgetrieben werden.

Schade, daß das, was kommen kann, nicht jetzt schon ver-
wirklicht werden kann, wo eine scheinbare Ruhe obwaltet, und
wo Alles überdacht eingerichtet werden könnte.

Die Madame Eyb wird jetzt in Ihrer Nähe sein. Ihr
Gemahl wird bald folgen, das Ganze ist doch eine grauenhafte
Geschichte, hinter der eine Welt von Unrath liegen mag.

Hr. v. Salviaty geht im Juni auf Urlaub.

Leben Sie wohl, lieber Freund. Herzlich der Ihrige 2c.

Bern, 26. Mai 1837.

Ich habe Ihre beiden Schreiben vom 21. und 22. richtig
empfangen und beklagte schon längst das Hinsterben des ver-

ehrten Minister Ancillon*), von dessen Ableben Sie mir heute
ebenfalls Kunde gaben. Es war ein edler Mensch!

Der Tod der Gräfin Malzahn hat mich tief erschüttert.
Der Verlust ist für den Mann sehr groß und bedeutender als
es den Anschein hat. Sie stand dem ganzen Hausstand vor,
leitete die Erziehung der Kinder und verwaltete jetzt das Vermögen. Dabei ist Malzahn nahe daran blind zu werden. Er
wollte Anfang Mai nach Pirna und im Juni nach Berlin.

Was er jetzt vornimmt, weiß Gott. Die Nachricht hat mich
unendlich betrübt.

Minister Ancillon wird schwerlich schnell ersetzt.

Hr. v. Engelshofen war wieder in Zürich, doch haben
wir ihn schnell erkannt.

Ehb sitzt unweit der Hauptwache im Civil-Verhaft und
hat sich die besondere Protection des Staatsanwaltes zu erwerben gewußt. Das Weib ist leider noch immer in Zürich.

Die öffentliche Meinung scheint sich gegen Craß richten zu
wollen. Ebenso kommt man auf die Lauheit zurück, die sich nach
Lessing's Mord in den ersten Maßnahmen habe erspähen lassen.

Trotz des neuen Ministerii lauten die Berichte von Paris
sehr beunruhigend.

Herzlich, dankbar und treu 2c.

---

*) Johann Peter Friedrich Ancillon, geboren zu Berlin 1767, erst
Prediger bei der französischen Gemeinde, Professor an der Militair-Aka-
demie und Lehrer des damaligen Kronprinzen (späteren Königs Friedrich
Wilhelm IV.), nachher Staatsrath und seit 1818 Director der politischen
Section im Ministerium des Auswärtigen und seit 1832 Minister der aus-
wärtigen Angelegenheiten. In schwierigen Umständen hatte er sein De-
partement übernommen, denn von Außen drohte Krieg, während im Innern
Unruhen möglich waren, aber mit Klugheit und Gewandtheit wußte er das
Beste Preußens zu wahren und den Frieden zu erhalten. Reformen, nicht
Revolution, Alles für, Nichts durch das Volk, waren seine Grundsätze.

Bern, 31. Mai 1837.

Bester Freund!

Ihr Schreiben vom 27. habe ich gestern erhalten und alle Ihre Mittheilungen mit großem Interesse gelesen.

Des Grafen Münch lange Abwesenheit ist unbegreiflich. Auch in Berlin erwartet man den Hrn. v. Werther nicht vor Ausgang Juni — seine Ankunft im Geschäft kann sich daher leicht bis zum Juli c. erstrecken. Es ist wohl möglich, daß man so lange die vacante Stelle unbesetzt läßt. Ueber Graf Maltzahn's Anwesenheit in Berlin weiß ich noch nichts, doch sehe ich darüber bestimmten Nachrichten entgegen. Im Fall Graf Maltzahn den Posten in Wien wirklich verlassen hätte, würde ihn schwerlich der Hr. v. Jordan bekommen haben.

Was Hr. v. Küster in Berlin ambitionirt, weiß ich nicht, ebensowenig ob Graf Königsmark nach Constantinopel heimkehrt.

Hr. v. Brenn hatte schon, bevor ihm das Ober-Präsidium von Magdeburg angeboten war, um seine Entlassung gebeten. Ein großer Theil seines Ministeriums wird wohl zu meinem Bruder übergehen, doch stelle ich mir vor, daß man in dem Personal eine Veränderung belieben wird. Geh.-Rath Bethe hat bisher bei Hrn. v. Brenn dominirt — das würde unter einem anderen Chef nicht gehen, weshalb man vielleicht an einen andern Director denkt. Vielleicht liefert ihn Merseburg. Uebrigens soll von allen bis jetzt beendigten Provinzial-Landtagen der von Merseburg am schlechtesten gearbeitet haben. Mit dem von Polen war man sehr zufrieden.

Von hier ist nichts Neues zu berichten.

Die Antwort auf die schweizerischen Handels-Anträge vom 26. Januar vorigen Jahres sind endlich durch Würtemberg an den Vorort gelangt. Sie befriedigen aber nicht.

Rauschenblatt war am Bodensee. Die Propaganda treibt ungestört ihr Wesen fort.

Hr. v. Otterstedt wird den Hrn. v. Winter ungern von Paris weggehen sehen, falls dieser wirklich aus dem badischen Conseil treten sollte. Hr. v. Otterstedt macht nicht viel mehr. Er scheint in seinem Einfluß an Obstructionen zu leiden.

Leben Sie wohl, lieber Freund. Erfreuen Sie mich ja bald wieder mit Briefen.

Der Ihrige 2c.

Bern, 10. Juni 1837.

Lieber Freund!

Ich bin im Begriffe nach Interlaken zu gehen, um dort eine Kur zu gebrauchen, bis ich Ausgangs Juni nach Luzern wandere. Schreiben Sie nur diesen Monat über ja noch hierher, von wo ich die Briefe schnell erhalte.

Rauschenblatt war in Zürich.

Göbel ist aus England zurückgekehrt.

Georg Peters gewiß in Deutschland, Fein in England, Kombst desgleichen. Des Letztern Briefe sind überspannt; man glaubt, daß er toll werde.

Scharpf ist in Mülhausen Lehrer. Kleinman redigirt den neuen Bauernkalender in Liestal.

Handschuh ist von Aarau fort. Das junge Europa hat — so liest man aus den Briefen aus England — seine Armee in Spanien, Deutschland und Frankreich. Die Amnestie wird von den Flüchtlingen verspottet und verhöhnt, hier wird die Presse gegen Alles, was Ordnung verlangt, stets frecher.

Graf Bonbelles hat Urlaub nach Gastein und tritt ihn nach Eröffnung der Tagsatzung an.

Gräfin Buol wird in Thun erwartet; der Gemahl geht von Stuttgart nach Wien.

Der französische Botschafter ist in Schinznach.

Herr v. Werther dürfte nun schon den Rhein passirt haben.

Der König von Würtemberg begibt sich Anfangs Juli nach Scheweningen, die Königin nach Carlsbad.

Wird der Kronprinz nach Kissingen gehen?

Gott mit Ihnen ꝛc.

————

Interlaken, 19. Juni 1837.

Lieber Freund!

Ihr Letztes vom 13. c. habe ich dankbar genossen und bitte um Fortsetzung.

Des Hrn. v. Werther schnelle Durchreise durch Frankfurt wird nicht gefallen, doch mag man sehr recht gethan haben.

Was die hiesige Propaganda anbetrifft, so ist die dermalige Stille kein Gegenbeweis, daß nicht an neuen Bewegungen gearbeitet werde, zumal, da man weiß, daß nach den letzten, mißlungenen Versuchen man sich darauf einrichtete, künftighin mit mehr Verschwiegenheit zu Werke gehen zu können.

Nach der Allg. Ztg. vom 15. c., Nr. 166, sind in Sardinien Verhaftungen vorgenommen. Die dortige Regierung hat sich immer geweigert, allgemeinen Vorsichtsmaßregeln sich anzuschließen; jetzt muß sie doch Hand anlegen.

Gewißlich, die Propaganda ruht nicht.

Der König von Würtemberg geht den 4. c. nach dem Haag und wohnt daselbst im Hotel de Bellevue. Graf Beroldingen begibt sich unterdessen nach Dresden oder Böhmen. Salviaty hat 2½ Monat Urlaub nach Berlin und Kissingen.

An Personal-Veränderungen in dem Ministerium dürfte sich bis zum Herbst in Berlin noch so Manches zutragen.

Die Untersuchung gegen die Demagogen naht sich in Berlin ihrem Ende. Doch scheint diese Sache gerade jetzt in der Begnadigungs-Instanz große Beschäftigung zu verursachen. Das Kammergericht ist jetzt mit einem Auszuge aus dem Haupt-Urtheil beschäftigt, welcher zur Publicität gelangen soll.

Leben Sie wohl, lieber Freund 2c.

Luzern, 2. Juli 1837.

Lieber Freund!

Mein Bruder wird Freitag, den 7. d., in Frankfurt eintreffen und folgenden Tags dort verweilen und da ich sehr wünsche, daß derselbe Ihre Bekanntschaft mache, so bitte ich Sie gehorsamst, ihm die Einlagen selbst zu überbringen.

Am 9. c. geht mein Bruder nach Wiesbaden 2c.

Wir haben einige Touren in das Gebirge gemacht und sind sehr damit zufrieden.

Frau Gräfin Fernemont sahen wir ½ Tag in Interlaken.

Die Gräfin Hatzfeld war nach dem Berner Fremdenblatt am 30. c. dort von Paris eingetroffen. Die Wahlen zu der Tagsatzung sind sehr schlecht. Uebrigens ist hier das alte Treiben. Von keiner Seite wird gestört. Hr. v. Otterstedt wird wieder in Ihrer Nähe sein.

Mit Don Carlos geht es gut. Aber was wird uns die Thron-Veränderung*) in England bringen! Nichts Gutes. König

---

*) Am 20. Juni starb König Wilhelm IV. von England. Da er

Ernst August von Hannover ist in England ausgepfiffen, wie wird man ihn in seinem Königreiche empfangen?

Leben Sie wohl und schreiben Sie mir bald hierher.

Herzlich und treu 2c.

Luzern, 7. Juli 1837.

Bei des Grafen Münch Anwesenheit in Stuttgart sind die Militär=Angelegenheiten zur Sprache gekommen. In Wien scheint man endlich einzusehen, daß für die Vertheidigung von Süddeutschland durchaus etwas geschehen müsse. Darüber ist man in Stuttgart sehr dankbar, beharrt aber auf Rastadt als demjenigen Punkte, der mit Landau, Germersheim und dem Schwarzwalde die Vertheidigung Süddeutschlands completire. Mit Baden ist man darüber nicht einig, welches in neuerer Zeit an Donau=Eschingen denkt und diesen Ort für den besten strategischen Knoten ansieht. In Stuttgart hat man nichts gegen die Befestigung von Ulm, ausgenommen, daß solche nicht von der schon vorhandenen Summe zu bestreiten sei, und daß die Garnison in Friedenszeiten nicht aus Oesterreichern bestehe.

Ich gehe Morgen auf den St. Gotthard.

Es werden sich viele Flüchtlinge nach Hannover ziehen, hoffend, daß dort etwas zu machen sei.

Herzlich und treu 2c.

keine Kinder hatte, folgte ihm seine Nichte Victoria, einzige Tochter des Herzogs von Kent, nachältesten Sohnes Georg III., auf dem englischen Thron. Hannover ward nach 123jähriger Personalunion von England getrennt. Die Krone von Hannover ging auf den jüngeren Bruder des Vaters der Königin Victoria, den Herzog Ernst August von Cumberland, über, einen Tory vom reinsten Wasser.

Luzern, 16. Juli 1837.

Empfangen Sie den verbindlichsten Dank für die beiden Briefe vom 8. und 9. c., welche mir ein neuer Beweis Ihrer unabläſſigen gütigen Gesinnungen sind, auf welche ich, wie Sie wiſſen, einen so großen Werth lege. Der Prinz Wilhelm hatte ebenfalls die Gnade, mir unterm 10. c. zu schreiben, als er soeben von den Meinigen auf dem Dampfſchiff Abschied genommen hatte. Der zweite Leſſing soll ein Maler Behringer sein, der sich zu Thun aufhält und jedenfalls ein zweideutiges Weſen iſt; ich werde über ihn nähere Auskunft erhalten.

Sonſt fällt nichts Wichtiges vor.

Ich war jenseits des Gotthard und habe viel Schönes gesehen, ohne hier etwas versäumt zu haben.

In der Lombardei sieht man nur Soldaten und Polizei-Officianten. In Piemont iſt man sehr behinderlich rückſichtlich der Päſſe, aber ohne Resultat.

Graf Malzahn wird jedenfalls in Tepliz sein und die Carlsbäder gebrauchen.

Der Tod des Ober-Hof-Marschalls Freiherrn v. Malzahn, den ich längſt befürchtet, hat mich betrübt, ich war mit seiner Familie seit langen Jahren sehr befreundet.

Am Rhein haben Sie ja viele hohe Freunde.

Daß mein Bruder sich mit Graf Münch verſtändigt, iſt mir sehr lieb.

Leben Sie heute wohl; ich kam erſt geſtern Abend nach acht sehr angeſtrengten Tagen zurück und fand viel Arbeit.

Herzlich der Ihrige ꝛc.

Luzern, 21. Juli 1837.

Ihr gefälliges Schreiben vom 17. c. habe ich dankbar erhalten. Sie sind meine beste Quelle und deshalb betrachte ich Sie als einen wahren Wohlthäter. Ich wünsche dem Grafen Galen in Brüssel Thätigkeit. Uebrigens ist es passend, daß daselbst nur ein Geschäftsträger bestellt wird, da auch ein solcher belgischer Seits in Berlin ist. Aber nun hat Herr v. Sydow zwei Chefs?

Rauschenblatt hat aus Belgien geschrieben, daß er nach Hannover gehen wolle. Sein Landsmann Schrader wird in seiner Nähe sein.

Von dem Könige Ernst August habe ich nichts Besseres erwartet. Die Mitte von Deutschland verdient alle Aufmerksamkeit.

Hr. v. Radowitz zeigt sich wohl nur aus persönlichen Rücksichten seinem hohen Gönner in Rußland?

Daß man sich mit den Vertheidigungs-Maßregeln Deutschlands beschäftigt, ist weise und nothwendig, doch muß dieser Artikel endlich Namen und Form bekommen.

Hr. v. Blittersdorff geht nach Kissingen und Böhmen.

Heil über Don Carlos!

Hier nichts Neues. Es herrscht keine positive Gesinnung, die Convenienz und Laune des Tages regiert.

Treu und ergebenst 2c.

Luzern, 25. Juli 1837.

Man spricht hier von einem sog. Manifest des 2c. Rauschenblatt, worin er seine Genossen auffordert, sich nach Hannover zu begeben. Ich habe dies Actenstück nicht gelesen. Viele der politischen Abenteurer sind in Spanien. Stolzmann hat sich aber wieder in der Schweiz und zwar in der Gegend von Biel gezeigt. Alle Blicke sind auf Hannover gerichtet. *) Don Carlos geht, Gottlob! vorwärts. **)

Von meinem Bruder hörte ich lange nichts.

Oesterreich gibt keine Amnestie.

Herzlich und treu 2c.

Luzern, 31. Juli 1837.

Lieber Freund!

Ihre Schreiben bis einschließlich desjenigen vom 26. d. Mts. habe ich dankbar erhalten. Hier ist Rumor unter den Flücht=lingen. Ugori und andere Italiener kauften Waffen, und Stolz=mann, welcher als Abgeordneter des jungen Polens ein sehr gefährliches Mitglied der Propaganda ist (s. Bericht von Roschi S. 13, 14, 54, 64 und 101) hat sich gegen-

---

*) Am 28. Juni zog Ernst August in Hannover ein, nahm die Ab=ordnung der Stände zu seiner Begrüßung nicht an, löste die Ständever=sammlung auf, da er das hannöver'sche Staatsgrundgesetz nicht anerkannt habe. Da dies Staatsgrundgesetz im 13. Artikel verfügte, daß ein Regent, bevor er sich huldigen lasse, der Landesverfassung unverbrüchliche Treue gelobe, so erklärte Bürgermeister Stüve von Osnabrück in der Kammer, er glaube nicht, daß Ernst August, da er die Verfassung noch nicht beschworen, die Regierung bereits angetreten habe. Der König berief sich darauf, daß man seine Genehmigung bei Einführung des Staatsgrundgesetzes nicht ein=geholt habe. Er entließ die constitutionellen Minister und ernannte den Geheimen-Rath v. Schele zum Kabinets-Minister. v. Schele unterzeichnete das Patent vom 5. Juli, worin Ernst August seinen Regierungsantritt verkündigte und erklärte, daß das Staatsgrundgesetz von ihm niemals an=erkannt und nicht bindend für ihn sei, und daß er ein neues, den Bedürf=nissen des Landes mehr entsprechendes Grundgesetz geben werde.

**) Die Karlisten unter Cabrera drangen auf Madrid vor. Esparzero stand ihnen gegenüber.

wärtig durch einen Bürger von Biel an den französischen Botschafter gewendet, um zur Reise durch Frankreich nach England auf gleiche Weise, wie seinem Freunde Mazzini eine solche Begünstigung zu Theil geworden, einen Paß zu erhalten. Der Herzog von Montebello hat dem Ansuchen eines Individuums, auf welches die Bestimmung des Conclusums vom 23. Aug. v. J. volle Anwendung findet, nicht entsprochen, aber seinem Gouvernement mit dem Hinzufügen Meldung davon erstattet, daß ein so gefährliches Mitglied der politischen Umwälzungs-Partei jetzt in England vielleicht schädlicher sein dürfte als in der Schweiz.

Dem Vernehmen nach ist vorgedachter Antrag des ec. Stolzmann durch neuerlich aus England eingegangene Briefe veranlaßt, wohin man die Flüchtlinge dringend einladet, um sie mit Geld und Instructionen zur Reise über Hamburg nach Deutschland zu versehen. Im Allgemeinen ist sichtbar unter allen noch in der Schweiz vorhandenen Flüchtlingen Bewegung.

Was die Allg. Ztg. und der Deutsche Courier über die Hannöversche Angelegenheit schwatzen, scheint mir sans réplique; allein das Verfahren des Königs von Hannover betrachte ich als im Widerspruch mit dem Rechtsprincip, der Achtung für die Autorität des Bundes und der politischen Solidarität aller deutschen Staaten, welche drei Punkte ich für die Grundpfeiler aller gesunden Politik in Deutschland halte.

Für die constitutionellen deutschen Staaten ist dieser Umstand sehr übel, und am Ende werden sie nothgedrungen ihre Unterthanen über die Möglichkeit eines ähnlichen Verfahrens beruhigen müssen. In Baden waren schon die Gemüther in Unruhe gerathen, doch erwarten sie dort auf einmal von dem so vielfach angefeindeten Bund das Beste. Gut benutzt, verdient dieser Umstand alle Beherzigung.

Hr. v. Arnim ist wohl nun officiell für Paris bestimmt,

Graf Galen mit Hülfe des jungen Balan*) provisorischer Geschäftsträger in Brüssel. — Hr. v. Otterstedt fils geht nach München. Graf Bernstorff bleibt in Paris. Hr. v. Buch hat die Carrière verlassen. Graf Redern dürfte gewiß nach Darmstadt ꝛc. kommen.

Herzlich und treu ꝛc.

Bern, 1. August 1837.

Ihre Mittheilung vom 29. v. M. erhalte ich soeben und danke für Alles darin.

Der Geldquelle des Eyb nachzuspüren ist sehr übel und besser, wenn Zürich darüber nichts erführe.

Die Nachspürung der Flüchtlinge geht hier sehr lau. Die Tagsatzung glaubt nicht daran, daß in der That die Sperre eintreten werde, und doch wird es dazu kommen, ich wünsche es sogar, weil alsdann radical aufgeräumt werden kann. Rottenstein ist im Elsaß arretirt. Kombst und Peters waren in Rheinfelden und wurden an der Thurgauer Grenze, statt verhaftet zu werden, nur zurückgewiesen. Fein mag im Elsaß sein, wo er verhaftet wird. Harro Herz ist gewiß noch in der Schweiz; auch Mazzini. Doch halte ich's nach eben eingegangenen Nachrichten nicht für unmöglich, daß Rauschenblatt die französische Grenze bei Genf passirt.

Daß sich die Central-Commission mit den schweizerischen Verhältnissen eifrigst beschäftigt, ist sehr gut.

Sehr nützlich würde es sein, wenn vidimirte Abschriften von Briefen über die Theilnahme des Professors Louis Snell mir zugeschickt werden könnten.

Es würde möglich sein, darauf ein gehöriges Verfahren

*) Jetzt Unterstaatssecretär im königlichen Ministerium der Auswärtigen Angelegenheiten in Berlin.

gegen ihn zu erlangen. Doch ist Eile nöthig. Die hiesige
Behörde ist erbötig, jede vidimirte Angabe zu benutzen, und
daß es geschieht, darüber werde ich wachen.

Fürst Wittgenstein schreibt mir, daß der König bis 11.
in Teplitz bleibt. Se. Maj. trinkt auch Kissinger Wasser.

Von Bülow's Abberufung weiß ich nichts, doch wird er
aus eignem Antriebe sich nicht zurückziehen.

Da es dem Grafen Witzleben besser gehen soll, so bleibt
er wohl bis ganz zuletzt im Ministerium.

Von Gruner wird es schwer sein, etwas zu erfahren.

Mir geht es besser. ·

Herzlich und freundschaftlichst 2c.

Luzern, 4. August 1837.

Soeben von einer Excursion über Zürich, Constanz,
Schaffhausen zurückkehrend, finde ich Ihre drei Briefe vom 29.
und 31. v. und 1. d. M. Sie beschämen mich durch Ihre
freundliche aufmerksame Güte. Aus Coblenz habe ich Nachricht.
Meine Schwägerin hat sich bei Gelegenheit einer Partie nach
Ober=Lahnstein eine dicke Nase und meine arme kranke Schwester
eine Armquetschung zugefügt. Doch beruhigt man uns dar=
über. Von den Reisenden aus Mainz weiß ich keine Sylbe.
Kommen Sie hierher, was ich im Stillen vermuthe und aus
früheren Andeutungen fest hoffe, so werde ich mich kindisch
freuen. Die Tagsatzung soll Sie nicht geniren.

Gestern Abend traf der Churfürst von Hessen mit Ge=
mahlin und vier Wagen in Schaffhausen in der Krone ein.
Ich reiste heute von dort ab und legte die 24 Schweizer
Stunden mit vier relais in 11 Stunden zurück. Ich erwarte
morgen Hrn. v. Meyendorff und Graf Buol aus Stuttgart,
die heute wahrscheinlich bei schlechtem Wetter auf dem Rigi sind.

Unter den Flüchtlingen ist viel Bewegung. Mathy ist aus der Schweiz nach Paris geeilt. Die Italiener sind noch sehr unruhig. Man wüthet auf mich, daß ich den Paß für Ugoni zurückwies.

Also Hr. v. Spiegel, Regierungs-Präsident von Coblenz, geht nach Düsseldorf. Graf Stollberg als Ober-Präsident nach Magdeburg.

Sonst weiß ich nichts. Entschuldigen Sie die Eile.

Herzlich und treu ꝛc.

Luzern, 17. August 1837.

Lieber Freund!

Ihre freundlichen und stets sehr interessanten Mittheilungen bis inclusive derjenigen vom 10. c. habe ich dankbar erhalten und bitte um Fortsetzung. Hier gibt es nichts Neues.

Ueber die Flüchtlinge schreibe ich Herrn Kreisgerichtsrath Mathis mit dem Anheimgeben, Hrn. v. Sydow und Ihnen davon Mittheilung zu machen.

Louis Bonaparte reiste über Hechingen unter dem Namen Robinson.

Es reisen viele Polen.

Ober=Präsident v. Bonin war zwei Tage bei uns. Er reist entweder nach Italien oder Frankreich und will sich in Genf entscheiden.

Gott mit Ihnen ꝛc.

Luzern, 28. August 1837.

Ihr gefälliges Schreiben vom 24. c. hat mich dankbar gestern erfreut.

Meine Briefe aus Berlin reichen bis zum 19. c., wo mir Fürst Wittgenstein schreibt, daß es noch ungewiß sei, ob wegen Cholera-Besorgniß die beabsichtigten Manövers in großer Ausdehnung stattfinden werden. Der König von Würtemberg wohnt daselbst im Gasthause und tritt als Graf Teck auf. Alles wird geschehen, um Sr. Majestät die Anwesenheit angenehm zu machen, doch ist es problematisch, ob der König nach Berlin sich begibt, wenn die Cholera um sich greift.

Graf Tschoppe leidet seit der Grippe an bösem Husten und trinkt Salzbrunnen in Görlitz, dem Fürsten ist seine Abwesenheit sehr unangenehm.

Mein Bruder *) wollte heute in Neuhausen sein und sich einige Tage ausruhen.

Hier sind die Handwerker in Bewegung. Ein bei M. Meyer in Luzern gedruckter Aufruf an die deutsche Jugend ist Folge der wandernden Emission der Propaganda. Sie wird gewiß nach Deutschland colportirt.

Ehestens mehr davon.

Herzlich und dankbar 2c.

Luzern, 4. September 1837.

Euer Wohlgeboren sehr interessantes Zuschreiben vom 1. c. habe ich heute erhalten. Die Cholera tritt allerdings ungemein heftig in Berlin auf; ich habe keine Nachrichten von den Meinigen, bin daher in großer Sorge.

Es ist in der Schweiz ein Aufruf an die Einwohner Hannovers gedruckt, ich spüre ihm nach.

Das Reisen unter Belgiern und Polen ist beachtenswerth.

---

*) Staatsminister Gustav Adolf Rochus von Rochow, geb. 1792 zu Neuhausen bei Rathenow. Gestorben den 11. September 1847 zu Aachen.

Daß Dieffenbach aus London wieder in Zürich eingetroffen ist und sich öffentlich zeigt, schrieb ich ja wohl schon.

Die entscheidende Stunde scheint in Spanien noch nicht geschlagen zu haben.

Es wäre nicht weise, wenn der König von Würtemberg sich nach Berlin begeben wollte. Graf Beroldingen wurde am 30. Mai in Stuttgart erwartet.

Dem Hrn. v. Salviati wird die Cholera und die Nichtankunft des Königs von Würtemberg sehr desappointiren. Den Aufenthalt der Gräfin Fernemont in Frankfurt a. M. während des Winters haben Sie der Cholera zu danken. Hr. v. Blittersdorff wollte den 6. in Carlsruhe sein.

Die Schweiz will mit den süddeutschen Staaten keinen modus vivendi und keinen Vertrag auf die jetzigen Vorschläge, sondern neue Unterhandlungen. Dafür stimmten 18 und zwei halbe Stimmen. Argau, Thurgau und St. Gallen wollen Retorsions-Maßregeln. Die sind aber nicht möglich und bloße Schreckschüsse, durch welche man sich nicht irre leiten muß.

Sonst geht es nicht gut in der Tagsatzung zu.

Herzlich und treu 2c.

Peter Porcia, Buchdrucker aus Augsburg, ist der Verbreiter aufrührerischer Papiere.

Luzern, 7. September 1837.

Tausend Dank für die gefällige Mittheilung vom 1. September.

Hr. v. Thun im Vergleich zu Hrn. v. Canitz ist wie ein Maulwurfshaufen zu dem Montblanc.

Er hat artige Formen, wird ein gutes Haus halten und

sich in nichts einlassen, wodurch er befürchten könnte, er möchte seine Person compromittiren.

Die Cholera ist verdammt heftig. Außer Dieffenbach, der schon hier ist, sind noch Fein und Balz von England unterwegs.

Herzlich, dankbar und treu c.

Bern, 25. September 1837.

Lieber Freund!

Ihr Schreiben vom 20. habe ich gestern über Luzern erhalten, von wo ich Tags zuvor eintraf.

Die Aufruhr-Proclamationen, so aus der Schweiz nach Hannover geschickt, sind in Luzern gedruckt und wahrscheinlich von Schüler verfaßt. Gelpke aus Hannover, Bürger von Basel-Landschaft, gab die Adressen an.

Auswärts widmet man diesem Gegenstand wenig Interesse, ich habe mein Möglichstes gethan, um in Luzern zu verhindern, daß das Conclusum vom 23. August v. J. nicht aufgehoben werde; doch ich fürchte, daß es dennoch geschieht. Keiner meiner Collegen konnte mich unterstützen; haben meine Rathschläge Erfolg, so ist es ein unerwartetes Glück.

Die revolutionäre Masse der regenerirten Cantone war auf der diesjährigen Tagsatzung sehr compact.

Die Frauen Fresenius sind in Freiburg mit einem Frankfurter Flüchtling unter fremden Namen, der bei der Straßen-Bau-Commission angestellt ist und dem man das Bürgerrecht geben will, um die eine Fresenius zu heirathen.

Georg Fein hat noch 10,000 Frcs. de France bei Stumm in Basel stehen..

Es lohnt in Süddeutschland kaum der Mühe, daß Preußen gefällig ist, zumal wenn es mit Opfern verbunden ist.

Zu dem Bau der 4. Bundesfestung wird es schwerlich je kommen. Man denkt nicht gern an die Zukunft und an mögliche widrige Ereignisse und überläßt sich daher lieber seinem guten Geschick. Bei einer solchen Tendenz kann die Politik keine Seide spinnen.

Wenn es wahr ist, daß Graf Münch im October Frankfurt verläßt und die Ferien anfangen, dann sind die Geschäfte auf ein Jahr wieder vertagt.

In Hannover avancirt man rückwärts.

Der Himmel bewahre uns vor unseren Freunden.

Gott mit Ihnen 2c.

Bevey, 5. October 1837.

Lieber Freund!

Ihr Schreiben vom 25. ist mir über Luzern und Bern nach Genf geschickt, wohin ich auf einige Tage gegangen war. Jetzt, nachdem ich eine Excursion in Wallis gemacht, kehre ich in den nächsten Tagen über Freiburg zurück.

Der Tod des Herzogs Carl von Mecklenburg thut mir sehr leid. Die Details, die ich von seinem Testament, seinen Briefen an den König und Kronprinzen gehört, haben mich sehr gerührt. Er war gewiß viel besser und weniger falsch und intriguant als man geglaubt. Seine feste und gute Gesinnung, seine Erfahrungen und seinen Geist wird man noch oft schmerzlich vermissen.

Ich glaube wohl, daß General der Infanterie Müffling nun Präsident des Staatsraths und noch etwas mehr werden dürfte.

Was macht denn Hr. v. Otterstedt in Frankfurt am Main? Man sagt mir — aber nicht aus Stuttgart, — daß der Prinz Wilhelm von Oranien die zweite Tochter des Königs von

Würtemberg heirathen werde. Er scheint sich auch in Carlsruhe umgesehen zu haben. Jarke gibt dem Erbprinzen von Nassau Unterricht im Staatsrecht.

Von hier kann ich Ihnen nichts Neues vorlegen. Das Flüchtlings-Conclusum ist in Bestand geblieben. Ich darf mir wohl das Resultat anmaßen, denn die Details, welche mehrere Cantone ermächtigen, sich gegen die Vorschläge des Vororts zu opponiren, gab ich.

Aus Wien kam sehr lange nichts.

Aus Berlin gerade, was nöthig ist. Mit der zweiten Abtheilung bin ich stets sehr zufrieden über die Pünktlichkeit des Geschäftsgangs.

Graf Münch geht nun bald nach Wien und dann ruhen die Geschäfte in Frankfurt, also auch die Festungsfrage. Bei solchem Gange kann die Politik keine Seide spinnen.

Sehr begierig bin ich den Schlußbericht des Hrn. Kreis-Gerichts-Rath Mathis kennen zu lernen, ich hoffe doch, ihn zu erhalten.

Welches Aufsehen machte denn die neue Preußische Verordnung über Druck-Angelegenheiten?

Gott mit Ihnen.

Herzlich und treu 2c.

Bern, 11. October 1837.

Heute danke ich für die gefälligen Zuschriften vom 2. und 7. c. Alles, was Sie mir sagen, ist mir neu und interessirt mich. Ich höre Otterstedt reden! also er kutschirt gut mit Blittersdorff? Seine Augen verfolgen diesen aber schwerlich. Die Urtheile der lauten Freiherren beruhen auf persönlichen Eindrücken.

Die Fremden-Controle läßt in Hinsicht auf Einrichtung und Führung in Süddeutschland gar Vieles zu wünschen übrig, und dennoch ist es nothwendig an den Grenzen der Schweiz wachsam zu sein. Constanz ist völlig geeignet, die Verbindung der Demagogen mit denen in der Schweiz gehörig zu unterhalten. Stephani wandert fast täglich aus dem Thurgau auf badisches Gebiet.

Ich schicke jetzt die Lessing'schen und Eyb'schen Acten nach Berlin. Das Urtheil in der Ernst Schüler'schen Sache befindet sich schon daselbst.

Bis jetzt glückte es mir, ungeachtet des bösen Willens allhier, alle dergleichen Documente zu erlangen.

In Rheinbayern ist noch immer viel Zuneigung zu dem unheilvollen Nachbarstaat; diese zu zerstören ist schwer und wird der Regierung von München nicht so leicht gelingen. Auch sind die dortigen Bewohner oppositionssüchtig.

Auch Würtemberg hat vom Geist der Revolution mannichfache Berührung gefunden.

Graf Dönhoff paßt sich ganz gut nach London. Wo bleibt aber Bülow? Er würde ein trauriges Geschenk für die Administration sein. Wer soll nach München?

Arnim's Krankheit hat mir sehr leid gethan.

Den alten abgetragenen, oberflächlichen westphälischen Auditor mit französischer Affectation, für alles Fremde geneigten Charles Martens *) als Resident für Weimar finde ich unpassend. Hr. v. Nagler hat ihn in seinem Budget gewiß los sein wollen. Er war ganz unbrauchbar.

Ich habe in sehr huldvollen und, ich darf sagen, freund-

---

*) Carl von Martens, Diplomatiker, Oberst und großherzogl. sächs.-weimarischer Gesandter in Paris. Auch Schriftsteller. Ueber ihn: Denkwürdigkeiten aus dem Leben eines alten Officiers. Leipzig 1848. 8°.

lichen Ausdrücken des Hrn. Chefs einen dreimonatlichen Urlaub erhalten. Zuerst werde ich einige Wochen in Stuttgart
bleiben. Was in Frankfurt und Stuttgart zu wünschen und
endlich vielleicht anzubahnen ist, müssen Sie so gut sein, mir
zusammengestellt zu schicken.

Anfang November werde ich die Schweiz aber verlassen.

Herzlich und treu 2c.

Bern, 17. October 1837.

Ihr verehrliches Schreiben vom 13. beantwortend, beklage
ich die Hemmnisse, welche in Frankfurt allem guten Gedeihen sich
entgegenstemmen. Sowie die Sachen jetzt betrieben werden, kann
nichts Ordentliches emporkeimen.

Der Materialismus und der falsche Glaube, daß man dadurch die Leidenschaften beschwichtige, begraben alles Rechts-
und Ehrgefühl, sowie jeden Funken einer noch etwa vorhandenen guten Gesinnung.

Man wird natürlich von dem preußischen Censur-Edict so
viel als möglich pecuniären Nutzen in Süddeutschland ziehen.
Was gedruckt, verbreitet, geschmiedet 2c. ward, ist gleichgültig;
wenn nur die Steuern gut eingehen und man den Ständen
ein erträgliches Budget vorlegen kann.

Von Consolidirung in Bayern will ich noch nicht recht
etwas vermerken. Die Administration ist zu schlecht.

Ist Wallerstein confus? Im Geschäftsgang herrscht Lang-
samkeit. Die Gerichtsverfassung ist erbärmlich. Dagegen bildet
man sich gewaltig viel ein.

Was soll auch in dem Personal unserer Civil-Verwaltung
bei uns viel geschehen? In der Armee sind manche Stellen

vacant. Im Civil noch viele überflüssig. Es wäre wahrscheinlich, wenn Hr. v. Bülow London verließe, doch paßt er sich
nicht nach Aachen.

Hr. v. Olfers bekommt, wie man mir schreibt, die Aufsicht eines Theiles des Museums. Man huldigt dadurch den
Verdiensten des alten Stägemann, und wird ihn aus dem Ministerium der Auswärtigen Angelegenheiten los.

Hr. v. Arnim muß noch leidend sein.

Unsere Officiere in Compiègne und Paris sind sehr distinguirt. Ich hatte Briefe von Einigen v o r i h r e r A b r e i s e
von Paris.

Elldinger vulgo Eyb ist noch in Altkirchen. Ich erwarte
Nachricht für seine Reise.

Fr. v. Fraschet passirt Sonnabend hier durch. Sie reist
mit dem Gelde ihrer Verwandten aus Lyon. Es waren dies
Jahr viele Franzosen in der Schweiz. Cousin ist verschwunden.
Hier war er nicht.

Nordberg's Reise ist mir sehr begreiflich und ich billige sie
wirklich, ja sie war nothwendig.

Herzlich und treu ꝛc.

<hr />

Bern, 5. November 1837.

Lieber Freund!

Ich reise heute über Luzern, Aarau und Basel nach Stuttgart und werde wohl kaum in Carlsruhe mich aufhalten. Herr
v. Otterstedt sieht das nicht gern und ich mache mir nichts
daraus. Was Sie mir für Stuttgart wissen lassen wollten,
schicken Sie mir ja. Ich werde mich dort mit den Protokollen
des Bundestages und den von Hrn. v. Salviaty aus Berlin
geschickten Instructionen beschäftigen, demnächst dem Unwesen

9

einer heillos verderblichen Presse und den ökonomischen Instituten meine Aufmerksamkeit widmen.

Jeder Wink aus dem Centralpunkte Frankfurt ist mir daher von Wichtigkeit.

In Luzern hat der Vorort willkürlich die politischen Flüchtlinge Carl Matthy aus Mannheim, Carl Preller aus Offenbach und Jos. Freieisen aus Frankfurt am Main von der Liste der zur Freilassung bestimmten Individuen gestrichen.

Der italienische Flüchtling Mazzuchelli hat sich in Regensperg, Canton Zürich, eingebürgert.

Siebenpfeiffer ist nicht in Afrika, sondern hier. Wilhelm Snell war im Großherzogthum Baden ohne einen Paß dahin gehabt zu haben. Hr. v. Winter und Hr. v. Beust, Otterstedt's Freunde, passen schlecht auf.

Ueber die Aufruhr-Proclamation, so aus der Schweiz nach Hannover geschickt war, habe ich unter dem 28. v. Mts. auf Grund erhaltener Anweisung einen langen Bericht gemacht.

Leben Sie wohl und vergessen Sie mich nicht.

Der Ihrige.

Treu und ergebenst 2c.

Stuttgart, 24. November 1837.

Lieber Freund!

Herzlichsten Dank für Ihr sehr interessantes Schreiben vom 15. Hier wartet man die Dinge wegen Hannover ab. Mir gefällt die anscheinende Ruhe nicht.*)

*) Am 1. November hatte König Ernst August die bisher vertagte Ständeversammlung für aufgelöst, das Staatsgrundgesetz vom 26. September 1833 für aufgehoben erklärt und zugleich eine neue Verfassung ver-

Der König hatte dem Fürsten Metternich, dem englischen Botschafter Sir Fr. Lamb und Graf Malhahn in Carlsbad versprochen, nichts zu thun.

Der Graf Mulinen, diesseitiger Gesandter in Paris, flößt bei seinem Hofe kein Interesse ein, man ist nicht mit ihm zufrieden und wahrscheinlich wird er abgerufen.

Graf Redern passirte vorgestern hier durch nach Carlsruhe, wo er bei dem Hrn. Onkel ausruht.

Was ist nur in Cöln vorgefallen? Was wissen Sie davon?

Aus der Schweiz nichts Beachtenswerthes. Rauschenblatt war in Straßburg.

Können Sie sich nicht recht bald bei vernünftigen und zuverlässigen preußischen Postbehörden erkundigen, welchen Weg man von Frankfurt am Main nach Magdeburg einzuschlagen hat. Ob über Cassel oder über Gotha und so nach Aschersleben und Magdeburg. Mir liegt daran, sehr genau Nachricht über den Zustand der Straßen, Entfernung und Nachtquartier für eine Winterreise zu erhalten.

Für den Fall, daß meine Frau früher als ich nach Frankfurt kommt, nehme ich Ihre Güte in Anspruch wegen eines Quartiers bei Gouvernon im Englischen Hofe.

Leben Sie jetzt wohl und schreiben ja recht bald Ihrem Freunde 2c.

heißen, die mit den nach dem Wahlmodus von 1819 zu berufenden Ständen vereinbart werden sollte. Alle königlichen Diener wurden von dem auf die Verfassung von 1833 geleisteten Eide entbunden. Die sieben Göttinger Professoren Albrecht, Dahlmann, Ewald, J. und W. Grimm, Gervinus, Weber erklärten, sie müßten sich fortwährend durch ihren Eid auf die Verfassung von 1833 für gebunden erachten und würden an einer Wahl nach dem Gesetz von 1819 nicht Theil nehmen. Sie wurden ihres Amtes entsetzt; Dahlmann, J. Grimm und Gervinus noch außerdem des Landes verwiesen, da sie sich durch Verbreitung der Protestation des Verbrechens der Aufwiegelung schuldig gemacht hätten.

Stuttgart, 8. December 1837.

Herzlichen Dank für Ihr Schreiben vom 3. c. Ich werde mich in Frankfurt über den einzuschlagenden Weg entscheiden. Ihre gefälligen Notizen sind mir aber von großem Nutzen.

Wegen der vierten Bundesfestung am Ober-Rhein corre-spondiren noch Bayern und Baden. Letzteres hat sehr gut geantwortet. Dem König Ludwig ließ ich nicht à cheval den Rhein; seine historische Politik gefällt mir nicht.

Ueber die Vorgänge am Rhein ist man in München sehr ungehalten. In Wien lamentirten die Frauen besonders. Dem Fürsten Metternich war es auch sehr unlieb. Prinz August, der über die Dauer der Quarantaine in Triest sehr ungehalten gewesen, ist in Wien sehr gut aufgenommen worden. Fürst Metternich hat noch Vermittelung haben wollen, doch war es zu nöthig zu handeln.

Das Wichtigste ist, daß am Rhein Alles ruhig ist.

Die N. Würzbgr. Ztg. wird von Hrn. Zander, der lange in Irland war, redigirt. Thatsächlich arbeitet Pfeilschiffter hinter den Coulissen. Auch Oettle, früher Lehrer des Königs Otto und der immer noch sehr einflußreiche Staatsrath von Grandauer. Schändlich ist die Brockhaus'sche Allg. Ztg., die offenbar gegen Preußen arbeitet mit Hülfe von Varnhagen, Laube und Gutzkow, der vorläufig nach Hamburg gegangen. Von dort schreibt der sehr gescheidte Wurm, gebürtig aus Hamburg. Des Dr. Weil Contract mit Frankreich geht mit dem 1. d. M. zu Ende. Er bekommt monatlich 1000 Francs durch die hiesige Hofbank. Das jüdische Miasma ist überall zunehmend. Der Zeitgeist huldigt nur dem Erwerb. Idee, Begeisterung und Poesie sind in Ungunst.

Der Herzog Alexander von Würtemberg trifft heute hier

ein von Ellwangen. Er bleibt mit seiner Gemahlin zwei bis drei Tage hier.

Meine Frau wird nach Maßgabe ihrer Abreise von Baden unmittelbar an Gouvernon schreiben. Doch empfehle ich sie Ihrer Güte. Sie wird Ihnen ihre Ankunft wissen lassen.

Ich werde wohl den 13. oder 14. in Frankfurt eintreffen. Herzlich der Ihrige 2c.

Carow bei Genthin, 24. December 1837.

Lieber Kelchner!

Ich darf bei dem gütigen Interesse, welches Ihre Freund= schaft mir so wohlthuend widmet, annehmen, daß es Ihnen lieb ist zu hören, daß wir am 22. bei guter Zeit hier an= gelangt, nachdem wir mit Regen, Sturm, Schnee, Frost und Glatteis gekämpft. Meine arme Frau kann zwar immer noch nicht den Arm gebrauchen, allein wir fühlen uns sehr glücklich in der Heimath. Ich beabsichtige den 28. nach Berlin zu gehen und werde von dort schreiben.

Graf Galen hat den Abschied erhalten, weil er die Er= klärung der preußischen Regierung in der Staatszeitung nicht in die belgischen Blätter setzen lassen wollte, vorgebend es streite dies gegen sein Gewissen; dessen hat ihn Se. Majestät gänzlich überheben wollen. Der Verlust ist nicht sehr groß.

Hier zu Lande ist Alles gut, die Stimmung tröstlich, die Gesinnung redlich. Man erkennt die Thätigkeit der Regierung überall an.

Meine Frau bittet um Besorgung der Beilage.

Haben Sie nie etwas von einem polnischen Flüchtling gehört, der sich Müller nennt? Er soll damit umgehen, ein Manuscript drucken zu lassen, durch welches der König von

Hannover, die Fürsten Taxis arg compromittirt werden. Ich glaube, daß ein solches aus München kommt und traue es dem Langenschwarz zu.

Schreiben Sie ja bald nach Berlin.

Herzlich ꝛc.

Berlin, 10. Januar 1838.

Herzlichen Dank für Ihre beiden Sendungen, ich befinde mich noch immer im Trubel der Visiten und Diners; heute trifft meine Frau ein; auf dem Lande befand dieselbe sich ziemlich wohl.

Hr. v. Salviati ist zwar zum Minister-Residenten ernannt, allein mein Verhältniß zu dem Stuttgarter Hof bleibt dasselbe, und die Eröffnungen, die dem Hr. v. Salviati bei Verleihung dieser äußeren Auszeichnung gemacht, sind von der Art, daß seine Carrière als beendet betrachtet werden muß.

Hr. v. Bülow geht heute Abend nach London, und Herr v. Seckendorff wird den Hrn. v. Sydow bald ablösen und Sie letzteren ehestens wieder in Frankfurt a. M. besitzen.

In der Cölner Sache bleibt man fest, was auch von Außen kommen mag.*)

Sie werden sich über manchen guten Artikel in der Allg. Ztg. gefreut haben, sie sind von Hrn. v. Usedom.

Die Veröffentlichung der Staatsschrift mit Zusätzen wird ehestens erfolgen. Hr. Geh. Rath Eichhorn ist mit Geschäften überladen.

---

*) Cardinal-Secretär Lambruschini hatte am 25. December 1837 an Bunsen erklärt, daß die Curie erst nach Wiedereinsetzung des Erzbischofs in seine Funktionen auf weitere Unterhandlungen mit der preußischen Regierung eingehen könne. Die Görres'sche Demagogie machte aus Droste einen Athanasius.

Des Hrn. Chefs Excellenz habe ich sehr wohl gefunden und der Hr. v. Nagler hat mich mit dem gewohnten Wohlwollen empfangen. Diesen ausgezeichneten Staatsmann fand ich ganz unverändert; ich rechne darauf, später mehr von seiner belehrenden Unterhaltung Vortheil ziehen zu können.

Der Ihrige 2c.

Berlin, 30. Januar 1838.

Mein lieber Freund!

Ich kann Ihnen nicht gerade bezeichnen, was mich abgehalten hat, Ihnen für die letzte Mittheilung zu danken, doch wird mich mein Urlaubs-Aufenthalt entschuldigen und Sie wohl meiner unwandelbaren Erkenntlichkeit versichert sein.

Hier steht Alles gut. In der katholischen Angelegenheit*) wird man fest und consequent bleiben. Es ist möglich, daß wir Hrn. Geh. Leg.-Rath Bunsen ehestens wieder hier besitzen; wer die Agentur in Rom dann übernimmt, scheint unentschieden.

Der König gab gestern das diplomatische Dejeuner und

---

*) Der Erzbischof von Cöln, Droste-Vischering, hatte vor seinem Amtsantritt und noch am 1. März 1837 der preußischen Regierung die Zusage gemacht, die Trauung bei gemischten Ehen vorzunehmen, ohne das Bekenntniß zu verlangen, daß sich die Kinder zur katholischen Religion bekennen müßten. Er entband sich aber selbst von dieser Zusage und verbot den Geistlichen seiner Diöcese, gemischte Ehen einzusegnen, wenn nicht die Kinder katholisch würden. Die preußische Regierung ließ ihn festnehmen und nach Minden führen. Sie milderte später ihr Verbot, den Brautleuten ein Versprechen bezüglich der Confession der Kinder abzunehmen, dahin, daß nur das Abnehmen eines förmlichen Versprechens untersagt sein, eine bescheidene Erkundigung, wie es in dieser Beziehung gehalten werde, den Geistlichen jedoch freistehen solle. Dagegen blieb der Erzbischof von seinem Amte entfernt. Der König hatte erklärt, derselbe werde den Cölner Dom nie wiedersehen, und wenn er 100 Jahre alt würde.

Se. Maj. war — Gott sei Dank — sehr wohl und kräftig. 270 Personen waren eingeladen.

Für heute ist eine Schlittenfahrt des Kronprinzen; ich muß auch mitfahren, doch habe ich für nichts zu sorgen, da der Kronprinz mir Schlitten, Vorreiter 2c. gibt.

Hrn. v. Radowitz werde ich ehestens selbst schreiben.

Hr. v. Nagler ist — Gottlob — wohl und wie früher mein hochverehrter und theurer Gönner. Se. Excellenz sind thätig und verkannt, wie es bei so hohem Verdienste nicht fehlt.

Die Frau Ministerin ist auch sehr wohl.

Mit treuer Anhänglichkeit 2c.

Jeserig bei Brandenburg, 2. März 1888.

Lieber Freund!

Ich habe Ihnen nicht einmal gedankt für das letzte gefällige Schreiben, wiewohl dessen Inhalt von hohem Interesse für mich war. Wenn Sie aber gefälligst bedenken, wie Carneval, Familie und eigene Geschäfte meine Zeit in Berlin, wo man stets gestört wird, in Anspruch nahmen, so darf ich hoffen, Sie werden meine Saumseligkeit entschuldigen.

In der erzbischöflichen Angelegenheit bleiben wir fest; wir werden den Kampf fortsetzen und ihn lediglich aus dem Gesichts= punkte der Wahrung der Rechte des Staates behandeln — d. h. denselben auf dem staatsrechtlichen Gebiete betreiben. Von Restitution des Erzbischofs ist nicht die Rede. Durch Schwäche würden wir eine höchst bedauerliche Niederlage er= leiden, und deshalb sind uns Kraft und Consequenz unent= behrlich. *)

------

*) In der That sprach sich ein Erlaß des preußischen Cultusministers an den rheinischen Oberpräsidenten für die Aufrechterhaltung der bisherigen

Diese Angelegenheit wird aber so bald noch nicht ab=
gethan sein. Der Preßunfug in Bayern über diesen Gegen=
stand ist die nächste Folge und auch dieser Incidenzpunkt wird
uns Unannehmlichkeiten verursachen.

Ob wir diese Sache lediglich als Klage eines Bundes=
gliedes gegen ein anderes betrachten und nicht lieber vis à vis
von Bayern im Wege der europäischen Macht sprechen sollen,
lasse ich dahingestellt sein. Wird diese Differenz vor den Bund
gebracht, so wird sie dem hochwürdigen Hrn. General viel
Mühe und Sorge verursachen und ich bin noch nicht einig: ob
— ungeachtet die Gesetzgebung für uns spricht — nicht die Mög=
lichkeit erdacht werden kann, uns die Majorität zu entreißen.

Was hören Sie denn von der vierten Bundesfestung?
Wie haben sich über diesen Punkt die drei süddeutschen Staaten
geeinigt?

Hrn. v. Sydow erwartet man bald in Berlin. Er wird
wohl einige Tage in Berlin behufs mündlicher Instructionen
bleiben, und um von ihm zu hören, wie es eigentlich in
Brüssel ꝛc. steht.

Die Artikel in der bayerischen Preßunfugs=Klage hat meist
Hr. v. Usedom gemacht. Er bleibt wohl im Ministerium.

Wer Hrn. Bunsen in Rom ersetzen soll, ist noch nicht be=
stimmt. Der junge Hr. v. Werther geht in kurzer Zeit nach
Paris ab. Nach Petersburg geht Hr. v. Schleinitz.

Um Beförderung der Beilage bitte ich dringend und
empfehle mich hochachtungsvoll.

Praxis und gegen die päpstlichen Allocution aus, und der preußische Ge=
sandte in Rom, Bunsen, ward angewiesen die freundschaftlichen Anerbie=
tungen, zu denen man sich der Curie gegenüber herbeigelassen, zurückzuziehen.

Berlin, 17. März 1838.

Lieber Freund!

Ihren Brief vom 10. habe ich gestern über Brandenburg erhalten und eile, Ihnen für Alles zu danken.

Unser vortrefflicher Hr. General-Postmeister und Staats-minister v. Nagler war mehrere Tage unwohl und hat sich sogar vorgestern einen Zahn ausziehen lassen. Noch gestern hatte ich, — leider zu kurze Zeit, — die Auszeichnung, diesen verehrten Staatsmann zu sprechen. Se. Excellenz sind ganz unverändert derselbe, und auch in dem Wohlwollen gegen alte Bekannte bleibt der Hr. Minister sich gleich. Der Hr. Sohn ist in Cöln, arbeitet bei der Regierung und bereitet sich zum Examen vor.

Von hier kann ich Ihnen nichts Neues melden. Aus München ist noch nichts angekommen. Ich stimme nicht dafür, daß man die Klage über den Preßunfug vor den Bund bringe. Unnöthige Qual für General Schöler und von dem Resultat verspreche ich mir nicht viel.

Die Catholica machen viel Arbeit und nehmen die Thätig-keit unseres Ministeriums fast ausschließlich in Anspruch. Auch aus Wien war noch keine Antwort über diesen Punkt.

In Oesterreich sieht man übrigens die ganze neue katho-lische Tendenz in Bayern nicht gleichgültig an. Cotta soll von der Donau die Weisung erhalten haben, möglichst wenig über die Sache zu publiciren, das ist aber jetzt zu spät.

In dem halbofficiellen Artikel der Allg. Augsb. Ztg. vom 26. Februar c. liegt die dermalige Gesinnung des Königs von Bayern*) und seines Ministeriums. Diese Sprache des Pro-

*) München, 20. Febr. Ein an die königlichen Stellen ergangenes Rescript ordnet, wie ich höre, an, daß die hiesige politische Zeitung aus

tectors der streitenden Kirche ist auffallend. Sie stimmt ganz mit der Würzburger Polemik überein. Hier schweigt Alles von der vierten Bundesfestung. Die drei süddeutschen Mächte sind nicht einig über Rastadt. Ich besorge, daß das „Ob" über das „Wo" vergessen werde.

Die Verhandlungen in der würtembergischen Kammer über den Hochverrath, den die Opposition möglichst unschuldig schildern will, zeigen, wohin die Wünsche und Hoffnungen der Liberalen sie stets noch führen.

---

den Regiefonds angeschafft werden dürfe, und gewisse amtliche Bekannt-machungen in besagtes Blatt eingerückt werden sollen. Das Blatt selbst gewinnt unter der einsichtsvollen Leitung eines tüchtigen Redacteurs und durch Unterstützung der bedeutenden hier vereinigten Männer der „streiten-den Kirche" eine immer festere Haltung. Es ist ein Parteiblatt im vollsten Sinne, aber wo die Parteidiscussion mit so viel Charakter, Geist und Kenntniß geführt wird, da darf man sich anderwärts nicht darüber beklagen, wenn man sich nicht dem Worte des Dichters aussetzen will:

Jene machen Partei, welch unerlaubtes Beginnen!
Aber unsre Partei freilich versteht sich von selbst.

Noch ungerechter wäre es, wegen des Geistes der Polemik, die von hier, wie von Würzburg und Aschaffenburg ausgeht, die Regierung anklagen zu wollen, die hier nichts anderes thut, als daß sie den Katholiken wie den Protestanten dieselbe Freiheit der öffentlichen Rede gewährt, die wir in einigen andern deutschen Staaten blos von den Protestanten geübt sehen. Wenn die preußische Regierung bald erkannte, daß hier beiden Religions-parteien mit gleicher Wage gewogen werden müsse, so ist das bayerische Gouvernement mit diesem Beispiel vorangegangen. Niemand, der z. B. im neuesten Nürnberger Correspondenten das strenge Urtheil gegen Görres und seinen Athanasius liest, wird glauben, daß eine Censur, die dies, oder in der Allg. Zeitung den Aufsatz „über die europäisch-publicistische Seite der Cöln'schen Frage" gestattete, eine parteiische, ausschließlich im katho-lischen Sinn geübte sei. Statt eines Tadels wird man also die höchste Anerkennung einem Benehmen schenken müssen, dem die Erkenntniß zu Grunde liegt, daß dem Geiste hier das edle Maß der Freiheit, das

Das radicale Portefolio ist entweder durch Lizius oder Zacharias Albinger zur Oeffentlichkeit gebracht.

Hr. v. Sybow ist auf einige Tage nach Pommern gegangen. Er kehrt in jedem Falle nach Frankfurt zurück, wo er nöthig sein dürfte. Man weiß hier seine Brauchbarkeit völlig zu würdigen. Mein Bruder sehnt sich sehr nach Hrn. Gerichtsrath Mathis. Sein Nachfolger Hr. Gerichtsrath Strampf ist ein distinguirter, gescheidter und wohlgesinnter Mann.

Leben Sie wohl. Grüßen Sie Hrn. v. Radowitz und Gerichtsrath Mathis.

---

ihm gebührt, nicht vorenthalten werden darf, und daß, wenn man ihm nicht gewaltsam und unnatürlich andere Fesseln, als die des Anstands und der Würde anlegen will, er auch am sichersten durch Kampf den Weg zum Frieden finden wird. Man frage nach in den rheinischen und westphälischen Landen, ob dort nicht viele dumpfe Verbitterung und brütende Entfremdung sich gelegt habe, seitdem man ihnen das Siegel vom Munde genommen und ihnen gestattet hat, in freier Wechselrede den andern Staatsgenossen zu sagen, was sie fürchten, was sie hoffen und was sie wünschen. Mag auch in den ersten Ausbrüchen noch manche Leidenschaftlichkeit, manche Verirrung sich mit einmischen — sie straft sich rasch, selbst in dem eigenen Gefühle dessen, der sich ihrer schuldig macht, denn nirgends oder hier, in diesem freien Wirken des Geistes auf den Geist ist der Achillensspeer, der keine Wunde schlägt, ohne sie auch zu heilen. Möchte dies nicht mehr verkannt werden in Deutschland, und man wird die Nation, wenn auch bewegter, doch freudiger, stolzer, zufriedener mit sich selbst und allen ihren Verhältnissen nach oben wie nach unten finden, als durch irgend ein Verbot, irgend einen Zwang je zu erreichen wäre. Man blicke auf die Ergebnisse der letzten Jahre, man fühle an die bald schleichenderen, bald gesundheitskräftigeren Pulsschläge des deutschen Lebens, und man wird das Gesagte bestätigt finden; man wird stolzer auf ein Volk sein, das aufhört, nach dem Ausland hinüberzuschielen, so wie es den höhern Reichthum, den es in sich trägt, nicht blos erkennen, sondern auch gebrauchen darf. Wer möchte dieses mächtigen Zaubers, mit welchem jede Furcht auswärtiger Parteiung gebannt werden kann, freiwillig sich begeben?

Stuttgart, 16. Mai 1838.

Lieber Freund!

Indem ich dem Hrn. General v. Schöler Einiges über Hrn. Bunsen mittheile, der vielleicht schon in Berlin sein kann, will ich mir nicht das Vergnügen versagen, Sie bestens zu grüßen und Ihnen für alle erneute Gefälligkeit und Freundschaft zu danken, die Sie mir in Frankfurt erzeigten.

Ich bin der Empfänger so vieler Aufmerksamkeit und vermag niemals zu vergelten, was ich so herzlich gern thun würde.

In Berlin hatte man neue Nachrichten aus Posen.*) Nicht: Ja, nicht: Nein! Aber ein Mittelding, mit dem die dortigen Gemüther sich beruhigen wollten.

Sollte wohl der König von Bayern in Aschaffenburg sich eines Andern besonnen haben? Man schreibt es aus Wien. Hr. v. Schleinitz hat kein Vertrauen dazu.

Die Partei der Ultramontanen in München ist nicht zahlreich, aber sehr mächtig.

Abel liegt täglich mehrere Stunden auf den Knien in der Kirche, bis er Fremde am Hofe sieht.

Graf Münch muß nun schon bei Ihnen sein. Ich bin begierig zu hören, was dieser ausgezeichnete Mann mitgebracht.

Der König von Würtemberg reist den 20. ab und ist über Nürnberg, Hof und Dresden am 23. in Berlin. Die Prinzessinnen Marie und Sophie gehen über Würzburg, Gotha und Leipzig, und treffen den 24. ein. Der König will zum 4. zurück sein.

Ich reise Montag von hier ab. Bis dahin höre ich noch von Ihnen.

---

*) Ueber den Erzbischof Dunin, welcher sich Droste-Bischering angeschlossen hatte.

Erinnern Sie ja Radowitz an Clausewitz.

Ich bin sehr zufrieden mit der Ernennung von Neumann und Below zum Kronprinzen.

Was wissen Sie von Sydow?

Hr. v. Trott war den 13. in Aschaffenburg.

Der Großherzog von Baden geht nach Scheveningen.

Die Prinzessin von Oranien trifft mit dem Kaiser Nikolaus in Teplitz zusammen.

In Frankreich sieht es übler als je aus.

Die Umtriebe des Clerus aus Bayern nach Westphalen und Rheinprovinz sind sehr lebhaft.

Gott mit Ihnen 2c.

Baden, 24. Mai 1838.

Lieber Freund!

Ihren Brief vom 19. habe ich dankbar hier empfangen und dadurch die Bestätigung erhalten, daß man in Berlin darauf besteht, gegen Bayern zu klagen. Ich ändere meine ursprüngliche Ansicht nicht und fühle, daß man jetzt après coup sogar Mittel heraus vindicirt, um uns nicht einmal bezüglich der N. Würzburger Ztg. Recht zu verschaffen.

Sollte Hr. v. Münch nicht Absicht haben und Auskunftswege schaffen, um dem fatalen Conflict zu begegnen. Aber selbst schon die Absicht der Klage schadet uns sehr. Wir ruiniren uns grundsätzlich.

Lassen Sie ja von sich und den Frankfurter Verhältnissen und von den diesseitigen Maßnahmen hören. Denken Sie auch an die Bundestags-Protokolle nach Bern.

Hrn. v. Otterstedt fand ich sehr aufgeregt. Er ist mit

allen Leuten zerfallen. Alles ist persönlich. Eine geheime Intrigue gegen seinen Einfluß.

In den Händen von Vater und Sohn Otterstedt und von Salviati sind die Beobachtungen von Süddeutschland. Durch deren Brillen sieht man in Berlin!!

Erinnern Sie Radowitz an Clausewitz und grüßen Sie ihn, auch Hrn. v. Sydow.

Mein Bericht aus Frankfurt wird in Berlin nicht gern gesehen sein. Möchte ich doch nicht Recht behalten. Wie denkt denn Hr. v. Sydow?

Gott mit Ihnen 2c.

***

Bern, 7. Juni 1838.

Herzlichen Dank für die gefällige Zuschrift vom 31. v. Mts. Man hat sowohl in Berlin als in andern Orten Deutschlands gegründete Hoffnung, daß es zuletzt doch noch gelingen werde, den Streit mit Bayern ohne Dazwischenkunft des Bundes zu schlichten. Ob sich Preußen aber mit der freiwilligen Entfernung des Hrn. Zander befriedigt finden wird, lasse ich dahin gestellt sein. Schon die Intention der Klage hat uns unendlichen Schaden gethan.

Ich glaube bestimmt, daß die Kaiserlichen Herrschaften nach Bayern gehen. Der Kaiser soll mit sehr viel Klarheit und großer Ruhe die politischen Verhältnisse Europas beurtheilen und von der Nothwendigkeit der Erhaltung der Einigkeit in Deutschland durchdrungen sein. Man versichert, daß Se. Maj. sehr gut unterrichtet sei.

Es findet besonders große Vertraulichkeit zwischen dem Kaiserlichen und Kronprinzlichen Ehepaare statt.

Der König von Würtemberg hat sich überaus gescheidt benommen und gefiel mit seinen Prinzessinnen allgemein.

Das Protokoll ist angekommen.

Hr. v. Otterstedt hat sich in völlig feindliche Stellung zu Hrn. v. Blittersdorff gesetzt.

Mit dem Kaiserlich österreichischen Gesandten wechselt er kein Wort, weil dieser nicht preußisch ist.

Solche Verhältnisse befördern das gute Vernehmen der Bundesstaaten unter sich.

Wie zeigt sich der Hr. v. Dönhof und wohin wendet er sich oder überhaupt welcher politischen Richtung scheint er sich anzuschließen?

Erinnern Sie doch gefälligst Hrn. Metzler, daß er meinen Wein so nach Luzern absendet, daß derselbe Ausgangs Juni bestimmt dort ist.

Hr. v. Radowitz schickt wohl den Clausewitz zu jener Zeit nach Luzern.

Ich gehe in acht Tagen nach Interlaken um meine Brunnenkur zu beginnen. Ihre Briefe treffen mich aber hier bis zum 2. Juli, wo ich in Luzern bin.

Ihr Freund 2c.

Luzern, 16. Juni 1838.

Lieber Freund!

Nachdem ich so lange nichts durch Ihre wohlthätige Hand gehört, erlaube ich mir Sie zu fragen, wie es Ihnen geht. Mit wahrer Trauer vermisse ich Ihre sonstigen, mir fast unentbehrlichen Mittheilungen.

Die beifolgende Anlage erbitte ich mir nach gemachter Durchsicht zurück. Sie wird für Sie nichts Neues enthalten.

Hier findet das bekannte Getriebe statt. Es ist nichts zu thun; blos zu beobachten und nach Hause zu warnen.

Der Layti'sche*) Proceß gab neue Aufschlüsse über die innern Zustände Frankreichs. Alles scheint auf die Möglichkeit einer früheren oder späteren militärischen Revolution in Frankreich hinzudeuten, unter dem Einfluß der Napoleoniden mit Hilfe der Masse junger Unterofficiere und unter Anschluß aller republikanischen Bestandtheile. Auch in der Schweiz kann man über diesen Gegenstand interessante Beobachtungen anstellen.

Es ist Thatsache, daß die Napoleoniden mit den Demagogen in genauer Verbindung stehen, und daß eine französische Partei in den Rheinlanden existirt, welche in dem Gelingen jener kühnen Pläne die Erfüllung ihrer Wünsche sieht, während das französische Losungswort und vermittelnde Princip zwischen Napoleoniden und Republikanern in: „Bis an den Rhein" besteht. —

Nach den gegen mich gemachten Aeußerungen des Grafen Schulenburg-Klosterode, der auf seiner Reise von Wien nach Genf mich besuchte, geht Fürst Metternich schwerlich nach dem Johannisberg.

Ist es wohl wahr, daß sich Lucian Bonaparte im Großherzogthum Baden angekauft hat?

Geben Sie mir bald Nachricht und lassen Sie mir die angenehme Hoffnung, daß Sie sich meiner — wie früher — freundschaftlichst erinnern.

Unwandelbar derselbe 2c.

---

*) In Folge seiner Broschüre wurde Lieutenant Layti, Theilnehmer an dem Straßburger Attentat, zu 10000 Fr. Geldbuße und fünfjährigem Gefängniß verurtheilt.

10

Bern, 19. Juni 1838.

Mein lieber Kelchner!

Ich habe mit vielem Danke die Protokolle der Bundesver=
sammlung erhalten, aufmerksam gelesen und weiter geschickt. Von
allen Seiten wird mir gesagt, daß man noch an eine Umgehung
der Preußischen Beschwerde gegen Bayern glaube.

Aus Stuttgart höre ich, daß der König von Würtemberg
sehr aufrichtig zufrieden von Berlin zurückgekehrt, und besonders
glücklich über die gute Aufnahme der Prinzessin. Mit dem
Könige hat er über die katholische Angelegenheit mehrere Unter=
haltungen gehabt. Der Kaiser scheint sich sehr correct, besonders
mit Bezug auf Deutschland ausgesprochen zu haben. Er habe
keinen Beruf und keinen Wunsch, sich in diese Angelegenheiten
zu mischen; predigte übrigens Einigkeit und Festhalten an
den bestehenden Instructionen, nachdem dieselben nun einmal da
seien. Die Festungsfrage konnte in Berlin nicht erledigt wer=
den; schwerlich wird dies in Teplitz der Fall sein.

Haben Sie wohl die Verhandlungen in der französischen
Deputirten=Kammer vom 14. über die Flüchtlinge gelesen?

Es ist nicht unwahrscheinlich, daß der Kaiser Niko=
laus bis an den Bodensee geht.

Vom 1. Juli an treffen mich Ihre etwaigen stets sehr
willkommenen Mittheilungen in Luzern.

Herzlich und treu ꝛc.

Luzern, 21. Juni 1838.

Lieber Freund!

Erzeigen Sie mir doch den Gefallen, mir recht bald zu
sagen, welche Bewandtniß es habe mit dem durch die Zeitungen
verkündeten Einberufen der Kriegs=Reserven des 8. Armee=Corps.

Wie steht die belgische Sache?

Und die Hannövrische??

Von den Erfolgen der Reise des Prinzen Wilhelm am Rhein verspreche ich mir nicht viel.

Ich kenne den Herrn und weiß, wie er über gewisse Dinge denkt, um mich über diese Reise freuen zu können.

Kommt der Fürst Metternich wirklich nach dem Johannisberge? Ich fürchte, nicht.

Herzlichst der Ihrige ꝛc.

Interlaken, 26. Juni 1838.

Ich danke Ihnen herzlichst, lieber Freund, für die gefällige Zuschrift vom 22. c. Gottlob, daß die Sache mit Bayern ausgeglichen ist. In Berlin, d. h. in unserm Ministerium erkennt man nicht andere Verdienste an, sondern schreibt sich selbst alle guten Folgen zu.

Der Kaiser von Rußland hat sich in jeder Beziehung vortrefflich und edel ausgesprochen. In Deutschland empfiehlt er Einigkeit und Erhaltung dessen, was man nun einmal habe. Bayern tadelte er scharf.

Der Kronprinz geht den 28. über Fürstenstein nach Marienbad. Die Kronprinzessin bleibt in Dresden. Die Kaiserin wird zu der Zeit, wo der Kaiser und König mit Fürst Metternich in Teplitz sind, jenen Ort passiren und sich nach Krakau begeben. Der Kaiser wird nur überall wohlthätig einwirken.

Der Schluß der württembergischen Kammer erfolgt am 2. k. M., dann geht der König von Württemberg nach Wiesbaden. Die Heirath der Prinzessin Sophie mit dem Erb-

prinzen von Oranien scheint ausgemacht. Von einer zweiten
Vermählung ist nicht die Rede. Der Herzog von Braunschweig
hat nicht gefallen. Die Königin von Würtemberg geht über
Tyrol, Venedig und Mailand nach Friedrichshaven. Der
Kronprinz ist leider nach Triest abgereist. Es ist möglich, daß
der Kaiser von Rußland bis zum Bodensee geht.

Denken Sie ja oft an mich. Am 1. Juli treffe ich in
Luzern ein.

Herzlich und treu 2c.

Luzern, 10. Juli 1838.

Lieber Freund!

Herzlich danke ich Ihnen für das Schreiben vom 4., das
ich gestern bei meiner Rückkehr vorfand, als ich von einer Entrevue mit Gen.-Lieut. Pfuel zurückkehrte. Die Nachricht, daß
Graf Malzahn mich besuchen will, freut mich unendlich und ich
habe denselben heute nach Basel ersucht, bei mir zu wohnen,
da ich ihn mit allem, was mit ihm reist, sehr gut aufnehmen
kann. Am 5. passirte er Carlsruhe auf der Reise nach Baden
und sprach Hrn. v. Blittersdorff.

Dieser hat das Großkreuz des Leopold-Ordens bekommen.
Er findet darin eine Billigung der vom Großherzog befolgten
Politik und des ruhigen Ganges der dortigen Angelegenheiten und
hofft, daß man diese Auszeichnung anderwärts in keinem andern
Sinne aufnehmen und vorzüglich der Voraussetzung nicht Raum
geben wolle, als sei er deshalb Oesterreich unbedingt ergeben,
weil er zugleich mit dem österreichischen auch das preußische
System zu befolgen sich beeifere.

Von Teplitz aus soll man dem König von Hannover sehr
ernste Vorstellungen gemacht haben. Ich verspreche mir keinen

großen Erfolg davon. Diese Reclamationen von dem Bunde werden immer wieder von Neuem auftauchen.

Wie sieht es nur mit der belgischen Frage aus? Sie scheint sich — so weit ich zu sehen vermag, und das ist freilich nicht weit — elend dadurch zu compliciren, daß Frankreich Opposition für Belgien macht. Alles wird davon abhängen, in wie fern England festhält und die Territorial-Ausgleichung nach den 24 Artikeln zum Vollzug gebracht wissen will. Der Bund wird nicht zurückkönnen! Das Bundesterritorium muß her=gestellt werden.*)

Aus Berlin nichts Neues.

Hier beschäftigt uns Louis Napoleon.**) Die Schweiz wird sich weigern und die guten Cantone selbst sein Verlangen zu unterstützen Anstand nehmen, da man auf ein Durchsetzen des französischen Gouvernements um so weniger Vertrauen setzt, als

---

*) König Wilhelm von Holland hatte zwar auf Wunsch der General-staaten das Londoner Protokoll vom 14. October 1831 am 14. März 1838 unterzeichnet, obwohl dasselbe den Holländern die alten holländischen Gren-zen gegen Belgien nicht zugestand. Doch blieb noch die Differenz der Staatsschuld zwischen Belgien und Holland auszugleichen, und die Sym-pathien Frankreichs für Belgien und der nordischen Höfe für Holland drohten jeden Augenblick diese locale Frage zu einem europäischen Conflict anzufachen.

**) Ludwig Napoleon war aus Amerika auf Schloß Arenenberg zurück-gekehrt und focht in einer von Laity herausgegebenen Broschüre die Rechte des Königs Ludwig Philipp auf die französische Krone an, indem er sich für den einzig berechtigten Thronerben erklärte. Das französische Cabinet verlangte die Ausweisung des Prinzen aus der Schweiz; der Canton Thur-gau leistete aber dem Begehren keine Folge, da der Prinz Cantonsbürger sei. Als französische Truppen an die Grenze rückten und die Schweizer sich rüsteten, verließ der Prinz freiwillig die Schweiz, um nicht Veranlassung zu einem Kriege zu werden. Die Schweizer haben ihm durch stete treue Anhänglichkeit gelohnt.

dasselbe bei so vielen Gelegenheiten auf halbem Wege umgekehrt ist und sich mit Wenigem — um nicht Schimpflichem zu sagen — begnügt hat.

Die Schweiz wird daher so lange sich opponiren, bis sie Ernst sieht, und dann auf dem Bauche kriechen.

Es geht eine Deputation nach Mailand, die aber erst nach dem Krönungsacte eintrifft.

Gen.-Lieut. Pfuel bleibt bis zum 22. in Neufchatel.

Leben Sie wohl. Möge es Ihnen stets recht wohl gehen.

Treu und ergebenst 2c.

<hr>

Luzern, 17. Juli 1838.

Lieber Freund!

Ich habe vom 13. c. an zwei Tage den Besuch von Graf Maltzahn mit seiner Tochter gehabt. Sie wohnten bei mir und ich habe dieselben ganz genossen.

Vorgestern begleitete ich sie über den Brüning nach Meyringen und trennte mich gestern Morgen von ihnen, nachdem ich den werthen Gästen eine Reiseroute durch die Schweiz gemacht. Sie sind heute in Thun und gehen bis nach Chamouniq und treffen den 28. Abends in Mailand ein.

Graf Maltzahn ist vortrefflich, sehr gereift und zum Staatsmann herangebildet.

Es ist mir, als wenn ich in Teplitz gewesen, so vollkommen hat er mich orientirt.

Von hier weiter nichts Neues.

Graf Maltzahn grüßt und schätzt Sie ausnehmend. Auch über diesen Punkt sind wir einig.

Herzlich der Ihrige 2c.

<hr>

Luzern, 28. Juli 1838.

Lieber Freund!

Der Eingang Ihres Schreibens vom 21. c. hat mich sehr betrübt und thut es mir herzlich leid, Sie in so trauriger Stimmung zu wissen. Möchte die Ursache physischer Natur und Sie bald wieder aufgerichtet sein.

Nach Allem, was man liest und hört, scheint in den Rhein-Provinzen doch eine große Gereiztheit zu herrschen und dabei eine Art Unbehaglichkeit. Vielleicht mögen die belgisch-holländischen Angelegenheiten das Interesse von der kirchlich-katholischen Frage abgelenkt haben, allein dieser Zustand bleibt höchst beachtenswerth.

Mit Rom scheint nur ein Waffenstillstand zu herrschen. Ein Mehreres ist nicht möglich — Frieden können und dürfen wir auch gar noch nicht schließen. In Posen haben alle Verhandlungen mit dem Erzbischof, die unglaublichste Milde und Geduld am Ende doch zu nichts anderm geführt, als dahin, daß gegen den alten Prälaten die Criminal-Untersuchung hat eröffnet werden müssen.

Ich höre, daß es möglich seine werde, dem Hrn. v. Droste bald einen andern Aufenthalt anzuweisen.

Ich habe die Note des Grafen Luxberg vom 10. v. Mts. und diejenige unseres Hrn. Chefs Exc. vom 17. Juni gelesen, durch welche die bayerische Preßsache formell erledigt worden. Durch den ungeheuren Mißgriff, die Sache an den Bundestag gebracht zu haben, mußten wir freilich mit selbst solcher Beseitigung zufrieden sein. Sie wissen, wie ich über das Tadelnswerthe dieses Beginnens geurtheilt. Es war — meiner schwachen Ansicht nach, der größte Staatsfehler, den man begehen konnte: hervorgegangen aus der unglaublichsten Verblendung, gebilligt von nur zwei Personen, dazu angethan, um eine Spaltung

Deutschlands und ein offenes Auseinandergehen Oesterreichs und Preußens herbei zu führen, auch dann, wenn der Bundestag, wider alles Erwarten, sich für uns erklärt haben würde.

Diese Uebel mit allen ihren unberechenbaren Folgen also waren unzertrennlich und welche Vortheile konnte Preußen erlangen, selbst dann, wenn wir den Proceß am Bunde gewonnen hätten. Ich sage dreist: keinen!

Wie ich erfahren, ist der Kaiser Nikolaus über die deutschen Verhältnisse sehr gut unterrichtet und ich glaube, daß man deren richtige Würdigung sowie diejenigen der Politik gewisser Höfe dem Hrn. v. Meyendorff in Stuttgart zuzuschreiben hat. Ebenso klar kennt er die Zustände in Wien und den großen Steuermann. Er hat sich in Berlin davon überzeugt, wie man es dort für das größte europäische Unglück halten würde, wenn eine Erkaltung oder gar Entzweiung der beiden Großmächte Deutschlands eintreten könnte, woran, Gottlob! nicht zu denken ist. Ohne ein Zusammenwirken und Zusammenhalten Oesterreichs und Preußens ist keine Einigkeit Deutschlands möglich und der Kaiser ist tief davon durchdrungen, daß diese durch Oesterreichs und Preußens Zusammenhalten bedingte Einigkeit Deutschlands der europäischen Politik Rußlands wie Deutschlands Eigenwohl unentbehrlich und als einzig denkbare Garantie des europäischen Friedens zu denken sei.

Was hat nur Bunsen*) so lange in München gemacht?

Sehr begierig bin ich, die Protokolle Nr. 15 und 16 zu lesen und preise des ausgezeichneten Grafen Münch Geschicklichkeit.

Geben Sie mir bald Nachricht von sich selbst. Diese Ergüsse sind nur für Sie allein. Herzlich und treu 2c.

---

*) Bunsen hatte in Folge der Verwicklung mit Rom seine Entlassung von dem römischen Gesandtschaftsposten am 1. April 1838 erhalten. Vgl. die interessanten Details bei Nippold, Leben Bunsen's. Leipzig, Brockhaus 1868. S. 498.

Luzern, 7. September 1838.

Lieber Freund!

Ich habe Ihr letztes Schreiben vom 21. v. Mts. in Friedrichshaven erhalten, und hierher zurückgekehrt, eile ich Ihnen herzlichst zu danken. Ich fand eine sehr gnädige und wohlwollende Aufnahme an dem königlich Würtembergischen Hofe und hatte das Glück den edlen Kaiser von Rußland dort zu sehen. Die Reise nach Berlin hat günstig gewirkt. Ebenso die des Kaisers von Rußland in Deutschland. Man begreift jetzt, daß Einheit in Deutschland das Hauptbedingniß des europäischen Friedens ist. In allen Ländern gibt es Männer, die dies tief fühlen.

Die würtembergische Abstimmung in der hannöverschen Sache ist schlecht.

Jetzt habe ich den Grafen Max Hatzfeld bei mir. Gestern beehrte mich der Erbgroßherzog von Strelitz.

Ich bin sehr pressirt und habe Ihnen blos danken und mich Ihrem Gedächtnisse zurückrufen wollen.

Gott mit Ihnen 2c.

Luzern, 26. September 1838.

Lieber Freund!

So lange vermisse ich Ihre werthen Schriftzüge und Ihre freundlichen Mittheilungen, daß ich mich gedrungen fühle, wenigstens nach Ihrem Befinden theilnehmend zu fragen, hoffend, daß es Ihnen gut ergehe.

Hier sind wir noch immer in der Bonaparte-Angelegenheit. Er will fortgehen, allein er soll nicht wieder kommen, darum handelt es sich, und wenn Frankreich die Sache

ernftlich will und kann, wie es den Anfchein hat, dann wird
fie auch troß Kriegsgefchrei und Volks-Verfammlungen der
fchweizerifchen Radicalen, ungeachtet des anti-nationalen Geredes
der franzöfifch-dynaftifchen Oppofition, gründlich durchgeführt
werden. Jedes Nachgeben und jede Schwäche verfchlimmert
nur die hiefigen Zuftände.

Ich habe hier den Grafen Redern gehabt und den Grafen
Haßfeld, welcher letzterer heute in Paris ankommen dürfte.
Erfterer hat eine charmante Frau; für fich fcheint er mit
Niemand als mit fich felbft zufrieden.

Graf Haßfeld dagegen ift ein vortrefflicher junger Mann,
der ausgezeichnete Eigenfchaften befitzt.

Aus der Heimath habe ich von den Meinigen gute Kunde,
fonft erfahre ich nicht viel Neues. Mein Chef ift voller Artigkeit und Zufriedenheit, allein ich höre, daß er fich immer noch
mißfällt.

General-Lieutenant v. Müffling ift wohl nach Berlin um fich
einen Platz zu verfchaffen. Das Gouvernement von Breslau
dürfte ihm vorbehalten fein.

Wie geht es denn meinem guten Prinzen Wilhelm. Bis
Mitte October, hoffe ich, wird die Epifode hier beendet fein.
Es ift eine fchlechte Comödie.

Ueber Belgien und Hannover höre ich nichts. Daß der
Kronprinz von Bayern eine Großfürftin auserwählt, fcheint
doch Wahrheit zu werden. Die Ruffen waren entzückt von
Bayern und Abel's *) Großkreuz hat mich tief verletzt.

Leben Sie wohl, lieber Freund.

---

*) Minifter Abel zeigte fich in Bayern nicht beffer, wie als Regent-
fchaftsmitglied in Griechenland. Er diente der ultramontanen Partei, unterdrückte die Proteftanten, erhielt fich mit großer Zähigkeit ein Jahrzehnt
hindurch auf dem Minifterpoften, bis ihn Lola Montez ftürzte.

Bern, 6. October 1838.

Empfangen Sie den aufrichtigsten Dank für die gefälligen Schreiben vom 29. v. Mts. und 3. c., sowie für die Nachricht von Winter's Durchreise. Ich wünsche dem guten und brauchbaren jungen Mann alles Gute. Ich theile in tiefster Betrübniß Alles, was Sie über die katholische Angelegenheit sagen. Doch ist man von Florenz aus über Alles in Berlin unterrichtet, was von Reumont zu erwarten ist.

Es bleibt jetzt kaum etwas Anderes übrig als zu handeln, wenn wir nicht untergehen wollen. Schweigen und Stillstand könnte sehr verderblich werden.

Hr. v. Blittersdorff ist zurück, was er eigentlich in München gewollt, weiß ich nicht, doch kennt man sein politisches und religiöses Treiben genau.

Die Heirath des Kronprinzen von Bayern mit einer Großfürstin ist noch dubitatif.

Geht Elvenich wirklich nach Bonn?

Es ist eine schwächliche Zeit, in der wir leben. Nirgends wagt man etwas! Möge die Zukunft Jeden gerüstet finden. Den Tod des Hrn. Thomas *) habe ich aufrichtig beklagt, ich kannte ihn als solchen wie Sie ihn schildern.

Aus Berlin nichts Bedeutendes. In der katholischen Angelegenheit **) sind diesmal der Kronprinz, Minister Werther und Eichhorn, wie mein Bruder einig. Alles liegt dem Könige vor.

Hr. v. Lindheim war mit seiner Gemahlin in Meran.

---

*) Bürgermeister Thomas von Frankfurt am Main.

**) Die Frage der gemischten Ehen drohte zu ernstlichen Verwicklungen zwischen der Curie und Preußen zu führen; zumal nach dem Cölner Vorgang auch der Erzbischof Dunin in einem Hirtenbrief die Geistlichen seiner Diöcese aufgefordert hatte, sich bei Einsegnung solcher Ehen nur nach den päpstlichen Vorschriften zu richten.

Graf Malzahn bleibt bis zum 10. oder 12. December in Baden. Er geht nicht nach Berlin. Wenigstens ist es nicht seine Absicht.

Der Ihrige 2c.

Luzern, 7. October 1838.

Lieber Freund!

Die Sache zwischen der Schweiz und Frankreich ist aus. Erstere hat höflich geantwortet. Louis Napoleon reist mit einem englischen Paß ab. Ohne Garantien.*)

Er darf sich in der preußischen Rheinprovinz nicht aufhalten.

Schimpflich für Frankreich. Die revolutionären Elemente haben dort die Oberhand und dennoch unterstützt man das unzuverlässige, zweideutige Gouvernement noch immer. Geht denn den Leuten kein Licht auf?

Sagen Sie mir bald, daß sie gesund sind.

Der Ihrige 2c.

Luzern, 11. October 1838.

Lieber Freund!

Es zieht sich ein trübes Gewitter zusammen. Ueberall Mißverständnisse, Uneinigkeit und Illusion. Unter den nächsten

---

*) Der Canton Thurgau hatte sich des Prinzen Louis Napoleon als Thurgauer Ehrenbürgers angenommen. Da die französische Regierung jedoch ihrem Ausweisungsverlangen durch militärische Maßregeln Nachdruck verlieh, verließ der Prinz die Schweiz freiwillig unter englischem Paß.

Alliirten herrscht kein Vertrauen. Nicht einmal zwischen den Höfen von Berlin und Stuttgart, ja nicht einmal zwischen den höchsten Spitzen.

Daß Frankreich oder vielmehr sein dermaliges Gouvernement von der Macht der Revolutionäre abhängt, zeigt die schimpfliche Behandlung der Schweizer Angelegenheit. Von heut zu morgen kann dort etwas losbrechen. Sind wir darauf vorbereitet?

Und die Allocution?*) Fürst Metternich wird sich überzeugen müssen, daß in Rom außer ihm auch noch etwas anderes mächtigen Einfluß ausübt.

In Bayern die Jesuiten. Wer diese bei sich aufnimmt, ist der erklärte Feind des protestantischen Deutschlands.

Louis Bonaparte reist den 14. ab, über Mainz, Coblenz, Cöln und Wesel zur Durchreise ohne Gestattung des Aufenthalts.

In Begleitung:

1. Vicomte de Persigny, aus dem Departement de la Loire.
2. Enrico Conneau, Arzt aus Florenz.
3. Charles Thélin aus Paris, Kammerdiener.
4. Leon Curac aus Toulouse, Koch.
5. Florentin Demongeot aus Besançon, Kutscher.
6. Friedrich Ruding aus Grabstetten, Stallknecht.

---

*) Ein Gemisch von unrichtigen Angaben und schmähenden Ausfällen bot sie den schärfsten Contrast zu dem langmüthigen Verfahren der preußischen Regierung. Sie ergoß sich in einer Fluth von Vorwürfen gegen die preußische Regierung, gegen die deutschen Bischöfe, welche gemeinsam mit der Regierung auf einen erträglichen Modus vivendi hinarbeiteten, und setzte dem Freiherrn von Droste den Kranz aller Tugenden auf.

7. Friedrich Bickenbach, aus Lakenstein, Bedienter.

8. Jacob Hippenmeyer aus Gottlieben, do.

Hr. v. Bodelschwingh ist avertirt.

Ich gehe nach Bern.

Der Ihrige 2c.

Bern, 19. October 1838.

Lieber Freund!

Ihre interessanten Zuschriften vom 12. und 13. habe ich dankbar erhalten.

Louis Bonaparte ist fort, so lange es die Propaganda für gut findet. Die französische Antwort werden Sie in den Zeitungen lesen.

Trauriges Ende einer traurigen Geschichte!

Aus jener Antwort leuchtet zu deutlich die Freude hervor, nur mit einem blauen Auge davon gekommen zu sein. Die Radicalen triumphiren, und wahrlich nicht mit Unrecht. Weitlich hat einen zweimonatlichen Urlaub und wird Anfangs November durch Frankfurt passiren. Er soll sich bei der hohen Gesandtschaft melden für den Fall, daß man ihm etwas mitgeben wolle. Ich werde zuvor aber noch schreiben und empfehle ihn schon jetzt Ihrem Wohlwollen.

Hr. v. Blittersdorff will seine Reise bis München ausdehnen.

Leben Sie wohl und erfreuen Sie mich ja recht oft mit einigen Zeilen.

Gott mit Ihnen 2c.

Heute vor 25 Jahren war man einiger! als jetzt.

Bern, 29. October 1838.

Lieber Freund!

Ihr Schreiben vom 20. verdanke ich. Soeben komme ich aus dem Waadtlande zurück und sah in der Nähe von Genf die französischen Truppen. Der Prinz Christian von Dänemark gefiel in Stuttgart nicht. Er ahnt nicht, daß das Feuer unter der Asche im eigenen Lande brennt. Seine Gemahlin ist mit Louis Philippe, dem Könige der Franzosen, in Briefwechsel. Der Fürst ist stark liberal.

Graf Maltzahn muß in Baden=Baden sein. Er passirte am 23. c. durch Bregenz.

Hr. v. Brock reist heute nach Berlin über Frankfurt, wo er sich nicht aufhalten wird. Weitlich geht heute ab und folgt diesen Zeilen vielleicht 24 oder 48 Stunden. Avertiren Sie Hrn. v. Sydow und Radowitz mit herzlichsten Grüßen von mir.

Aus Berlin erhalte ich nur alte Regierungs=Nachrichten, doch nichts Neues. Man hört nur zu viel von dort.

Lindheim ist sehr wohl, und nur seiner Frau halber bat er um Urlaub. Der Kriegs=Minister war ja gefährlich krank.

Herzlichst der Ihrige 2c.

Bern, 31. October 1838.

Lieber Freund!

Obwohl Sie bei dem Empfange dieses wohl schon Weitlich gesprochen haben werden, so will ich Ihnen doch herzlichst danken für Ihr Schreiben vom 26. c. Graf Maltzahn ist in Baden und sprach Cappazini zu Florenz; doch ist er über die kirchlich katholischen Angelegenheiten sehr unzufrieden.

Die Reise des Kaisers Ferdinand *) betrachtet er als eine bedeutungsvolle Epoche in der Geschichte Oesterreichs.

Sie lasen hoffentlich den Artikel aus Meisterhand in der Allg. Augsb. Ztg. Nr. 300 vom 27.,**) sowie endlich auch „der öffentliche Geist in Frankreich" in Nr. 301 vom 28. c.***) (Die hierher gehörige Anmerkung s. S. 164.)

---

*) Kaiser Ferdinand besuchte seine italienischen Provinzen. Bei Gelegenheit der Krönung in Mailand (6. September 1838) erließ er eine allgemeine Amnestie.

**) Von der italienischen Grenze. Das Krönungsdrama zu Mailand, von dem die Festlichkeiten zu Benedig den Epilog bildeten, ist zu Ende gegangen, und es fängt nachgerade an, auch dem blindesten Auge klar zu werden, daß ihm eine tiefere Bedeutsamkeit zu Grunde liege, als leere Schaustellung feudalistischen Gepränges, für die man es zu nehmen geneigt gewesen. Die Krönung von Mailand ist ein Act von höchster politischer Wichtigkeit, sie ist ein Manifest, erlassen an die öffentliche Meinung von ganz Europa, eine offene Darlegung jener Grundsätze, die, obgleich nicht nur von seinen Feinden verunglimpft, auch vielfach von seinen Freunden sehr unvollkommen begriffen, das österreichische Cabinet doch seit Jahren nie aus den Augen verloren hat und die jetzt in immer schärferen Umrissen hervortreten. Die Krönung und die mit ihr zusammenhängende Regierungsnote zeigen, wie es der öffentlichen Staatsgewalt, und bisher vielleicht nur ihr allein, vollkommen gelungen ist, ein System durchzuführen, das, durchaus monarchisch im Princip, doch höchst liberal in seiner Ausführung ist. In einer Zeit, wo der Parteigeist keinem Worte seine Geltung läßt und die nichtswürdigsten Dinge mit dem besten Ausdrucke bekleidet, ist es nöthig, uns hierüber zu erklären. Oesterreich will die Monarchie, es braucht sie, es muß sie haben, ganz, rein, vollständig, als die Concentration jeder Machtvollkommenheit, als den Schlußstein des großen, vielfach zusammengesetzten Staatsgebäudes. Es muß sie ganz und vollkommen haben, damit nicht der nächste über Europa herwehende Sturm ihre Existenz in Frage stelle und mit ihr das Wohl von 32 Millionen Menschen, die im Vertrauen auf die Weisheit, Stärke und Wachsamkeit der Regierung ruhig schlafen. Das System, das dieser Verwaltung zum Grunde liegt, darf nicht nach jeder Fluctuation in den Ansichten der immer unstäten Menge geändert werden; es muß feststehen, wohl den großen

Die Verbindung des Kronprinzen von Bayern mit der Großfürstin ist ganz sicher. Diese Allianz ist in Bayern gar

Bedürfnissen der Zeit gehorchen, die Anforderungen der jetzigen Bildungs- und Entwickelungsstufen des menschlichen Geistes berücksichtigen, aber in den Bewegungen des Augenblicks unverrückt stehen, und jede Existenz muß sich mit Sicherheit an diese unerschütterlichen Pfeiler lehnen und in dem Gefühle dieser Sicherheit seiner Thatkraft jedes erlaubte Ziel setzen dürfen, unbesorgt, daß die immer wechselnde Meinung vielleicht morgen Combinationen zu nichte mache, die heute mit aller Gewähr des Erfolges entworfen werden. Innerhalb dieser fest und scharfgezogenen Grenze aber ist jeder Bewegung nach allen Seiten hin Raum gelassen, und hier ist beständiges Fortschreiten zum Besseren Pflicht und Zweck! Jeder, der auch nur einen Blick in das innere Triebwerk der Verwaltung geworfen, ja wer auch nur einen Monat in Wien, als dem Mittelpunkte dieser Bewegung, gelebt hat, wird eingestehen müssen, daß diese Liberalität der Ansicht überall vorwalte. Sie ist dabei mit einer Milde der Gesinnung verbunden, die zugleich als die tiefste, durchdachteste und beste Politik erscheint. Welche Stärke der Regierung aus diesem Systeme erwachse, wie glänzend sich die Resultate desselben herausstellen, davon gibt die Krönung zu Mailand einen Beleg; und in der That, die Staatsmänner, welche die Geschicke Oesterreichs lenken, dürfen mit einigem Stolz und mit gerechtem Selbstgefühl auf die Erfolge ihrer Bestrebungen hinsehen. Dasjenige von allen österreichischen Ländern, das den vielfachsten Wechsel erfahren, das die meisten Vorurtheile gegen österreichische Verwaltung gehegt, das die erregbarste Bevölkerung hat, wo der Boden nach allen Seiten hin von den verderblichsten Doctrinen minirt worden: was ist aus ihm in dem Zeitraum von wenigen Jahren geworden? Die Correspondenten der französischen Blätter in Mailand mußten es eingestehen, und die Krönungsgäste, die sich von ganz Europa dort versammelt, können es bezeugen: „es ist ein trefflich regiertes Land.“ Diese Behauptung der französischen Journale ist kein Compliment, es ist ein erzwungener Tribut der Wahrheit. Das lombardisch-venezianische Königreich genießt einen Wohlstand, von dem man früher keine Ahnung gehabt hatte. Mailand ist eine der reichsten Städte der Welt geworden und der Ueberfluß von Capitalien ist so groß, daß Unternehmungen, die 20 bis 30 Millionen erfordern, in wenigen Stunden allein im Umkreise der Stadt, ohne Zulassung fremder Concurrenz, gedeckt werden. Ebenso blühend sind die Provinzen, und wenn dies mit der Stadt Venedig

11

nicht volksthümlich. Sonderbar, der Verfechter des Katholicismus veranstaltet, daß jetzt in der dritten Generation eine Akatholikin den bayerischen Thron theilt.

---

weniger der Fall ist, so liegen die Ursachen außer dem Bereiche der Staatsverwaltung, die hier wenigstens thut, was sie kann, um dem größeren Verfall der einstigen Königin der Meere vorzubeugen; nichts destoweniger ist sie nicht mehr im Stande, Triest, das mit Riesenschritten sich zu einem Hauptstapelplatze des Welthandels zu erheben eilt, einzuholen. Wie stand es mit der öffentlichen Sicherheit in den italienischen Ländern, wie steht es jetzt? In Mailand waren beständig bei 700 notorische Verbrecher, und dennoch ist während der ganzen Krönungsfeierlichkeiten, wo die ungeheure Menge der Fremden gute Beute versprach, nicht Eine Gewaltthat verübt worden. Und hat irgend Jemand diese Polizeimaßregeln wahrgenommen? haben sie irgend Jemand incommodirt, als vielleicht die Diebe selbst? In Venedig, wo zu den dortigen Festlichkeiten bei 50,000 Fremde versammelt waren, wo in den engen, finstern Gäßchen hart an den Canälen jede Unthat fast sicher vor Entdeckung begangen werden konnte, wurden im ganzen Verlaufe dieser Zeit vier Individuen wegen Taschendiebereien arretirt, und diese vier waren eingewanderte Fremde. Welcher Unterschied nur in dieser Beziehung allein zwischen den österreichischen und den anderen italienischen Provinzen! Die Armee, die Italien im eventuellen Falle nach außen zu schützen bestimmt ist, hat die Bewunderung aller fremden Militärs erregt. Sie geben einstimmig zu, daß jetzt in Europa kein Heer zu finden sei, besser für einen Feldzug vorbereitet, mehr für die Praxis des Krieges eingeübt, manöverirfähiger, als das unter dem Feldmarschall Grafen Radetzki, dem forcirte Märsche selbst unter dem heißen Himmel Italiens Spaziergänge dünken. Dies ist der gegenwärtige Zustand des österreichischen Italiens: der höchste, nie dagewesene Wohlstand, die größte Sicherheit, die vollkommenste Ruhe im Innern, und dieser Wohlstand gewährleistet durch eine vortreffliche Armee gegen jeden möglichen Angriff von außen. Die Stimmung, die man durch alle schlechten Mittel der Lüge und der Verleumdung in ihren Grundfesten aufgewühlt hatte, mußte nothgedrungen sich endlich den Thatsachen zuwenden, und gegenwärtig schallt der Jubel vom Po bis zum schwarzen Meere! Diesem Zeitpunkte konnte die Regierung, im Gefühl ihrer guten Sache, mit Ruhe entgegen sehen; er war unausbleiblich. Dieses glückliche Regierungssystem, das so unerschütterlich auf dem Grunde des moralischen

Blittersdorff's Reise fällt auf und wird nachtheilige Commentare veranlassen.

Princips ankert, das fest entschlossen ist, alles erprobte Gute zu conserviren, alle Mängel möglichst zu reformiren, hat Ergebnisse herbeigeführt, die auf keinem andern Wege zu erreichen gewesen wären. Es hat die Ueberzeugung geschaffen, daß der Staatsverwaltung die Aufgabe am Herzen liege, das Glück der Regierten auf jede mögliche Weise zu fördern; es hat die Gemüther beruhigt, die Zweifel beschwichtigt, die Meinungen versöhnt; es hat die Amnestie von Mailand möglich gemacht. Wo ist ein Beispiel von einem Coup d'état von solcher moralischer Wirkung? Wie wird man es nachahmen? Das constitutionelle Frankreich darf sie nicht geben, das unumschränkte Rußland wird sie nicht geben, Oesterreich hat sie gegeben! — Darum nannten wir die Krönung von Mailand ein Manifest. Sie sollte zeigen, was Oesterreich kann und was es will. Man hatte die Strafe streng und lange währen lassen, weil die Regierung, dem Verbrechen gegenüber, zeigen mußte, daß sie nicht mit sich scherzen lasse und daß der Schuldige dem Arm der Gerechtigkeit nicht entgehe. Aber auch hier wurde mit möglichster Milde verfahren; nicht ein Tropfen Blut wurde vergossen, der verdiente Tod schonte selbst die schuldigsten Häupter. Nun der Tag der Verzeihung herangekommen, nun der Kaiser ohne Gefahr für die Sicherheit seiner Staaten, dem Zuge seines Herzens folgend, großmüthig sein konnte, war er es ganz, ohne Ausnahme, unbeschränkt. Wie die Milde des Kaisers in den Ansichten der höchstgestellten Männer seines Vertrauens Wiederklang finde, zeigt sich in der Antwort, die einer derselben gab, als er befragt wurde, ob einer der am meisten gravirten Flüchtlinge auch zurückkehren könne: „Wir werden uns nicht zufrieden geben, bis wir nicht auch den letzten Verirrten werden seiner Heimath zurückgeben können." — Man sieht hieraus, wie man in Bezug auf die wenigen Individuen denkt, die für ihre Rückkehr noch an die Gnade des Kaisers zu recurriren angewiesen sind. Dies sind die Grundsätze, die das absolutistische Oesterreich laut bekennt, und in seiner Praxis beurkundet. Dies ist die stupide Willkürherrschaft, der man keine Art von Schmähung und Verunglimpfung erspart hat. Weiß man denn nicht, daß Willkür nirgends weniger möglich ist, als eben in Oesterreich? Sie ist so wenig möglich, daß, wenn es sein könnte, daß ein Sproße des geachtetsten und tugendhaftesten Geschlechts, das je einen Thron zierte, eine ungerechte Handlung befehlen sollte, er eine nicht zu überwältigende Schranke in der vollkommenen Unabhängigkeit finden

Die confessionelle Trennung wird immer klaffender.

Hier wird es nicht lange mehr dauern, bis man erfährt, was die guten Folgen davon sind, ein reißendes Ungethüm,

---

würde, mit der in Oesterreich sich selbst der geringste Beamte in den Befugnissen seiner Attribute bewegt. Ein Act ungesetzlicher Willkür würde keinen Arm finden, ihn zu vollführen; man müßte das Individuum dazu erst corrumpiren! — Fragt man, welche Garantien diesen Zustand auch für die Zukunft verbürgen, so liegt die Antwort ganz nahe: die leitenden Principien der Staatsverwaltung, nach außen das Recht und die Verträge, nach innen das Recht und die Gesetze. Unter solcher Aegide ruht es sich stolz und sicher, und Oesterreich hat die Freiheit keines anderen Landes zu beneiden. Wohin die Blicke sich auch wenden, es kann der Zukunft mit Ruhe und schönen Hoffnungen entgegen sehen. — Wir sehen Italien aus einer glücklichen Gegenwart einer noch schöneren Zukunft entgegengehen; bald wird der nächste ungarische Landtag die Aufmerksamkeit auf einen eben so interessanten Punkt lenken. Auch dort harren reiche Kräfte einer zeitgemäßen Entwickelung. Wir werden den Ereignissen auch auf dieser Seite aufmerksam folgen und seiner Zeit darüber berichten.

***) Der öffentliche Geist in Frankreich. Paris, 18. October. Es ist ein sonderbarer Kampf, der seit acht Jahren in diesem Lande zwischen Regierung und Opposition gestritten wird; ein Kampf, in dem sich die Feinde nicht gegenseitig aufreiben, sondern sich eher mit der Zerstörung der eigenen Kräfte befassen. Auf Seite der Regierung liegt es, nach ziemlich verbreiteter Annahme, in der Absicht des Feldherrn selbst, seine Leute moralisch zu entmannen und in jeder Weise zu entwerthen; vielleicht, weil er sie durch dieses Mittel leichter seinem Willen zu fügen denkt, vielleicht auch, weil seine Politik, die auf den Vortheilen klugen Abwartens und geschickter Seitenangriffe beruht, weniger den Beistand unabhängiger Gesinnungen, als den Dienst morscher Charaktere verträgt. Es ist möglich, daß der Beweggrund dieses Verfahrens nicht in dem Zug der Ereignisse, vielmehr in der Persönlichkeit eines Einzelnen zu suchen ist, und daß die Natur Eines Mannes, in dem kühle Bildung des Herzens mit Feinheit des Kopfes gepaart, einen Geist schlauer Behutsamkeit und kleinlicher Vorsicht erzeugte, für eine Zeit lang die Richtschnur von Frankreich geworden ist, und es dahin gebracht hat, daß man mit Uebertreibung, doch nicht ganz ohne Unwahrheit sagen kann, die Börse sei sein Capital und die Polizei seine Kriegsmacht. Zugeben muß man jedoch, daß die Lage der Dinge diese Bedäch-

das dem rechten Ernst bald weicht, mit Ruthen zu zwicken.
Die inneren Verhältnisse der Schweiz werden immer schlimmer

tigkeit und Scheu vor gewagtem Beginnen in gewissem Grade rechtfertigte,
in den ersten trunkenen Minuten, nach erfochtenem Siege über thörichte
Willkür, war es nöthig, ungeordnete Ausbrüche der eben erprobten Kraft,
besonders das Verlangen nach kriegerischem Glanze zurückzudämmen und
den Sinn des Volkes von der Lüsternheit nach fremden Gute auf die Besorgung des eigenen Hauswesens zu lenken. Seitdem ist aber dieses System
der Mäßigung und Besonnenheit, gegen größere Gefahren nicht mehr erfordert, etwas zum Zerrbild seiner Selbst geworden; man begann damit, die
äußern Feinde durch Bewältigung des nationalen Uebermuths zu entwaff-
nen, nun sucht man auch die Gegner im Lande zu gewinnen und fragt
dabei wenig nach der Zartheit der Mittel; anfangs focht man, mindestens
dem Scheine nach, für die Ordnung des Staates, jetzt hat man nur Augen
und Waffen zur Wache für die Dynastie, und das haben die Versuche
gegen das Leben des Königs doch erreicht, daß man den Mann, der auf
die Nation vor Allem durch Zuversicht und Unerschrockenheit wirken sollte,
mit einem Aufwande von Schutz umgibt, der vielleicht sehr nothwendig ist
zum Unglück aber wie eine Aeußerung der Furcht sich ausnimmt. Weil
aber der Zaghafte sich zugleich das Ansehen der Tapferkeit geben will, so
ist man zu Feldzügen gegen das minder mächtige Ausland gern bereit,
spielt den Riesen Goliath gegen die kleine Schweiz und fordert die Frei-
staaten von Süd- und Centralamerika gezogenen Schwerts zur Abstellung
der Beschwerden auf, die zum Theil wenigstens gegründet sein mögen.
Diese Dinge geben der Opposition natürlich Stoff genug zum Reden, der
überdies noch durch die unerbaulichen Episoden gewisser Processe vermehrt
wird. Man sieht den Blättern der Parteien die geheime Freude an, die
ihnen die Gelegenheit gibt, auf Kosten der Verwaltung die Sache der Moral
in dem Tone tiefer Entrüstung zu führen, und auf die Verderbniß der
Gegenwart die Weissagung einer unheilvollen Zukunft zu gründen. Jede
Gemeinheit, die man entdeckt, gilt als fetter Acker, auf dem Redensarten
voll Salbung und heiligen Zornes für acht Tage gedeihen, und wird gehörig
durchpflügt und mit mehr oder minder alten Gemeinsprüchen reichlich
gedüngt. Jede Erfindung der Legitimisten über den innern Verkehr des
Hofes wird als glücklicher Fund betrachtet, und ein ministerielles Charivari,
wie es die Debats zuweilen sind, könnte fast jedes Organ der Opposition
einen Moniteur der Skandale nennen. Besonders glänzen in dieser Sphäre

werden, und was Gewalt vor der Hand nicht wagt, wird Hinterlist so weit zu treiben suchen, als sie kann.

---

die dynastischen Fraudasen, Skandale sind ihnen Gedanken, und in ihrem Schädel haben sie Galle statt Gehirn. Die meisten der Aufsätze, die täglich im Constitutionnel, Messager und dem Siecle aufschießen, sind kalt und ideenlos, giftig ohne Geist, leidenschaftlich und dennoch ohne Seele, ohne großartigen Ueberblick der Dinge, aber voll Gelehrsamkeit über die Kleinigkeiten des Tags. Man pocht mit Hochschätzung des eigenen Verstandes auf seine Vorurtheile gegen Priester und Religion, die doch kaum mehr sind, als die Brosamen, herabgefallen von der philosophischen Tafel des achtzehnten Jahrhunderts und aufgelesen von jenen geistreichen Parasiten des neunzehnten, bei denen die Prosa des Gemüths wärmere Gefühle nicht aufkommen läßt, und die Beschränktheit sich mit dem Dünkel vermählte. Diesem ganzen Geschlecht fehlt das wahre Herz; daher dieser Mangel an Rücksicht auf das Ewige, dieser krankhafte Haß jeder göttlichen Einrichtung. Die großen Gedanken kommen aus dem Herzen, sagt ein edler Schriftsteller, und die religiösen Gedanken sind ja alle große Gedanken. Der ausdauernde Muth des Forschers, der in seinem unbesiegbaren Drange nach der Lösung des Räthsels in die Tiefe der Untersuchung, wie der Taucher in die Nacht des Oceans hinabsteigt und, der vergeblichen Reise müde, ausruft: es ist nicht möglich, einen Grund zu finden! der kann selbst dem gläubigen Denker Bewunderung und eine Art unheimlicher Ehrfurcht einflößen. Er hat, wird sich die verständige Liebe der christlichen Weltweisen sagen, so lange in die Sonne der Wahrheit geschaut, jeden Strahl zerlegt, jede dunkle Stelle aufgesucht, sein Auge so gerade, ohne Schleier und ohne Schonung auf sie hingewendet, daß sie zuletzt ihn blenden mußte; die Ueberspannung des Nachdenkens hat seine Sinne verwirrt, und die ewige Leuchte des Himmels und der Erde erscheint dem verstörten Geiste nur noch als erlogenes Meteor der Phantasie. So kann die Verwerfung seiner Lehren selbst den wahrhaft Frommen mit erhabenem Mitleid erfüllen, und ein strenges Bekenntniß wird er überhaupt nicht fordern in einer Zeit, wo es, aufrichtig gesprochen, doch nur Wenige gibt, die nach genauer Prüfung der Sache und beständiger Erwägung des Für und Wider in Gewissen und Gesinnung, Wort und That die Anhänger eines bestehenden Cultus genannt werden können. Nicht der Unglaube also verletzt, sondern die absprechende Flachheit, mit der man von Dingen redet, über die man sich nur mit Ernst und Kenntniß, oder mit Bescheidenheit, Rückhalt und jenem wohlthätigen

Aus Berlin von bekannter Seite viel, vom Chef keine Sylbe. Das Loch ist verspundet.

In Frankreich wird es täglich schlimmer.

Der Ihrige ꝛc.

———

Bern, 14. November 1838.

Lieber Freund!

Ihr Schreiben vom 10. hat mich gestern erfreut. Ich hüte seit acht Tagen das Zimmer und beklage mich darüber nicht, da hier es immer am besten ist, wenn man keinen Menschen zu sehen braucht. Welcher Partei sie angehören mögen, sie taugen nichts und sind verderbt.

Man sagt mir, die großen militärischen Vorbereitungen im Süden von Rußland reducirten sich auf Nichts, also auf Zeitungsfutter. Dem ungeachtet bereitet sich ein Giganten= kampf vor; ob zwischen Rußland und England in Persien,

———

Skepticismus ausdrücken sollte, der zuerst gegen die eigene Einsicht gerichtet ist. Mit jener platten und gemeinen Weisheit, die bei jedem Anlaß ihren Katechismus gegen Kirche und Kirchendiener auskramt, steht auf gleicher Linie die Frömmigkeit nach neuestem Schnitte, die aus gutem Ton in die Kirche geht, wie man unter Leo X. aus gutem Ton Atheismus trieb. Wunderbare Grille des Weltgeschickes! In dem geweihten Mittelpunkte der Christenheit sieht man die frevelhaften Spiele des Gottesleugners, in Paris dagegen, am Herd aller Weltlichkeit, wo ein Bürgerthum herrscht, das sich um Himmel und Hölle weniger, als um Zucker und Caffee, Renten und Actien kümmert, und wo ein Theil der Einwohner nicht einmal getauft ist, gehört die Wiedererweckung des Christenthums im Volke mit unter die Be= mühungen der feinen Gesellschaft. Wenn der Verfasser des Malade ima= ginaire noch lebte, er könnte heutzutage auf den Einfall kommen, eine Dévot imaginaire zu schreiben. Die Politik aber würde er kaum auf die Bühne bringen, wohl wissend, daß er bei diesem Unternehmen der Wahr= heit untreu oder höchst langweilig werden müßte.

Kaukasien, der Türkei, Kurdistan, am baltischen Meere? 2c.,
das lasse ich dahingestellt sein; es gibt der verwundbaren
Stellen so viele. Ein Kampf ist unausbleiblich. Und wo
bleiben wir denn am Rhein, wo es so schlüpfrig zu stehen ist?
Was haben wir darauf hin vorgearbeitet, was erwogen? Wenn
ich daran denke, so verliere ich den Muth.

Von Berlin höre ich oft, Hr. v. Werther gibt gute Diners.
Gott ist dort ein guter Mann. Man wird alt und hofft, daß
— wie so Vieles — sich auch Anderes ausgleichen werde.
Dem ist aber nicht so.

Ich glaube bestimmt, daß der Erzbischof Demeter etwas
aus Rom wegen der gemischten Ehen erhalten habe. Nur möchte
er gern seiner Regierung Unannehmlichkeiten ersparen. Es
spukt im Stillen.

Die Jesuiten sind nun in Bayern förmlich etablirt.

Die badische Censur ist traurig. Unbegreiflich, daß der
„Leuchtthurm" in Constanz erscheinen darf. Und die Staatszeitung zeigt ihn an in Nr. 308!!

Leider lese ich nicht die Ober=Postamts=Ztg., ich halte das
Frankfurter Journal und die Allg. Leipz. Ztg., versteht sich
auch die Cottaische und den Schwäb. Merkur, aus welchem
letzteren ich entnahm, daß Graf Maltzahn vom Kaiser Nikolaus
becorirt wurde.

Salviati ist außer sich. Sein Wirth hat ihn um 100 Frcs.
gesteigert. Er will ausziehen und plagt alle Leute, die er sieht,
mit seinem Jammer.

Die Vermählung in Stuttgart wird im Mai stattfinden.
Graf Münch soll noch immer vom Aufgeben seines Postens
sprechen, und Personen, welche er täglich sieht, zweifeln nicht
mehr daran.

Leben Sie wohl, geehrter Freund.

Geben Sie mir bald Nachricht und glauben Sie, daß mich Alles interessirt.

Herzlich und treu ꝛc.

Bern, 19. November 1838.

Ihr Schreiben vom 15. erhielt ich gestern. Graf Maltzahn setzt seine Kur bis zum 10. oder 14. December fort. Ich würde ihn besucht haben, wäre ich nicht seit 10 Tagen unwohl.

Die Schilderhebung der katholischen Geistlichkeit, welche nach verabredetem Plan oder wenigstens unter gemeinschaftlicher Leitung und Anregung durch das ganze paritätische Deutschland geht, spukt auch in Würtemberg in der Gegend von Mergentheim und Bieberach. Jüngere Fanatiker regen im Beichtstuhl und in der Predigt zur Intoleranz auf und fangen an, gegen gemischte Ehen zu intriguiren.

In Freiburg erklärte Demeter schriftlich der Regierung, sich an die Grundsätze des Erzbischofs von Cöln halten zu wollen. Das Ministerium beschloß, nachdem Hr. v. Blittersdorff, der die Partei des Erzbischofs genommen, der Majorität seiner Collegen unterlegen, auf den Rath des Hrn. v. Reizenstein, den Schritt des Hrn. Demeter zu ignoriren und nur zu verhindern, daß kein erzbischöflicher Erlaß an die Geistlichkeit ausgehe, jedenfalls aber die einzelnen Geistlichen im Zaum zu halten. Man ist in Baden der Meinung, daß es sich leicht werde ausführen lassen.

Man hofft in Würtemberg, daß die Wahlen dort gut ausfallen werden. Die Opposition scheint sehr disjustirt und dürfte sich ziemlich ruhig halten.

Die hannoversche Sache bleibt immer eine sehr fatale und in die Verhältnisse der constitutionellen Staaten tief eingreifende.

Mag der hohe Areopag von Frankfurt diese Frage auch noch so geschickt behandeln, wird dieselbe nicht gründlich abgemacht und ja bald, bevor der Himmel den königl. Lebensfaden abschneidet, so könnten wir leicht eine Wiederholung von Braunschweig haben. Einigkeit, Festigkeit und Bestimmtheit sind mehr als je nothwendig.

Hr. v. Wessenberg hat sich in der Cölner Angelegenheit auch hören lassen: „Rom gegenüber dem Protestantismus", ist soeben bei Sauerländer zu Aarau im Druck. Das zuerst abgezogene Exemplar habe ich gestern nach Berlin geschickt.

Der Verfasser steht mit der deutsch-katholischen Gesellschaft, welche sich letzthin in Schaffhausen unter dem Präsidium von Pfarrer Krempel aus Constanz constituirt hat, in Verbindung.

Der Herzog von Montebello, über den nun die französischen Oppositionsblätter herfallen, verläßt uns in den letzten Tagen dieses Monats. Man drängt ihn, bald nach Neapel zu eilen und wünscht nicht, daß er bei der Debatte der Kammer über die Adresse zugegen sei.

Die Reise von Engelhardt gilt auch wohl sehr wahrscheinlich und vor Allem den Rheinpreußischen Provinzen und Belgien. Die Propagandisten halten sich für den Moment ruhig. Im Winter ist das Reisen schwer, desto fleißiger correspondiren sie.

Leben Sie wohl und lassen ja bald wieder von sich hören. Vielleicht können Sie mir dann sagen, was Herr v. Reizenstein gesollt.

Herzlich und treu 2c.

Bern, 21. November 1838.

Herzlichen Dank für ihr Schreiben von 18. c. Die Schrift vom Hrn. v. Wessenberg schicke ich nicht, da sie gewiß in Frankfurt bereits im Buchhandel ist. Man geht in Berlin mit entscheidenden Maßregeln um, Hr. v. Werther, Geh. Rath Engelhardt und mein Bruder sind einig, doch hat sich ihnen Hr. v. Alvensleben nicht angeschlossen und sein Votum allein abgegeben, was für abwartende, hinhaltende Maßregeln stimmt. Gott weiß, ob das verwandten und bequemen Anklang findet.

Man fühlt, daß uns das vascilirende System alles Ansehen raubt und daß das Cabinet ein leidendes, statt ein handelndes wird; die eigene Nothwendigkeit spricht zu Gunsten der kräftigen Maßregeln. •

Doch muß Gerechtigkeit geübt werden, der Katholik muß gleiche Rechte wie der Protestant haben. Es muß nicht im Großen und Allgemeinen Schutz verliehen werden, sondern auch die kleine individuelle Berücksichtigung muß stattfinden. Fühlt er sich so auf gleicher Linie mit den Protestanten, so kann eher eine legislative Regulirung der kirchlich-katholischen Verhältnisse vorgenommen werden. Also sollte man an den katholischen Kirchenrath als Abtheilung des Ministeriums denken, wie in Würtemberg.

Sonst nichts Neues aus Berlin. Mir geht es besser, obwohl ich immer noch zu Hause sitze.

Die Ober-Präsidenten verlangen Festhalten und Nichtnachgeben. Ihre Vorstellungen könnten vielleicht, ich sage vielleicht etwas helfen. Sie sind darüber einig, daß Vieles auf dem Spiele steht.

Hr. v. Bülow spricht sehr offen. Er hält nicht hinter dem Berge, er gibt den Empfindungen der Andern Worte. Wir möchten wünschen, daß der gute Wille so Mancher nicht scheitere und daß sein Geist diejenigen kräftige, die handeln sollen.

Unwandelbar und treu 2c.

Bern, 26. November 1838.

Ihr werthes Schreiben vom 22. habe ich zu meiner Freude und Unterhaltung gestern empfangen.

Wiewohl das politische Firmament immer bedrohlicher wird, so scheint man doch in Berlin ziemlich ruhig und es soll Momente daselbst geben, wo man meint, in der größten Beruhigung zu leben. Alles wird vermieden, um nur nicht die Bequemlichkeit zu stören. Deshalb hält es so schwer, eine Sache in Gang zu bringen. Die Anwesenheit der Ober-Präsidenten dürfte doch nützlich sein; sie stimmen zum Handeln und Festhalten. Bodelschwingh ist am freimüthigsten und bestimmtesten und spricht ungescheut und wahr, wie die Sachen in Wirklichkeit stehen. Es wurde gerathen, zuerst die letzte Allocution mit Würde, Mäßigung und ohne Berührung dogmatischer Fragen gebührend zu beantworten, ferner unsere bestehende Gesetzgebung aufrecht zu erhalten und alle Uebertreter derselben vor Gericht zu stellen.

Alles hat die Augen auf uns gerichtet; wir müssen daher handeln und somit allen protestantischen Regungen zum Stützpunkt dienen.

Keiner thut etwas in der Besorgniß, von uns, der ersten protestantischen Macht des Continents, nicht unterstützt zu werden. Diese Ungewißheit muß aufhören, wenn wir fortan noch Anspruch auf Achtung und Einfluß machen wollen.

Glauben Sie mir, meine fortlaufenden Nachrichten aus guter Quelle in Süddeutschland bestärken mich in dieser Ansicht.

Seitdem Kaiser Nikolaus in Stockholm war und er seine Tochter dem Leuchtenberg gibt, muß man von dorther auf Alles gefaßt sein.

Der Kronprinz von Bayern heirathet nun bestimmt eine

Orleans. Er war unlängst als Hr. Schmid in Paris, die alte Churfürstin leiht ihm das Geld.

Leben Sie wohl. Hier nichts Neues. Der alte Sauer=teig schon ist unverdaulich.

Ich bin seit 15 Tagen immer zu Haus.

Treu und ergebenst 2c.

———

Bern, 1. December 1838.

Ich glaube mich nicht zu irren, wenn ich der Nachricht traue, daß Se. Majestät gegen den Vorschlag der Minister v. Rochow und Werther, auf Grund der Gegenvorstellung des Ministers v. Arnim befohlen hat:

1. daß die Gesandtschaft in Rom nicht abgerufen werden soll, und daß auf die zweite Allocution. durch die Presse zu antworten sei,

2. daß im Innern des Staats kräftige Mittel angewendet werden möchten und die Ober=Präsidenten diese vorzuschlagen hätten.

Diese Herren meinen aber, nicht früher Vorschläge machen zu können, welche im Innern der Provinzen wirksam sind, als bis sie wüßten, was man in Rom zu antworten habe; doch hat Se. Majestät den Ober=Präsidenten ausdrücklich verboten, über diesen Punkt sich zu äußern, um nicht gezwungen zu sein, diesen Gegenstand von Neuem aufzunehmen.

Doch scheint die bedenkliche Stimmung im Innern und nach Außen zu gebieten, die dringende Gefahr dem Könige wiederholt zu schildern.

Herzlichen Dank für das sehr interessante Schreiben vom 27. v. Mts. Hier nichts Neues. Das Ungewitter zieht sich von allen Seiten zusammen. Von Außen noch keine Gefahr. Sie kann aber über Nacht kommen. Im Innern ist es dagegen sehr bedenklich.

Schreiben Sie bald Ihrem Freund ꝛc.

Bern, 7. December 1838.

Mein lieber Freund!

Die Nachrichten, welche in Berlin von Wien ankamen, scheinen nicht befriedigend gelautet zu haben. Diejenigen aber, welche man aus Belgien hat, sind gefährlicher, drohender Natur. *)

1. Die Obersten der Regimenter erklärten dem Könige Leopold: das Militär würde dem Gouvernement nicht, wohl aber dem Volke gehorchen, wollte man in die Abtretungen an Holland willigen.

2. Es besteht eine vollständige Organisation von Freicorps in Belgien, die den Zweck haben in Gemeinschaft mit den Rheinländern gegen Preußen zu kämpfen und daß dort im Stillen bereits ähnliche, wie bei den Belgiern organisirt sind.

3. ist es klar, daß der Aufruhr vollständig vorbereitet ist.

Man kann daher keinen Augenblick vor dem Ausbruche einer Revolution am Rhein stehen.

Die Ministerien des Innern und des Auswärtigen haben deshalb an den König berichtet.

Ich bin noch immer leidend, schwermüthig und besorgt für die Zukunft. Ich verzweifle fast an einer befriedigenden Lösung.

---

*) Ein Londoner Protokoll vom 6. December bedrohte Belgien mit großmächtlicher Execution, falls es sich nicht ungesäumt den Bedingungen der Mächte füge. Die Belgier weigerten sich, die vorgeschlagene Vertheilung der Staatsschuld mit Holland vorzunehmen und Limburg gegen Luxemburg heraus zu geben.

Nicht der Verstand, sondern die Leidenschaften beherrschen die Welt.

In Rom wird man noch am ehesten mit Geld fertig; nicht umsonst steht am Giebel des Vaticans seit länger denn tausend Jahren: Alles Gold ist gut, woher es auch kommen mag.

Die Thränen der Allocution über Religionsgefahr sind Besorgnisse über Beutelgefahren. Einige Hunderttausende Thaler geschickt verwendet und man hat die gemischte Ehe à prix fixe. Adio für heute.

Herzlichsten Dank für Ihre Sendung mit Beilagen vom 2. c.

<hr>

Bern, 10. December 1838.

Herzlichen Dank für die interessante Zuschrift vom 5., die mir soeben zugeht.

Ich beklage, daß man die belgische Angelegenheit nur für Rodomontaden hält.

In Berlin beschäftigt man sich sehr ernstlich, auf Grund eingegangener königl. Befehle, mit Vorschlägen zu großartigen Maßregeln gegen die Invasion von Frankreich und Belgien, zum Schutz der westlichen Provinzen. Die Sache wird beeilt, und ich glaube, daß dem Könige sehr zweckmäßige Vorschläge gemacht werden dürften.

Es findet ein Kreuzzug gegen den Protestantismus statt, und schützen wir uns nicht, so geht es uns wie Holland.

Und Canada*) kommt sehr mal à propos.

*) Das englische Ministerium hatte den Generalgouverneur Lord Durham, der zu liberal und gemäßigt gegen die Canadier erschien, abberufen und die Verfassung Canada's suspendirt. Ein Aufstand der Canadier war die Folge; doch das englische Militär unterdrückte ihn.

Der Zustand in Frankreich gewährt keine Bürgschaft für Erhaltung des europäischen Friedens.

Die Leidenschaften regieren, nicht der Verstand die Welt. Und jetzt sind alle Leidenschaften entfesselt. Bis zum 26. treffen mich Ihre Briefe hier.

Der Ihrige.

Bern, 15. December 1838.

Herzlichen Dank für die Missive vom 12. c. Louis Philippe soll an der belgischen Territorialfrage festhalten — das würde unsere kritische Lage erleichtern.*) Die Reise des einflußreichen Hrn. Desagée nach London ist richtig. Aus Berlin erhielt ich in den neuesten Tagen nichts Beachtenswerthes.

Von Rom haben wir nichts zu erwarten. Man schreibt mir aus Berlin, daß die Bewilligung meines Urlaubs keinem Zweifel unterliege und man wünsche, ich möchte nach Stuttgart eilen, weil man mir dahin Aufträge geben wolle. Ich richte mich so ein, um den 27. abzureisen und den 31. in Stuttgart zu sein. Ende Januar passire ich durch Frankfurt. Graf Malzahn hofft um Weihnachten herum Baden verlassen zu dürfen. Hr. v. Otterstedt ist sehr alterirt über die in den Zeitungen gegen ihn geschleuderten Anklagen. Malzahn findet, daß seine Unruhe unserer Sache sehr schade und befürchtet einen Sturm gegen Otterstedt von Berlin. Ich glaube aber, daß sich die Wetter verziehen werden.

Fahren Sie fort mich durch Nachrichten zu beglücken.

Ich bin wohler, aber gehe noch nicht aus. Des Herrn

---

*) Am 6. December 1838 wurde Belgien durch das Londoner Protokoll kategorisch zur Nachgiebigkeit unter den Willen der Mächte aufgefordert.

v. Kamptz Rücktritt wurde mir seit fünf Wochen angekündigt. Hr. v. Bodelschwingh hat die Sache zum Bruch und Spruch gebracht.

Herzlichst dankbar und treu ꝛc.

Stuttgart, 4. Januar 1839.

Einen herzlichen Glückwunsch zum neuen Jahr; bleiben Sie mir auch ferner freundlich gesinnt und verleihe der Himmel Ihnen und den Ihrigen Gesundheit.

Hier habe ich in kirchlicher Hinsicht Alles sehr gut gefunden. Der König sah mich am Tage nach meiner Ankunft und erschien in preußischer Uniform. Die Erklärung in der preußischen Staats=Zeitung vom 31. ist ruhig und mäßig abgefaßt. Sie hätte Mitte October schon erscheinen müssen. Jetzt glaubt man, daß sie das große Resultat der Einberufung der Ober=Präsidenten sei. Im Wesen der Sache wird nichts geändert.

An eine Verständigung mit Rom ist nicht zu denken. Das geben die Jesuiten nicht zu.

Lambruschini, der Jesuiten=General Rothahn und endlich der Papst sind die Hauptfiguren. Graf Lusi spielt eine Neben= rolle und Hr. v. Buch ist ganz aus dem Sattel.

Herzlich und treu ꝛc.

Ich bleibe wohl bis zum 15. hier. Graf Malzahn wollte heute in Berlin sein.

Stuttgart, 10. Januar 1839.

Herzlichen Dank für Ihre lieben Zeilen vom 4. c. Die katholische Kirchen=Frage geht hier gut. Ich habe die Pro= positionen unseres Hofes vorgetragen und Alles ist acceptirt.

12

Hrn. v. Radowitz geben Sie wohl die Beilage, aber sagen ihm nichts von Vorstehenden, dagegen beeilen Sie seine Antwort. Es ist wegen der vierten Bundesfestung.

Ihr Freund 2c.

Stuttgart, 15. Januar 1839.

Lieber Freund!

Herzlichen Dank für Ihr freundliches Schreiben vom 12. Was Sie über die Truppen vom 8. deutschen Armeecorps sagen, ist sehr wahr. Ich hoffe aber, daß man sie nicht von hier wegnimmt. Sie stehen ohnehin auf Vorposten und haben keine Festung, um sich zu sammeln.

Was meine übrigen speciellen Geschäfte betrifft, so bin ich hier bis jetzt ausnehmend zufrieden, im Gegensatz zu dem, was in Carlsruhe gedacht und gethan wird.

Hr. v. Otterstedt bombardirt mich mit Briefen und Anfragen, liebt mich auf einmal und verlangt Rath 2c., ich dagegen beschränke mich darauf, sehr höflich aber ausweichend zu antworten, denn dorthin kann man nicht vorsichtig genug sein.

In Berlin bedauert man sehr die Abreise des Oberst Rauch, welcher in seinem Interimisticum sehr nützlich gewesen. Er überläßt dem Kaiser als Gegenpräsent für die Schwerin'sche Fahne eine solche aus dem Feldzuge von 1812.

Graf Maltzahn hat man sehr gewürdigt. Seine mündlichen Aufklärungen haben vielleicht gute Dienste. Am 10. war er noch in Berlin und oft bei meinem Bruder, mit dem er sich ganz verständigt hat. Beide scheinen sich vollkommen zu conveniren, ich erfahre das wenigstens von jedem Einzelnen. Schreiben Sie ja bald.

Treu und dankbar 2c.

Stuttgart, 19. Januar 1839.

Lieber Freund!

Ihr Schreiben mit Beilage des Hrn. v. Radowitz ist un=versehrt soeben hier eingegangen, und ich behalte mir vor, sowie ich es Ihnen jetzt thue, später dem Verfasser der Anlage meinen wärmsten Dank zu sagen. Jetzt habe ich etwas böse Augen und muß mich schonen.

Aus Berlin nichts Neues. — Dort liebt man keinen Widerspruch, keine divergirenden Ansichten und zieht es vor, die Macht der Zeit herrschen zu lassen.

Meine Geschäfte, mit denen ich hier sehr zufrieden bin, halten mich leider noch von dem Antritt meines Urlaubs ab und ich fürchte, schwerlich vor dem 1. Februar nicht abreisen zu können.

Könnten Sie nicht die Freundschaft haben, mir einen Geschäftskalender für die deutsche Bundes=Canzlei auf das Jahr 1839 umgehend hierher zu schicken.

Herzlich 2c.

Stuttgart, 31. Januar 1839.

Ich kann den Ueberbringer nicht zurückgehen lassen, ohne Sie zu grüßen und Ihnen zu sagen, daß ich schwerlich vor Mittwoch werde abreisen können. Ueber die Angelegenheit selbst habe ich in aller Eile den Hrn. Geheimen Rath v. Sydow zwei Worte gesagt. Man sollte in Berlin sich aus dem eigen gebildeten Ideenkreise einmal heraus und auf den Standpunkt Anderer stellen, dann findet man gleiche Interessen zwar, allein verschiedenartige Verhältnisse und tausend Rücksichten, über welche sich mittelmäßige Naturen nicht erheben können. Hr. v. Otter=

stebt hat diefer Angelegenheit mit feiner Haft und feiner Sprache
an allen Eden fehr gefchadet. Wenig reden, vorfichtig handeln
und nachbrüdlich, aber verftändlich argumentiren.

Sagen Sie mir noch zwei Worte hierher. Wie fteht es
in Darmftadt und Naffau; je eher ich das erfahre, je nützlicher
ift es mir. Ich gehe von hier über Würzburg, Meiningen,
Gotha, Erfurt. Haben Sie fpäter etwas, fo laffen Sie
es mich in Erfurt finden.

Herzlich 2c.

Der Ueberbringer ift ein recht ordentlicher Mann.

Stuttgart, 4. Februar 1839.

Ich zerreiße Alles; keine fremde Handfchrift ift bei mir
zu finden.

Daß Darmftadt auch fchwankt, wundert mich nicht! Sind
wir denn feft? Gehen wir denn mit gutem Beifpiele voran?
— Gleichen denn bei uns die Depefchen und Inftructionen von
geftern denjenigen von vorgeftern? Wir befolgen kein Syftem!
In kirchlicher Beziehung fehlt uns eben ganz und gar ein
Katholik oder mehrere Katholiken, die die Sache verftehen.
Selbft durch Ausdrücke ftoßen wir an. O Jammer! In Berlin
ift gar nichts zu machen. Dort weiß man Alles beffer! Ich
gehe erft am nächften Sonnabend früh von hier ab. Sonntag
Mittags paffire ich durch Würzburg und hoffe noch Abends in
Meiningen zu fein.

Hat man in Frankfurt etwas Wichtiges nach Berlin, fo
kann man es mir ja nach Würzburg per Expreffen fchicken.
Ich reife von dort fchnell.

Jedenfalls würden Sie mir hierher noch zwei Worte
fagen können.

Gott mit Ihnen 2c.

Berlin, 21. April 1839.

Mein geehrter Freund!

Wohl wissend, daß Sie mir trotz meines anhaltenden Schweigens das mir so werthe Andenken erhalten haben, nehme ich vertrauensvoll mit einer Bitte meine Zuflucht zu Ihnen. Sie würden mir nämlich einen großen Gefallen erzeigen, wenn Sie mir die möglichst genaue und verständige Beantwortung der angeschlossenen Anfragen durch einen Sachverständigen verschaffen und demnächst zuschicken wollten. *)

Meine Kinder sind am 15. c. eingesegnet worden; heute führte ich sie zum Tische des Herrn.

Vor Ende des nächsten Monats werde ich die Heimath schwerlich verlassen.

Mit dem Befinden der geliebten Kronprinzessin geht es so gut, als die Umstände es erlauben. Alles berechtigt zu der Hoffnung, daß die Krankheit einen guten Ausgang nehmen werde.

Es ist eine hohe Gnade des Himmels, daß uns diese erhabene Fürstin erhalten wurde.

---

*) Die bayerische Regierung hat den Bau des Donau- und Main-Canals und die Verzinsung der sich auf 10 Millionen Gulden belaufenden Actien während 6 Jahre zu 4% garantirt. Nach Ablauf dieser Zeit haben die Actionaire aus dem Ertrag des Canals eine Dividende zu erwarten. — Nun gehört ein starker Glaube dazu, daß die Schifffahrt so bedeutend werde sollte, daß 4% Zinsen und vielleicht noch fl. 100,000 weiter für Unterhaltungskosten daraus erhalten werden könnten. Diese Ueberzeugung haben selbst diejenigen Personen nicht mehr, die anfänglich die sanguinischsten Hoffnungen von diesem gewiß lobenswerthen Unternehmen hatten. Ich fürchte, daß der Cours der Actien, noch ehe man den Canal durchaus befahren kann, auf 50% herunter geht. Der Herr Negociateur hat am meisten dabei verdient, da er seine Provision im Sack hat. — Im Anfang hätte er auch den Cours halten können, nun ist es aber zu spät.

Empfehlen Sie mich dem Hrn. Oberstlieutenant v. Radowitz und dem Hrn. v. Sydow angelegentlichst.

Mit den bekannten Gesinnungen ꝛc.

Braunschweig, 11. Juni 1839.

Lieber Freund!

Ich reise morgen von hier nach Frankfurt ab und werde
schwerlich vor Freitag, den 14., Mittags eintreffen.

Hätten Sie wohl die Güte mir im Englischen Hof zwei
Stuben zu bestellen, womöglich im ersten Stock und vorn
heraus. Herzlich freue ich mich, Sie wiederzusehen, wiewohl
ich eigentlich nichts Erfreuliches mitzutheilen habe.

Mit den bekannten Gesinnungen ꝛc.

Luzern, 7. Juli 1839.

Ich will Ihnen blos sagen, mein sehr werther Freund,
daß Ihre Briefe mich hier in Luzern finden.

Gleichzeitig benachrichtige ich Sie ganz im Vertrauen,
daß vom 1. October ab Hr. Dr. Bunsen mein Nachfolger
in der Schweiz sein wird und ich mich ganz und gar in Stuttgart fixiren werde. Salviati kann zwischen Hechingen und
Sigmaringen wählen. Man wollte Bunsen nicht in Berlin
haben und placirte ihn deshalb hier. Ob dieses Foyer von
Intriguen in politischer und religiöser Beziehung für ihn ein
geeigneter Platz ist, ob man darüber in Wien zufrieden sein
dürfte, kann ich nicht entscheiden.

Aus Berlin viel und oft — aber nichts Marquantes.
Ungewitter über Hrn. v. Werther, wegen Weigerung der Auslieferung des in Memel arretirten Kaisermörders und endlich

wegen nicht Handbietung zum Verbot der in München gedruckten römischen Staatsschrift.

Malzahn hat auf einem Auge den grauen Staar. Er meint, ein Blinder könne nicht Minister werden. Ueberall Verlegenheiten.

Graf Malzahn war in Stuttgart zwei Tage bei mir und hatte auch eine Audienz bei dem Könige. Er geht durch Bayern und über Ischl nach Wien zurück, später nach Schlesien.

Wie steht es mit Hannover und wie mit der vierten Bundesfestung?

Hier sind die Demagogen thätig. Die verfehlte Unternehmung vom 12. Mai in Paris betrachten die Revolutionäre nur als partie remise.

Wir werden bald mehr hören.

Hr. v. Blittersdorf soll sich kaum halten können.

Herzlichst und treu 2c.

Luzern, 19. Juli 1839.

Geehrter Freund!

Herzlichsten Dank sage ich Ihnen für die gefällige Zuschrift vom 13. c. Sie klagen über Mangel an Gegenständen der Unterhaltung und doch bietet mir der Inhalt Ihres Schreibens genug Stoff zum Nachdenken dar.

Seitdem hat der Sultan das Zeitliche gesegnet. *) Sein Nachfolger ist bereits mit dem Schwerte Osmans umgürtet und die Pest-Quarantaine ist aufgehoben.

*) Sultan Mahmud II. (geb. 1785) war am 30. Juni gestorben; sein siebzehnjähriger Sohn Abdul Medschid folgte. Derselbe bot dem Mehmed Ali Verzeihung an, wenn er sich mit Egypten begnügen wolle. Dieser aber bestand auf dem erblichen Besitz von Syrien. Ibrahim Pascha hatte das türkische Heer am 24. Juni bei Nisib auf's Haupt geschlagen.

Ich glaube nun weniger an eine Störung des Continental-friedens, es wäre denn, daß die Franzosen wieder zwischen Thüre und Bänke zu sitzen kämen und den Handel anfingen. Dann gardez l'Allemagne! Wer weiß, ob nicht der Ausbruch einer Krise gut gewesen wäre. Endlich kömmt es doch dazu, der Wirrwarr, wie er jetzt besteht, kann und darf nicht dauern!

Hier ist in der Demagogie viel Bewegung.

Sabarsky reist nach Paris, Parquin mit einem fran-zösischen Paß der hiesigen Ambassade nach Brüssel, — vielleicht passirt er durch Frankfurt. In Berlin hatte, nach meiner letzten Nachricht, der König noch keinen Entschluß über die kirch-lichen Gesetze gefaßt. Der Fürstbischof von Breslau wollte den Abschied nehmen. Es ist der einzige, der Regierung ergebene Prälat! Dies ist ein wohl zu beachtender Umstand. Nach den Verhandlungen in der Kammer von Baden und Carlsruhe scheint man ja in diesen Ländern arg zu stehlen. Herr v. Otterstedt bleibt dennoch in ewigem Entzücken über die Un-übertrefflichkeit seines Bocks und Consorten.

Graf Malzahn verweilt bis zum 27. oder 28. in Baden, das er ein tripot de jeu nennt. Die tägliche Differenz vom Hazardspiel ist 80—100,000 fl.

Welchen Nachtheil hat sich Baden durch dieses Hazardspiel geschaffen. Corrumpirung der eigenen Unterthanen und Be-amten und Herbeiziehung von Gesindel. Dazu gehört eine bessere Polizei, als die badische ist, wie sehr sie auch Herr v. Otterstedt beloben mag. — Der Graf Wilh. Redern, Intendant, hat fürchterlich gelogen in Baden.

Der Erzherzog Albert hat sehr gefallen und scheint sehr zuvorkommend aufgenommen worden zu sein.

Leben Sie wohl, theuerster Freund.

Sobald ich aus Berlin etwas erhalte, theile ich's Ihnen mit.

Herzlichst und treu 2c.

Luzern, 28. Juli 1839.

Lieber Freund!

Ich erhielt gestern Ihr werthes Schreiben vom 24. c. und sage Ihnen den verbindlichsten Dank für Ihre unablässige Güte, die mir sehr wohlthut und höchst nützlich ist.

Meine Berichte von den in Stuttgart entgegengenommenen Urtheilen des hohen Souverains haben — wie mir Fürst Wittgenstein schreibt, einen bedeutenden Einfluß auf die zu nehmenden Entschließungen in den kirchlichen Angelegenheiten gehabt und man hat mir noch neuere Aufträge unmittelbar aus dem Cabinet gegeben. Dies nur zu Ihnen gesagt.

Der König sah und sprach den Grafen Sedlnitzky*) mehrmals ausführlich; da dessen Ansichten geläutert und seine Gesinnungen rein sind, so könnte das uns dienlich sein. Der Fürst-Bischof von Breslau wird jetzt nicht zurücktreten. Er hat sich an den Papst direct gewendet. Die neueste Allocution war am 20. in Berlin bekannt geworden; man schreibt mir noch nichts darüber.

Sie. zeigt, daß Rom weder intimidirt ist — wie man sich in Berlin eingebildet — noch geneigt ist nachzugeben. Letzteres durfte man ohnehin von dort nicht erwarten. Dieses neue römische Actenstück zeugt von der bekannten Politik: „streng in der Lehre, nachsichtig im Leben." Der Papst will wenigstens ausgesprochen haben, daß er keine materielle Unruhe angeregt hat. — Er ist übrigens Mönch gewesen; diese können sich einmal nicht zu einer freien Auffassung heraufschwingen.

Ich glaube nicht, daß von Berlin aus geantwortet wird. Jeder Theil wahrt seine Rechte; Preußen darf nicht zurück.

In der badischen zweiten Kammer herrscht offenbar Jacobinismus und dennoch ist man dort so selbstgefällig.

*) Siehe über ihn: „Sedlnitzky v. Choltitz, Fürstbischof Graf Leopold, Selbstbiographie. Nach seinem Tode aus seinen Papieren herausgegeben. Mit Actenstücken. Berlin. 1872. gr.-8°."

Auffallend bleibt, daß Hr. Benazet*) bei dem Großherzog zur Tafel gezogen wurde!!

Von den deutschen Staaten erwarte auch ich Nichts. Oesterreichs Interessen werden jetzt mit betheiligt; der Kampf geht auch gegen die Joseph'schen Principien, wenn er gleich auf preußischem Terrain geführt wird.

Diese Principien wird Oesterreich aufzugeben schwerlich in der Lage sein, wie ernstlich eine Partei danach strebt.

Rom geht sehr consequent den alten Weg, — wir dagegen schwanken. Rom ist nicht furchtsam.

Napoleon schon sagte: „Rom herrscht über die Seelen und wirft mir nur die Cadaver hin!"

Eine Religion, die auf die Phantasie wirkt, hat unberechenbare Alliirte.

Die Vorfälle in der Türkei stören alle Berechnungen,**) welche die Aussicht auf Mahmuds Tod vorweg anzustellen erlaubte. Die Begebenheiten drängen sich so sehr, daß man dahin kommen muß, nur die Thatsachen anzunehmen, ohne sich mit der Entstehungsgeschichte abzuquälen. Höchstens ist den Folgen nachzuspüren, ohne aber auch zu weit in Eventualitäten einzugehen. Am Ende ist die Théorie du fait accompli noch die beste.

Hr. Zöpfl, der gegen Hrn. v. Reizenstein schrieb, gehört zu den liberalen Publicisten. Unseres Freundes Schrift beurkundet eine ebenso tüchtige Gesinnung als Gelehrsamkeit.

Hannover wird uns in Deutschland noch viel Elend machen. Von dort erwarte ich das Aergste und von Frankfurt werden

---

*) Spielpächter von Baden-Baden.

**) Der Kapudan Pascha Achmed Feazi war mit der türkischen Flotte aus den Dardanellen nach Alexandrien gesegelt und hatte dieselbe dem Vicekönig von Egypten überliefert. Die Chancen standen so ungünstig als möglich für den neuen Sultan.

wir nichts Genügendes hoffen dürfen. Der Zeitpunkt ist übel, die französischen Zustände verschlimmern sich täglich. Wer das nicht glaubt, wird die That bald sehen. Das Ding läßt sich nicht halten.

Mein Bruder geht über Stettin, Naugardt, Gramenz, Pol= zin, Neustettin, Cüstrin, Sonnenberg, Frankfurt, Sagan, Gör= litz (Vaterstadt von Jacob Böhme und des berühmten wirklichen geheimen Ober=Regierungs=Raths Hrn. v. Tschoppe), Dresden und Pillnitz (zwei Tage), Leipzig, Merseburg, Halle, Magdeburg nach Bukow, wo er den 5. sein wird. Er besieht Zuchthäuser und Melioration im Wartebruch.

Die Heirath des Thronfolgers scheint abgemacht. Mehr als wahrscheinlich die des Erzherzogs Franz mit Prinzeß Olga.

Herzlich und treu ꝛc.

Luzern, 6. August 1839.

Können Sie mir vor dem 20. c. hierher einige Notizen über die Hannöversche Angelegenheit geben und sonstige Nach= richten mittheilen, so werde ich's dankbar erkennen. Ich gehe den 21. von hier nach Friedrichshafen zum König von Würtem= berg, der alsdann von Rom dort eintrifft.

Dies ganz unter uns. Ich bin dahin expreß eingeladen worden. Es weiß Niemand.

Der Fürst Wittgenstein schrieb mir unter dem 26. v. Mts., daß der König wohl sei und von Teplitz nach Erdmannsdorff gehe, und den 20. nicht in Berlin sein werde.

Prinz Friedrich von Rheinstein ist in der Schweiz.

Bunsen kommt Mitte October. Er ist sehr unzufrieden.

Graf Maltzahn muß heute schon in Wien sein.

Sonst nichts Neues.

Ganz der Ihrige ꝛc.

Interlaken, 12. August 1839.

Lieber Freund!

Ihr werthes Schreiben vom 5. traf mich zu Thun, als ich von einer Excursion durchs Oberland zurückkehrte. Ich traf dort die Meininger Herrschaften und bin nun mit denselben hierher zurückgekehrt. Sie gehen über Genf, Mailand, Como und besuchen mich in den ersten Tagen in Luzern. Prinz Waldemar muß zu den Manoeuvres zurück und will also am 6. September in Schaffhausen sein.

Prinz Friedrich aus Düsseldorf hat sich für die nächsten Tage bei mir angesagt. Prinz Wilhelm Sohn hat den König um die Erlaubniß gebeten mit Seiner Gemahlin im September auch die Schweiz zu besuchen. Also genug Besuch zu guter letzt. Herr Dr. Bunsen wird Mitte October kommen. Er wird nicht gern gesehen. Der König muß heute noch in Erdmannsdorff sein.

Es sieht sehr confus in der Welt aus.

Ich bin gar nicht für die unbedingte Aufrechthaltung der Hannöverschen Verfassung von 19!

Man verkennt ganz und gar die Zustände Deutschlands.

Einige Propos von deutschen radicalen Commitirtten beweisen mir, wie zuversichtlich dieselben auf ein ungestörtes Fortwirken zählen und mit welch unaussprechlicher Geringschätzung sie auf Alles herabblicken, was Andere für nöthig halten.

Die Zeit, wo gehandelt und nicht mehr geschrieben werden muß, ist sehr nahe. In Europa ist Alles baufällig.

Was die kirchliche Angelegenheit *) betrifft, so fallen derweilen selbst diejenigen, welche Anfangs den strengen Maßregeln

---

*) Der Papst hatte am 8. Juli eine Allocution gegen die Verhaftung Dunin's erlassen.

entschiedenen Beifall zollten, ein anderes Urtheil. Man findet, daß Preußen im Verlauf der Dinge mehr Blöße gegeben, als zu erwarten stand, und sich nachgerade in die mißlichste Lage verfahren hat. Ein Rückschritt sei unmöglich, da Rom aber ihn ebensowenig thun könne, so hält man eine Suspension des Streites für das Klügste. Weder der König noch der Papst könnte und würde weichen. Die Lösung bliebe der Zeit und neuen Menschen vorbehalten.

Ich mache Sie auf zwei Agenten der französischen Propaganda aufmerksam, die sich besonders häufig in Mainz sehen lassen. Es sind de Rouard und ein gewisser David. — Sie drängen sich überall als Reisende in Modeartikeln in viele Häuser ein.

Gott mit Ihnen.

Stets derselbe ꝛc.

Hr. v. Bochelly geht ins Bad von Spaa und Aachen. Graf Maltzahn wollte in den ersten Tagen des August in Wien sein.

Was Sie von den Resultaten der Reise des Grafen Münch nach Brüssel erfahren, schreiben Sie mir unverzüglich nach Zürich unter der Adresse des Hrn. Weitlich.

Ich gehe den 20. nach Friedrichshafen und bleibe den 21. in Zürich.

Ihr Schreiben vom 6. habe ich so eben in Bern vorgefunden.

Stuttgart, 24. November 1839.

Lieber Freund!

Endlich bin ich in Ihrer Nähe, nachdem ich in Bern noch einen Landsmann begraben.

Meinen Nachfolger*) habe ich nicht abwarten können. Hier

---

*) Bunsen.

im trostlosen Maaße entsattelt und selbst immer noch im Wirthshause ohne Logis, doch aber immer in Deutschland; also sehr zufrieden. Daß ich die Schweiz im Rücken habe, das macht mir einen wahrhaft beruhigenden Eindruck.

Cornelius wollte sich hier niederlassen; ich habe es dahin gebracht, daß man ihm weder hier noch in Tübingen den Aufenthalt gestattet. Jetzt ist er über Constanz in die Schweiz gegangen.

Ich habe den Canzlist Hesse zur Hülfe aus Berlin bekommen.

In kirchlichen Dingen ist immer noch nichts entschieden. In Berlin klagt man von allen Seiten. Fürst Wittgenstein schimpft.

Das Reformationsfest hat das Feuer geschürt.

Wie sieht es am Rhein aus?

Was hören Sie von den Bundestagswahlen?

Ich hoffe, daß Sie mir zuweilen schreiben. Sie wissen, wie dankbar ich bin und welchen Werth ich auf Ihre Freundschaft lege.

Herzlichst und treu 2c.

Stuttgart, 28. November 1839.

Lieber Freund!

Herzlichen Dank für Ihr Schreiben vom 26. c. sowie für die Besorgung der Tapeten=Proben. Sie schlagen meine geringen Leistungen in der Schweiz zu hoch an. Man war in Berlin mit mir zufrieden und wird es auch mit Hrn. Bunsen sein, obwohl die Wahl des Chefs und Secretärs in diesem Lande sehr sonderbar war.

Leider pietistisch und separatistisch ist Hr. Bunsen den Bewegungen verfallen.

Ich frage aber, ob er ein unbefangener Beurtheiler sein kann, er der das schroffe Verhalten der Parteien selbst förderte und dabei seinen persönlichen Convenienzen zu Liebe dem Wesen der Sache schweren Abbruch that? Wahrscheinlich wird er den Mäcen der deutschen Literaten in der Schweiz abgeben!

Ein Schiffbrüchiger auf dem Meere der Politik wird zum Piloten=Dienst angestellt.

Hr. v. Blittersdorff ist jetzt sehr thätig, während der Mission des bayerischen General Baur, alle Interessen zu erwägen in der Festungs=Angelegenheit. Im Lande bilden sich fortwährend Parteien gegen ihn. Auch Markgraf Wilhelm neigt sich zu seinen vielen Gegnern.

Aus Berlin höre ich, daß Rom sich willfährig in der Trier'schen Bischofswahl zeigt und die Vorfälle in Rußland sowohl auf den heiligen Stuhl als auf die Polen mächtig einwirken.

Möge man sich nicht allzu sehr darauf verlassen.

Der Artikel vom Niederrhein S. 2607 in der Allg. Ztg. Nr. 326 wird aufmerksam gelesen.*) Er ist eine Folge des

---

*) Vom Niederrhein, 1. November. Sie können denken, daß die jüngsten Schicksale des Erzbischofs von Posen die Gemüther auf's neue heftig ergriffen haben. Wenn mit großer Beflissenheit in verschiedenen öffentlichen Blättern gemeldet worden, daß die religiöse Streitsache ihr politisches Interesse für die Masse des Volks verloren habe, die Ereignisse vom Jahre 1837 und später bereits in das Meer der Vergangenheit und Vergessenheit versenkt zu sein schienen und das Verhalten der katholischen Bevölkerung von gänzlicher Theilnahmlosigkeit zeuge, so lag große Selbsttäuschung oder eine Absichtlichkeit zu Grunde, die, wenn auch von lautern Motiven geleitet, auf Menschen und Dinge gleich schlecht berechnet war. Daß der katholische Theil, eingeschüchtert durch Repressivmaßregeln, seinen Gesinnungen nur selten Worte zu leihen wagte, konnte so wenig zur Unterstützung jener Behauptungen beweisen, als daß der protestantische im Gefühle der Sicherheit, zum Theil in dem der Freudigkeit, den Anordnungen der Regierung unbedingtes Lob spendete, ihre Gegner in der kirch-

Johannisbergs. Man glaubt, in Berlin sei man politisch zu viel von der exclusiv protestantischen Idee ergriffen.

Meine Empfehlung dem Hrn. v. Sydow. Kann derselbe

---

lichen Streitsache aber mit dem stärksten Tadel überschüttete. Die ruhigen Beobachter — und deren gibt es, nachdem die trübe Masse sich etwas geklärt hat, und die Hauptereignisse weit genug in der Vergangenheit liegen, daß nicht durch Sympathien und Antipathien das Urtheil ganz verdüstert werde, recht viele unter beiden Confessionen — stehen auf einem andern Standpunkte; sie erblicken in Allem, was sich begeben, nichts Anderes, als die Fortsetzung eines seit Jahrhunderten bestehenden, nothwendigen, nie unterbrochenen Kampfes zweier Principien, und finden nur das beklagens- und tadelnswerth, daß an die Stelle der wissenschaftlichen Erörterung und der geistigen Polemik die feindliche Provocation und die Gewalt gesetzt worden und daß auf diese Weise der Kampfplatz ohne Noth dergestalt verändert ist, daß nicht, wie vorher, ein allgemeines Fortschreiten, ein wechselseitiges Sichdurchdringen als letztes Resultat abzusehen, sondern nur Erbitterung, Verstocktheit und Hartnäckigkeit erwartet werden kann. Auf welcher Seite nun der nächste, oder auch der Hauptanlaß liege, darüber sind die Meinungen natürlich sehr getheilt, und es gibt das Confessions- verhältniß wohl bei den Meisten, selbst ohne daß sie es wollen, den Ausschlag. In einer Beziehung aber steht das Urtheil fast aller Verständigen in völligem Einklang, nämlich darin, daß der Sache der preußischen Verwaltung ihre Gegner weniger, als ihre vielfachen, wohl meist unberufenen Vertheidiger und Panegyriker geschadet haben. Zum Beweise ein paar Thatsachen. Gleich beim Beginn der Differenzen zwischen der römischen Kirche und dem Staate wurde, um das Widerstreben der Prälaten und die Anmaßungen und Uebergriffe der Curie ins rechte Licht zu setzen, der preußische Staat ein protestantischer Staat, die Regierung eine protestantische Regierung genannt, und daraus dann die nothwendigen Consequenzen gezogen. Das letztere wäre überflüssig gewesen — das konnten Partei und Gegenpartei selbst. Denn war der Staat ein protestantischer, die Regierung eine protestantische, so war die katholische Kirche eine ecclesia pressa, eine blos geduldete Gemeine, und da Duldung sehr weit entfernt ist von der Anerkennung und Achtung, die zwei mit gleichen Rechten nebeneinander stehenden Religionsgesellschaften sich schuldig sind, vielmehr der Ausdruck selbst immer zugleich eine Geringschätzung bezeichnet, so war das Maß der Gerechtigkeit und Würdigung, welche sie zu erwarten haben würde,

nicht einige Exemplare der Darlegung ꝛc. seinem Freunde Bunsen schicken?

Eins sollte man dem Regierungsstatthalter Roschi übergeben.

---

in jenen Worten prophetisch ausgesprochen. Es ist wahr, daß der preußische Staat lange für das Haupt des Protestantismus galt, und es ist
wahr, daß diese Meinung ein Baustein für seine Größe geworden ist.
Aber andere Zeiten verlangen andere Dinge. Es gibt ein der wahren
Bildung entsprossenes Zartgefühl, welches verbietet von einer herrschenden
Religion zu reden; für Preußen aber gibt es auch ein geschriebenes Gesetz,
welches die völlige Gleichheit der christlichen Confessionen ausspricht, und
mit dessen Wort und Inhalt der Charakter eines protestantischen Staats,
einer protestantischen Regierung und was damit zusammenhängt, gänzlich
unverträglich ist. Man darf der preußischen Regierung die Beleidigung
nicht anthun; sie der Billigung solcher Grundsätze fähig zu erachten: sie
steht zu hoch in ihrer Bildung und hat die Pulsschläge der Zeit zu sorgfältig gezählt, aber man darf sich auch nicht wundern, wenn fort und fort
wiederholte Aeußerungen solcher Art am Ende das Vertrauen untergraben,
wenn Uebermuth auf der einen Seite Unmuth auf der andern erzeugt
und wenn schlechte Leidenschaften durch gerechte Besorgnisse auch in den
Augen der Besonneneren sich scheinbar veredeln. Eine andere Thatsache ist,
daß, wenn man von dem Einfluß der Curie und von dem Einfluß pol-
nischer Ideen auf das Verfahren des Erzbischofs v. Dunin ganz abstra-
hiren möchte, doch noch Erklärungs- und Beweggründe genug für dasselbe
übrig bleiben würden, und zwar aus den Manövern derselben Libellisten,
die den Staat zu einer Partei herabzuziehen bestrebt sind. Nachdem der
Erzbischof lange als charakterlos, schwankend, mit sich selbst im Widerspruch dargestellt worden, hat man ihn für einen Lebemann ausgegeben.
Schwerlich würde derselbe die Publicität je gewählt haben, wenn nicht sein
Benehmen in den Augen seiner Gemeine absichtlich hätte verdächtigt werden
wollen. Aus Besorgniß, die Festigkeit, welche er entwickelt hatte, könne
ihm zur Märtyrerkrone verhelfen, wurde er nach seiner Ankunft in Berlin
so geschildert, als freue er sich des Wohllebens der Hauptstadt, als könne
er nicht scheiden von den Reizen Babylons, und als vergesse er im Genusse
eines großen Einkommens, in den Freuden der Tafel, im Umgange mit
Frauen, und was dergleichen Unwürdigkeiten mehr sind, daß fast eine
Million Katholiken seiner geistigen Pflege anvertraut und die Augen der
Welt auf ihn gerichtet seien. Ein so absichtliches und fortgesetztes Irre-

13

Weitlich ist nach Paris vortheilhaft versetzt und geht den 15. Decbr. dahin ab.

Hr. Hesse soll ein wackerer Theologe sein vom wahren Glauben des Curators der Legationskassen. Mir genügt er vollkommen, denn hier ist gar nichts zu thun.

Leben Sie wohl, lieber Freund.

Ganz der Ihrige 2c.

——————

leiten der öffentlichen Meinung, und eine so insidiöse Verunglimpfung des öffentlichen und Privatcharakters, gegen welche nach den Verhältnissen dem Erzbischof schwerlich ein anderes Vertheidigungs- und Abwehrungsmittel zu Gebote stand, konnte schon allein den Schritt provociren, der die Aufregung aufs neue hervorgerufen hat und der allerdings die bündigste Widerlegung enthält. Es soll damit kein Versuch zu seiner Rechtfertigung gemacht sein, da die näheren Motive und Umstände bis jetzt noch allzusehr verhüllt sind, als daß ein umfassendes Urtheil möglich wäre. Aber das darf nicht verschwiegen werden, daß die Behauptung, der Erzbischof habe ein Vertrauen mißbraucht und durch die ohne vorherige Ankündigung bewirkte Entfernung von Berlin hinterlistig gehandelt, entweder höchst unüberlegt aufgestellt oder von bitterem Hohn eingegeben ist. Ich setze nämlich voraus, daß er weder vor der Berufung nach Berlin von der Absicht unterrichtet worden ist, ihn aus seiner Diöcese bis zur Beendigung der kirchlichen Wirren entfernt zu halten und zum fortgesetzten Aufenthalte in Berlin zu nöthigen, noch daß er später seine Einwilligung zu dieser Maßnahme ertheilt hat. Ja es spricht die höchste Wahrscheinlichkeit dafür, daß zur Zeit seiner Berufung das Gouvernement selbst nicht beabsichtigte, ihn in Berlin festzuhalten, weil es außerdem damit nicht hinterm Berge gehalten haben würde, und weil auch die Einigungsversuche darauf hindeuten, daß die Hoffnung einer Verständigung und Ausgleichung damals noch nicht aufgegeben war. Der Vorwurf des Ungehorsams bleibt auf dem Erzbischof lasten, und darüber hat er sich mit seinem Gewissen und mit den Staatsgesetzen abzufinden. Dieser Vorwurf drückt schwer genug, und es nützt der Sache der Regierung nicht, wenn aufdringliche Sachwalter denselben noch mit anderen gesuchten und unbegründeten verbrämen wollen.

Stuttgart, 6. December 1839.

Herr Dorrien aus Aachen geht über Frankfurt in seine Heimath und will die Güte haben diese Zeilen, sowie ein Schreiben für Hrn. v. Radowitz mitzunehmen.

Ich finde dadurch Gelegenheit, Ihnen herzlich zu danken für Ihr Schreiben von vorgestern.

Die neueste päpstliche Allocution liefert den Beweis, daß die Curie doch auf ein selbstständiges, consequentes Verfahren der Regierungen Rücksicht nimmt. Sie schont den Kaiser und wirft alle Last auf die Bischöfe. Unter ihnen war ein russischer Luther, der in Rom selbst war und die dortigen Verhältnisse hatte kennen lernen. Er brachte das Werk zu Stande. Rom muß man mit seiner eigenen Brühe kochen. In Grundsätzen behält man ihm gegenüber immer Unrecht. Man hat nicht theoretisch, sondern thatsächlich zu verfahren.

Viel Glück für Hrn. v. Sydow zum Guelphen. Die hannoversche Sache ist noch nicht zu Ende. *) Daß die Landtage in München, Dresden, Cassel und Carlsruhe gleichzeitig gehalten werden, ist ungeschickt. Gegen Hrn. v. Blittersdorff waffnen sich alle Parteien. Der großherzoglich badische Gouverneur wird viele Angriffe zu bestehen haben.

Hr. v. Bunsen schreibt schon Bücher. Er wird nächsten Montag nach Zürich gehen.

Weitlich geht den 13. December nach Paris. Allerdings habe ich zu seiner Beförderung mit Nachdruck und Eifer beigetragen. Er verdient eine Beförderung.

Adieu, lieber Freund.

Herzlichst der Ihrige 2c.

---

*) Der Bundestag hatte das von den hannöverschen Ständen verlangte Einschreiten in dem hannöverschen Verfassungsstreit abgewiesen.

Stuttgart, 15. December 1839.

Fürst Esterhazy hat einen Tag hier zugebracht. Die Verlegenheiten des französischen Gouvernements theils durch Coalition der Republikaner und Bonapartisten, theils durch Algier sind groß. Gegen die Partei der Republikaner erbleichen alle übrigen. Man kennt 700. Hrn. v. Brunow's Sendung hat wohl nur den Zweck, den Bruch zwischen England und Frankreich immer größer zu machen. Von W. Menzel ist hier „Europa im Jahre 1840" erschienen. In Basel «Theses» (I.), ich glaube von Reinwald.

Auch von Professor Mack in Tübingen bei Laube und in Wien eine heftige Schrift gegen die gemischten Ehen. Professor Mack ist Mitglied der theologischen Facultät. Er wird versetzt und als Pfarrer angestellt werden. Alles Anhänger von Möhler. Die Menzelsche Schrift ist anti=französisch — besonders gegen den Publicisten*) der Pentarchie gerichtet.

Die Grundsätze, welche die „Volkshalle" in Constanz verbreitet, sind sehr beachtenswerth, sie sind tiefgewurzelt. Ich prophezeie dieser Ansicht rasche Zunahme.

Lesen Sie Nr. 55. Es ist das Programm für den nächsten Bundestag; offenbar von Rotteck. Dieser ist mit Herrn v. Blittersdorff in kirchlichen Dingen ziemlich d'accord. In Baden sieht es übel aus. Hr. v. Otterstedt soll Nebenius zu beschützen gesucht haben.

Fürst Wittgenstein schreibt vom 20., daß in kirchlichen Dingen noch Alles beim Alten sei. Nur keine Gesetze!

---

*) Goldtmann, Verfasser der „Europäischen Pentarchie." Leipzig, Wiegand 1839.

Lassen Sie mal bei Hrn. v. Radowitz fragen: ob die gnädige Frau aus meinem letzten Briefe die Einlage bekommen, und wenn dies der Fall, so ersuchte ich sehr um Beherzigung der darin enthaltenen Bitte. Sollte sie vielleicht abgehalten sein, es zu besorgen, so läßt Fr. v. Radowitz es mir vielleicht durch Sie wissen.

In Bayern scheinen auch große Mißgriffe geschehen zu sein.

Leben Sie wohl, lieber Freund.

Herzlichst der Ihrige 2c.

Zu Neujahr erbitte ich mir den Gneist'schen Geschäfts=kalender für die deutsche Bundes=Canzlei, derselbe ist mir Be=dürfniß geworden.

Stuttgart, 21. December 1839.

Ich habe Ihr Schreiben vom 19. c. erhalten. Also Todtenstille, — man wird uns bald aus dem Schlafe rütteln. — Der „Deutsche Courier" ist verflucht über Hannover — der König Ernst August findet aber auch nirgend Anklang. Seine Fehler, die gewiß vom höchsten Nachtheil für Deutschland sind, berechtigen aber immer nicht zur Schadenfreude.

Es wird nicht allzu schlecht in Bayern auf dem Landtage gehen. In der Hannoverschen Frage wird man aber mit der Regierung zufrieden sein. Dagegen steht dem badischen Gouvernement mancher Kampf bevor, obwohl Hr. v. Blittersdorff sich mit Hrn. v. Rotteck verständigt haben soll. Beide sind in confessioneller Beziehung so zu sagen d'accord und diese Rücksicht, selbst vom Fürsten Metternich zur Schonung anempfohlen, kommt sehr in Anschlag. In Carlsruhe herrscht dumpfe Unsicherheit.

Eine Schrift über die Einsegnung der gemischten Ehen von Professor Mack in Tübingen, Rector des katholischen

Convicts, ganz im römischen Sinne und wahrscheinlich die Ge=
sammtmeinung der katholischen Facultät von Tübingen, hat
großes Aufsehen gemacht. Es ist dies Buch in Tübingen bei
Laupp und in Wien gedruckt, hier aber im Buchhandel er=
schienen, bevor es die Censur passirt hatte. Jetzt hat man es
confiscirt und Laupp verklagt. Dr. Mack wird vom Convict
entfernt und ihm eine Pfarre auf dem Lande angewiesen
werden. Sollte er alsdann nicht stillschweigen, so versetzt man
ihn. Nöthigenfalls will man auch gegen die Facultät vor=
gehen.

W. Menzel's „Europa im Jahre 1840" ist gar nicht
schlecht, anti=französisch. Es war für die deutsche Vierteljahrs=
schrift bestimmt, wo nichts Heftiges geduldet wird. Da Herr
v. Brunow so merkwürdige Concessionen nach London bringt,
so wird er wohl reussiren.

Hr. v. Werther hat um eine jährliche Zulage von 2000
Thalern gebeten. Der König hat aber derb geantwortet und
nur den Wohnungsabzug von 1200 Thalern geschenkt. Herr
v. Werther soll außer sich gewesen sein. Er hatte in Paris
4000 Thaler jährlich zurückgelegt und wollte das auch in
Berlin thun können. Graf Alvensleben ist ihm sehr entgegen,
auch Graf Lottum. Hr. v. Werther hält nur aus, bis sein
Sohn einen Posten hat, dann zieht er sich gleich zurück.

Hr. v. Meyendorff erndtet überall Beifall ein. Auch Fürst
Wittgenstein ist sehr zufrieden und vertraut mit ihm.

Fürst Esterhazy sieht sehr schwarz für Frankreich. Die
Familie Penz ist aus Mecklenburg und verwandt mit Herrn
v. Schildern. Seine Mutter, geb. Gräfin Truchseß, war Hof=
dame bei der hochseligen Königin. Frau v. Radowitz ist sehr
bekannt mit der Familie Penz.

Hr. v. Senft wird den rothen Adler=Orden und Baron

v. Werner den Stern zum rothen Adler-Orden 2. Cl. bekommen. Das war schon im Juni ausgemacht.

Die Theses (I.), in Basel gedruckt, sind vom Professor
Reinwald, früher in Bonn, und sehr in Gunst bei Herrn
v. Schildern.

Von der Königsstraße höre ich gar nichts.

Unter Anwünschung recht vergnügter Festtage der Ihrige ꝛc.

———

Stuttgart, 30. December 1839.

Lieber Freund!

Bei dem Wechsel des Jahres will ich nicht versäumen,
Ihnen meine besten Wünsche darzubringen. Erhalten Sie mir
ja Ihre Freundschaft.

Aus Wien erfahre ich, daß die Angelegenheit der Bundesfestung in Frankfurt zwischen Graf Münch und Hrn. v. Radowitz abgemacht werden soll und daß die hofkriegsräthlichen Ansichten in den Hintergrund treten.

Die Forderungen und Bedenken, welche man behufs der
Fortsetzung des Zollvereins vom 1. Januar 1842 ab neuerdings von Preußen zur Sprache gebracht, sind hier ohne Vor-
urtheil und in praktischer Auffassung aufgenommen worden.
Hr. v. Brunow wird wohl über die Dardanellenfrage, aber
nicht so leicht über die türkisch-egyptische Frage hinwegkommen.

Bei der Ständewahl am Rhein hat man allerdings die
kirchlichen Angelegenheiten aufs Gebiete der Politik ziehen
wollen.

Es kommt ein Herr Busse aus Hannover durch Frankfurt a. M., ich habe ihn an Sie gewiesen und ersuche Sie

ganz gehorsamst, ihm den beiliegenden Wechsel über 100 Thlr. gegen Quittung auszuhändigen.

Vielleicht geben Sie ihm einige Worte für mich mit. Herzlich und treu ꝛc.

Stuttgart, 8. Januar 1840.

Ich habe die Kalender dankbar erhalten und auch Ihr Schreiben vom 4. durch Busse.

Große Freude verursachte mir Ihre Zuschrift vom 2. c.

In Hannover naht der Moment der Entscheidung. Man versichert, der neue Entwurf sei annehmbar, auch über die Mitwirkung der Stände bei der Gesetzgebung (die Hauptsache) sei ein billiger Vorschlag gemacht. Eine Auflösung der dermaligen Stände soll nicht stattfinden; man hat Hoffnung, die zweite Kammer durch einige Wahlen zu ergänzen. Möge sie nicht den Titel Chambre introuvable mehr als die französische von 1815 verdienen.

Mit der Behandlung der Sache in Frankfurt bin ich niemals einverstanden gewesen und Fürst Metternich hat hinterher gemeint, man hätte es besser machen können, man hätte die Sache so stellen können und müssen, daß die constitutionellen deutschen Regierungen nicht in Verlegenheit gesetzt, noch weniger geärgert, sondern in den Fall gesetzt worden wären, uns unbedenklich beizustimmen. Man hätte die Gelegenheit wahrnehmen müssen, als sich eine Anzahl hannoverscher Ständemitglieder an den Bund gewandt hatten.

Man hat von alle dem das Gegentheil gethan und wird es noch sehr bereuen. Verlassen Sie sich darauf.

Würtemberg findet Preußens Vorschlag zur Fortsetzung des Zollvereins gerecht und billig und schickt Hrn. v. Hauber nach Berlin. In all diesen Sachen bin ich hier sehr zufrieden.

Der König ist ein sehr gescheidter Herr, der Alles selbst liest und gern spricht.

Leben Sie wohl, lieber Freund.

Bald wieder schreibt Ihr 2c.

Der Aufsatz über die Preßreform aus dem Branden= burgischen in der Allg. Ztg. ist von Bahlcamp.

Stuttgart, 21. Januar 1840.

Lieber Freund!

Ich danke Ihnen schönstens für Ihr Schreiben vom 18. und bin tief betrübt über den großen Verlust, den uns der Tod des Ober=Präsidenten v. Bodelschwingh bereiten würde. Man wird in großer Verlegenheit sein, ihn zu ersetzen. Graf Arnim dürfte ihn ambitioniren, allein dafür sind sehr wenig Stimmen, am wenigsten die des Königs. Einige werden Stollberg wieder an den Rhein schicken, andere Hrn. v. Bonin dorthin transferiren wollen. Ich weiß in der That nicht, wie man sich helfen wird.

Sie haben dermalen den Fürsten Felix Lichnowsky in Frank= furt. Es ist dies in jedem Fall ein hochbegabter, gewandter junger Mann. Er war mehrere Tage hier und ich habe mich an seiner Unterhaltung sehr delectirt.

Der Tod des Fürsten Alfred Schönburg hat mich gleich= falls sehr frappirt. Wäre er nicht evangelisch gewesen, er hätte längst eine Botschaft gehabt. Sein Vermögen hat er zu einem Fidei=Commiß gemacht, das auf den zweiten Sohn seines drit= ten Bruders übergeht.

Von hier nichts Neues. Professor und Rector Mack in Tübingen, der das bekannte Buch über die Benediction der gemisch=

ten Ehen geschrieben, wird auf Ostern vom Lehr-Amt entfernt und zieht auf eine Landpfarre.

In Frankreich sieht es bunt aus.*) Die Partei von Louis Philippe ist klein, Alles hängt von seiner Person ab. So lange er lebt hält sich die Sache noch.

In Süddeutschland prädominirt noch immer der französische Einfluß — nicht bei den Gouvernements. Die republikanischen Ideen haben allen Credit in Deutschland verloren und man verehrt Frankreich nur noch als Schutzmacht des parlamentarischen Regiments. Die Advocaten vergöttern es. Man zweifelt, daß Hr. v. Brunow vollkommen reussiren werde.

Gott mit Ihnen.

Ganz der Ihrige ꝛc.

Stuttgart, 24. Januar 1840.

Theurer Freund!

Empfangen Sie den herzlichsten Dank für Ihre Theilnahme. Ihre gütigen Worte trafen gleichzeitig mit den übrigen Nachrichten ein.

Nach meinem Militär-Rang hätte ich diese Klasse noch nicht erhalten können, doch hat sie mir die Function des Gesandten verschafft.

Unser Freund, der kürzlich von Carlsruhe in Wiesbaden war, hat wohl auf die erste Klasse gedacht und Graf Henri Redern an die vierte Klasse. Am Ende spart man dem Herrn von Otterstedt das große Band bis zur Verabschiedung auf.

---

*) Eine Flugschrift von Cormenin: „Questions scandaleuses d'un Jacobin au sujet d'une dotation" setzte den Reichthum Louis Philippe's und die Armuth der großen Volksmasse in grellen Contrast.

Die Broschüre ist mir sehr willkommen. Hier kennt man sie noch nicht.

Hr. v. Cotta ist entzückt über die dritte Klasse.

Die Redaction in Augsburg ist leider zu selbstständig, sonst würde man mehr Vortheil davon ziehen; doch ist Herr v. Cotta sehr willfährig, ich will sehen, ob ich mit der Zeit auch in Augsburg bekannt werde. Ich bin sehr begierig, zu hören, wohin die Carlisten ihren Weg nehmen werden. Don Carlos bleibt still in Bourges.

Aus Berlin und Paris sagt man, die zweite Brunow'sche Proposition würde von England nicht angenommen werden, und doch sind Neumann und Werther, Sohn, behufs eines. gemeinschaftlichen Abkommens instruirt.

Gott mit Ihnen. Nochmals meinen herzlichsten Dank.

Ihr treuergebenster ꝛc.

————

Stuttgart, 30. Januar 1840.

Ihr werthes Schreiben vom 26. und 27. c. habe ich gestern erhalten. Es ist recht gut, daß dem Hrn. v. Cotta eine Auszeichnung gewährt worden, und hat mich das wegen seiner persönlichen guten Gesinnung und seines ehrbaren Charakters gefreut; allein dadurch ist noch nicht Alles für die Augsb. Ztg. gewonnen, denn die Redaction ist sehr selbstständig. Vielleicht mache ich einmal einen Abstecher nach Augsburg. Als Hr. Kolbe in Wien war, wurde derselbe sehr gut, sowohl vom Fürsten Metternich als Grafen Sedlnitzky aufgenommen.

Ueber die Broschüre «La frontière du Rhin etc.», welche hier nicht bekannt war und die ich dem Hrn. v. Cotta sofort gegeben mit Bemerkung der erheblichsten Momente, wird in der Allg. Ztg. etwas erscheinen. Bei Hrn. v. Cotta hat das Finanzielle doch immer viel Einfluß — aber in seiner Richtung liegt nicht eine anti-protestantische Gesinnung. Er hat aber Oesterreich sehr zu menagiren, wohin der bei weitem größte Absatz ist. Er braucht 6000 Exemplare, um die Kosten zu decken. Jetzt hat dies Blatt 9000 Abonnenten und außerdem werden noch viele Exemplare auf dem Wege des Buchhandels versendet, namentlich nach Westfalen. Die Cotta'sche Buchhandlung verarbeitet t ä g l i c h 40,000 Bogen Papier.

Der Aufsatz: Der Orient und die französische Kammerdebatte ist wohl hier fabricirt. Ein anderer: Frankreich im Beginn des Jahres 1840 ist von der Censur nicht genehmigt. Brockhaus hat nur 1300 Abonnenten. Zwei neu angestellte Redacteure sind ehemalige Demagogen, einer von Pesth mit polnischem Namen.

In Carlsruhe wurden am 26. die Polen Salesky und Knegorsky arretirt.

Der König hat in einer Cabinetsordre vom 13. c. an die drei betheiligten Herren Minister den Willen wiederholt sehr bestimmt ausgesprochen: in der k a t h o l i s c h - k i r c h l i c h e n An- g e l e g e n h e i t den W e g d e r M i l d e b e i z u b e h a l t e n , s o lange dies ausführbar sein wird. Ich habe auch mehr Zutrauen zu Hrn. v. Radowitz als zum Fürsten Lichnowsky, der ganz und gar das Aussehen eines liebenswürdigen Glücks- ritters hat. Es ist Jammer und Schade, daß seine eminenten Fähigkeiten nicht besser verwendet werden können.

Der Artikel in dem Mannh. Journal über den Zollvereins- vertrag ist vom Hrn. v. Itzstein und die Entgegnung von Minister Böckh. Der gute Freiherr irrt sich, ich weiß dies aus bester unmittelbarer Quelle. Das Jahrbuch 1839 von Herrn Fischer ist die Wiederholung eines ähnlichen vom vorigen Jahre, schlecht, im Tone des nichtswürdigen „Deutschen Courier", der sein Leben nur durch Schimpfen auf Hannover fristet.

Hannover ist ein übles Ding, die Sache ist noch nicht

aus. Die neueste Verordnung des Königs Ernst August macht viel Aufsehen. Allerdings soll der Richter nicht über den Gesetzen sein, aber zum ersten Begriff von Gesetz gehört doch wohl, daß es auf gesetzliche Weise zu Stande gebracht werde. Und hier ist der Knoten. Das Nachtheiligste dabei — fürchte ich — bleibt, daß die Verordnung von den hohen Gerichts-höfen nicht befolgt werden wird.

Hier ist nichts Neues.

Herzlichst und treu 2c.

Prinz Carl Solms ist seit dem 14. October 1839 aus den königl. preußischen Diensten geschieden.

***

Stuttgart, 27. Februar 1840.

So lange habe ich nichts von Ihnen gehört, daß ich mich nur selbst nach Ihrem Ergehen erkundigen muß.

Von hier nichts Neues. — Aus Berlin höre ich nur Klagen. — Hr. v. Bülow ging sehr ungern nach London. Er soll die Verhandlungen in die Hände des Fürsten Metternich spielen, Rußland nicht verletzen und Louis Philippe nicht in Verlegenheit bringen. Die Stimmung gegen Rußland ist gereizt.

Und wie sieht es in Frankreich aus! Alles führt die Katastrophe näher, die Reihen von Louis Philippes Freunden werden immer lichter.

Sie sehen, daß ich Ihre Mittheilung der La frontière du Rhin gut benutzte. Von Graf Malzahn erfuhr ich auch lange nichts. Den Grafen Clam hat ein sehr respectabler Gesellschafter ersetzt.

Was ist denn aus dem Fürsten Lichnowsky geworden.

Die Artikel gegen Rußland in der Allg. Ztg. sind von Hrn. v. Vaerst.

Leben Sie wohl und vergessen nicht Ihren treuen Freund ꝛc.

Stuttgart, 3. März 1840.

Herzlichen Dank für die Zuschrift vom 1. c. Mich betrübt die Stimmung Ihres Briefes, soweit sie Ihre eigenen Verhältnisse betrifft. Wie aufrichtig wünschte ich Ihnen Zufriedenheit. Aber wo ist diese zu finden? Das Gute bahnt sich doch seinen Weg, und gewiß wird Ihr Verdienst und Ihre Ausdauer anerkannt.

Sobald Hr. v. Bunsen in London eingetroffen, wird Herr v. Brunow jene Hauptstadt wohl verlassen. Ich betrachte es als ein wahres Unglück, daß die Beziehungen der drei Mächte immer lockerer werden. Und Einigkeit ist doch gar zu sehr nöthig.

Der „Fränkische Courier" unter der Conze-Zander'schen Redaction ist ein Schandblatt. Die Debits-Erlaubniß desselben für Oesterreich, seitdem die Tendenz des Blattes so auffallend anti-preußisch ist, beklage ich.

Würtemberg ist in der Festungsfrage nicht im Rückstande. Bayern beharrt immer auf Germersheim und hat sich für Rastatt noch nicht ausgesprochen. Eine solche Erklärung auszudrücken, hat der hiesige Hof den von München neuerlich mittelst Note aufgefordert. Es ist auch in dieser Beziehung ein Schritt vorwärts gethan. Die Sache wegen Abtretung und Umtausch des Terrains zum Germersheimer Brückenkopf muß vor die badische und bayerische Kammer.

Hr. v. Böckh geht nicht sowohl zu den Verhandlungen wegen Erneuerung des Zollvertrages nach Berlin, als vielmehr

in der Eigenschaft als Reisender, um mündlich nähere Rücksprache zu nehmen. Von hier geht der Finanzrath Hauber
nach Berlin..

Die Einnahme des Zollvereins war für 1839 sehr günstig.
Es kommen auf den Kopf brutto 23 und netto 21 Sgr. event.
1 fl. 12 kr. Würtemberg nahm 1,100,000 fl. ein und auch
außerdem noch die Pensionsquote von 43,000 fl., vielleicht
kommen von einer nachträglichen Summe noch 30,000 fl. ein.
Der Zollverein ist jetzt nicht mehr aufzulösen.

Graf Luxburg war auf der Reise nach Paris einen Tag
bei uns. Er bleibt heute und morgen in Carlsruhe und trifft
den 9. oder 10. in Paris ein. Sein Gehalt ist auf 75,000
Francs reducirt. Was die Politik anbelangt, so kenne ich sie
nur aus den Zeitungen. Aber Alles bereitet sich zur großen
Katastrophe vor.

In ecclesiasticis nichts Neues. Mit Rom ist nicht
zu unterhandeln, gegen Rom ist lediglich zu handeln.
Hr. v. Thiele wird auf der Reise von Bern nach Berlin wohl
Frankfurt passirt haben.

Von der Allg. Rheinischen Zeitung verspreche ich mir
nicht viel. Gegen die Cotta'sche mit 9200 Exemplaren kommt
keine andere auf.

Gott mit Ihnen. Herzlichst der Ihrige ꝛc.

Stuttgart, 7. März 1840.

Von Bacherer ist zu Carlsruhe in der Müller'schen Hofbuch-
handlung der zweite Theil der „Stellungen und Verhältnisse"
herausgekommen; voller Schlechtigkeiten und Indiscretionen.

Will sich Hr. Thiers *) nur einige Monate halten, so

---

*) Das Ministerium Soult war Ende Februar zurückgetreten; Thiers
ward am 1. März Präsident des Ministerraths und Minister des Aus-

muß er etwas unternehmen, um die National-Eitelkeit der Franzosen für sich zu gewinnen. Im Falle nun Rußland gleichzeitig rasch vorwärts geht, kann es an Collision nicht fehlen. Wer mag aber die Folgen eines Zerwürfnisses unter b Mächten berechnen.

Es ist Thatsache, daß eine große Anzahl katholischer Geistlicher bei dem Erzbischof von Freiburg um Abhaltung einer Provinzial-Synode, insbesondere auch wegen der gemischten Ehen, eingekommen, allein abschläglich beschieden worden ist. Ohne Zweifel werden diese Geistlichen die Sache an die Stände bringen.

Vielleicht nehmen sie Recurs an das großherzogliche Staatsministerium.

Ein geistlicher Lyceum-Professor ist der Verfasser der Bittschrift. Die 600 Unterzeichner sind Anhänger Wessenberg's. Daß der Verfasser zum Lobe des Erzbischofs einen Vers von Virgil citirt, war ungeschickt.

Aus Berlin nichts Beachtenswerthes.

Mit herzlichster Freundschaft 2c.

Stuttgart, 13. März 1840.

Fürst Lichnowsky kam Sonntag Abend an, reiste gestern Abend nach München ab und wird wohl noch einmal hier passiren. Das Manuscript von Hrn. v. Rahden ist an Hallberger für 600 fl. verkauft. Vor dem Druck werden einige Theile in die Allg. Ztg. kommen und Cotta zahlt pro Bogen 100 fl.

wärtigen, Remusat Minister des Innern, Cousin des Unterrichts, Cubières des Kriegs.

Fürst Lichnowsky's Zeichen in der Allgemeinen Zeitung ist ☉. Umgekehrt hat es Hr. v. Eckstein. △ ist General Lichtenstein. = Professor Mohl. Mein Lavement in der Festungssache hat gewirkt. Hr. v. Faber geht morgen nach Carlsruhe und demnächst nach Frankfurt zur Militär-Commission für das achte Corps.

Gott mit Ihnen. Der Ihrige ꝛc.

Stuttgart, 29. März 1840.

Ihr Schreiben vom 21. habe ich gestern Abend dankbar erhalten, und wenn Sie glauben, daß dasselbe für mich nichts Interessantes enthält, so irren Sie sich, mein alter Freund! Im Gegentheil bin ich sehr erkenntlich für alle Mittheilungen; die geringfügigsten Notizen sind mir von Wichtigkeit. Es ist natürlich, daß die hier stattgefundene Vermählung auch dort, wie überall, Gegenstand des Gespräches sein mußte und noch bleiben wird.

Die gemischte Trauhandlung wurde nach Maßgabe desjenigen Verfahrens vollzogen, welches bei der ersten Vermählung Sr. Maj. des Königs von Würtemberg in München beobachtet worden war. Der Graf Neipperg erhielt am 19. das Großkreuz des würtembergischen Kronen-Ordens. Nach der Anzeige im Schwäbischen Merkur ist diese Ehe ein juste milieu zwischen morganatischer und legitimer. Das Vermögen der Prinzessin von etwa 1,500,000 fl. wird hier verwaltet. Außerdem hat sie Diamanten im Werthe von 800,000 fl. Die Vermählung wurde im Innern der Familie ohne Gala gefeiert und von keinem Feste begleitet, spurlos für Stadt und Fremde vorübergehend, selbst ohne Glückwunsch. — Wegen der vierten Bundes-

14

festung find von München in Carlsruhe Instructionen angekommen. Im Wesentlichen entsprechend. Baden soll neue
Opfer bringen und wird sie bringen. Ich betreibe die Sache
und suche bescheiden zu beweisen, daß die Streitenden Deutschland prostituiren und zugleich dessen wichtigste Interessen ge-
fährden.

Ueberhaupt aber darf die gegenwärtige Generation nicht hoch-
müthig auf die Herren mit ihrem schleppenden Geschäftsgange der
Reichstage zurückblicken, wir machen es nicht um ein Haar besser.
Die hannoversche Sache nimmt an Bedeutung zu, die Debatte
über Hannover in der sächsischen Kammer wird auch in Baden
Recriminationen erzeugen. Hannover ist ein arger Feind für
Deutschland, zumal jetzt. Am Ende wird der Bund doch positiv
einschreiten müssen. Wie fatal! wie mißlich! Man sollte dem
Könige einen Termin setzen, bis wohin er allein handelnd die
Sache beseitigt haben müßte. Ich finde Modificationen der
ständischen Wahlen dem Gouvernement gegenüber allerdings
nothwendig und bin wahrlich kein Feind der neuen Constitu-
tionen und der jungen deutschen Liberalen nach französischem
Zuschnitt, die sich in der Leetüre der französischen Zeitungen
berauscht haben, um Frankreich weit mehr als um Deutschland
bekümmern und alles Heil von Frankreich erwarten. Diese
Art Leute sind noch nicht vom Schauplatz verschwunden.

Aber das, was der König Ernst August angerichtet, und
wie er es angefangen, bedaure ich schmerzlich, besonders für
Preußen. Glauben Sie mir, diese Sache ist voller Bedeutung für uns.

Ueber Bayern ein andermal, ich habe gute Quellen dort. —
Auch über Baden höre ich viel. Heute nur, daß die Un-
sittlichkeit und Irreligiosität sehr überhand nimmt. Man behauptet, daß dies Jahr bereits 14 Mordthaten dem Justiz-
Ministerium angezeigt sind. Ueberall Verfall!

Minister Mühler that wohl kaum recht, officiell die Macht der Publicität anzuerkennen. Sein Artikel läßt immer den Eindruck zurück, als ob Conflicte obwalteten.

Brunow also bleibt als Gesandter in London und empfängt nicht den Thronfolger, der gegen den 8. oder 9. in Dower sein wird, Ostern feiert er im Haag. Graf Orloff begleitet Se. kaiserl. Hoheit. Graf Medem aus Paris wird mein russischer College. Hr. v. Brunow ist famoser Redacteur, geschmeidig, ob aber Staatsmann und loyal, lasse ich dahingestellt. Hr. v. Meyendorff hat sich großes Vertrauen in Berlin erworben und ist von bestem Eifer beseelt, dort etwas Nützliches (nicht engherzig Moskowitisches) für beide Lande und Cabinette in allgemeiner Welt=Ansicht zu leisten. Er hat des Franzosen Abwesenheit gut benutzt. Dieser ist still verdrießlich und hat das Terrain nicht mehr so günstig für sich gefunden. — In kirchlichen Angelegenheiten Stillstand — so wie die Sachen stehen — das Beste. Ein Streit zwischen Rom und St. Petersburg muß losbrechen, so sehr auch die päpstliche Curie zögert. Gegen die Gewaltstreiche von Rußland erbleicht alle kirchliche Polemik.

Die hiesige Presse zu überwachen, ist sehr schwer. Ich thue mein Mögliches und habe viele Verbindungen deshalb geknüpft. Einseitiges Verbieten nutzt nichts, aber man muß wissen, was erscheint.

Zu Ihren Notizen theile ich Ihnen einige Correspondenzzeichen der Allg. Ztg. mit. Aber nur für Sie und Herrn v. Radowitz, ich verlasse mich darauf. Aus Paris △ General Lichtenstein. = Professor Mohl. ⌣ der junge Savigny. ♂ Seiffert. ♀ Hr. v. Eckstein. ☿ Lichnowsky, auch mit einer Lilie.

Letzterer soll noch in München sein und Donnerstag nach Wien abgehen wollen. Er wünscht mit Geldunterstützung von Cotta nach dem Orient zu gehen. Hallberger zahlte im Ganzen an Fürst Pückler 150,000 fl. Die bald erscheinenden neuen sechs Bände zahlt er mit 30 Louisd'or pr. Bogen. Futter für die Leihbibliotheken.

Professor Mack geht ruhig auf seine Pfarre. Ein anderer katholischer Geistlicher Namens Hunte wollte eine gemischte Ehe nicht einsegnen. Er ist suspendirt und wird auf eine minder einträgliche Caplanei versetzt. Ein vom Bischof bezeichneter katholischer Pfarrer copulirte jene Ehe ohne Widerspruch. Die Petition der 600 katholischen Geistlichen aus Baden um Synode kommt an den Landtag. Eine katholische Diöcesan-Synode wird in Baden ebenso wenig als anderwärts zugegeben werden. Wollte man eine katholische Synode gestatten, so könnte man auch eine evangelische nicht verweigern, und so würde man neben dem politischen Landtage noch zwei kirchliche haben. Treffliche Einrichtungen, um alles von Grund aus in Gährung zu setzen.

Fürst Wittgenstein ist über den St. Hubertus sehr böse. Der Exkönig von Westfalen war auf seiner Rückreise von London nach Florenz gestern in Hechingen. Der König von Würtemberg hatte sich seinen abermaligen Besuch verbeten.

Viel Empfehlungen an Herrn v. Radowitz und Herrn v. Sydow. Der junge Hr. v. Werther beeilt sich, der Papa will ihn schnell zum Amte bringen. Das, was ihm fehlt, kann er ihm aber nicht geben. — Von der Königsstraße höre ich gar nichts.

Sollte der gute Finanzministerialrath Raumer abgehen, so wird man sehr verlegen sein, ihn zu ersetzen. Schon für das Oekonomie-Departement, wo persönliche Rücksichten gar nicht schwer sind, weiß man keinen Ausweg, dachte sogar an den Gen.-Proviantmstr. Stetter, nachdem General Heser abgelehnt hatte! Von meinem Nachbar, Hrn. v. Otterstedt, höre ich gar nichts. Der Herzog von Nassau hat in Berlin gefallen, äußerte sich bestimmt und gut und war bescheiden. Er muß die guten Worte aber durch Handlungen bestätigen. Er soll mit Berlin sehr zufrieden sein.

Erhalte Sie Gott und schreiben Sie bald wieder.

Herzlichst der Ihrige ꝛc.

Stuttgart, 8. April 1840.

Ich habe Ihnen für zwei Briefe zu danken. Die hannoversche Frage ist und bleibt ein übles Ding und wird am Ende noch mehr Ungemach aufgerührt haben, als man es jetzt schon weiß oder sieht.

Gottlob, daß es mit dem Könige besser geht. Einige Tage müssen doch recht ängstlich gewesen sein. Personen, die Se. Majestät seit 1½ Jahr nicht sahen, können sich über die Veränderung des verehrten Monarchen gar nicht beruhigen.

Mit Thiers geht es eine Weile. Das Princip der Juli-Revolution wird sich aber doch schon Luft machen; jedes Princip ist stärker als die Menschen. Ob ein solcher Zeitpunkt nahe ist; ob er durch irgend eine Schwankung wiederum bei Seite geschickt wird, das wage ich nicht zu beurtheilen, aber kommen wird er gewiß. Unterdessen liegt in Deutschland das Wichtigste darnieder! und trotz der drohenden Zeichen der Zeit disputirt man darüber, ob man bonnet blanc oder blanc bonnet zu sagen habe, sucht verwickelte Formen für die einfachste Sache, bis das quos ego aus Frankreich zu uns herüber tönen wird.

In der kirchlichen Angelegenheit scheint das Abwarten das Bessere zu sein, denn die Nachtheile überwiegen unbedingt die Vortheile. Die allgemeine Aufregung des Publicums geht vorüber, das Interesse an dieser vielbesprochenen Sache nimmt ab, und man neigt sich schon dazu, andern wichtigen Tagsbegebenheiten zu widmen.

Bei der Beschäftigung mit Rußland und den neuerlichen Verhandlungen des ungarischen Landtages wird uns der Greis in Rom vielleicht etwas in Ruhe lassen, wenn er nicht schon in dem letzten geheimen Consistorio gegen den Bischof von Breslau fulminirt. Hr. Bunsen, der mit Niebuhr im 7. Heft der Görres'schen Blätter gewaltig mitgenommen, hat jetzt genug in der Schweiz zu thun oder besser nichts zu thun. Es sieht dort in allen Cantonen erbärmlich aus.

Von dem neuen Buche des Hrn. v. Wessenberg*) ist die letzte Abtheilung des vierten Bandes, besonders auf Bogen 20 und 21, für Preußen interessant.

Der Prinz Friedrich von Würtemberg geht am 11. über Dresden, Breslau und Warschau nach Petersburg, wo der Prinz am 26. c. eingetroffen sein wird. Se. K. Hoheit begleitet die Frau Großfürstin Helene nach Deutschland, welche die Reise Anfangs Mai antritt und über Berlin nach Wiesbaden, um dort vier bis fünf Wochen zu bleiben; später gebraucht sie vielleicht ein Seebad in Italien. Der Kaiser reist am 22. Mai von Petersburg ab, über Warschau nach Fischbach und später nach Ems.

Das ist Alles, was ich Ihnen mittheilen kann.

Was hört man vom Baron v. Trott?

Meine Empfehlung allen Bekannten. Der Ihrige 2c.

Stuttgart, 12. April 1840.

In der badischen zweiten Kammer hat man die Affaire in der hannoverschen Verfassungs=Angelegenheit tanzen lassen.

---

*) Wessenberg, J. H. von, die großen Kirchenversammlungen des 15. und 16. Jahrhunderts in Beziehung auf Kirchenverbesserung geschichtlich und kritisch dargestellt, mit einleitender Uebersicht der früheren Kirchengeschichte. Constanz. 1840. 4 Bde. gr. 8°.

Hr. v. Blittersdorff hat passend geantwortet und sowohl den König als den Bund zu schonen gewußt.

Das Präsidium ist für Preußen jetzt äußerst perfide, des Grafen Münch Ausbleiben sehr traurig. Wie sehr wird man es noch zu beklagen haben, daß der Bundestag nach längerer Berathung beschlossen hat, es sei nichts zu beschließen. Die hannoverschen Unterthanen sagen jetzt mit Faust: „die Botschaft hören wir wohl, allein uns fehlt der Glaube". Bei ihnen dauert die Session fort, wie am Bunde. Und wenn hier die Minorität zur Majorität wird? Was dann!?

In dem Artikel Marmier und die deutsche Literatur sind treffliche Gedanken. Der Aufsatz von Lichnowsky: „Frankreich im Beginn von 1840" ist zwar grell aber wahr. — Mein Trost ist, daß beim Gang der jetzigen Zeit das Unwahrscheinlichste am ersten geschieht, wir also Frieden behalten. Aus Berlin bin ich mit den Nachrichten über des Königs anhaltende Schwäche gar nicht zufrieden. Er hatte nur einen Tag Fieber und konnte sich fast gar nicht erholen. Die Fürstin und die sous ordres der Umgebung sind sehr besorgt, auch ein großer Theil des Berliner Publicums, aber nicht des Königs Kinder

In der Differenz wegen Abtretung des Terrains zum Brückenkopf von Germersheim hat Bayern endlich nachgegeben. Die Erklärung der Staaten des 7. und 8. Armeecorps bei der Militär=Commission wird nun bald erfolgen, wenn auch nicht wörtlich mit den preußischen Anträgen übereinstimmend, aber doch von der Art, daß keine erheblichen Erinnerungen und gar solche zu machen sein dürften, an denen das Ganze scheitern könnte. Der Hr. Freiherr v. Otterstedt befindet sich auf Befehl in Darmstadt.

In kirchlicher Beziehung Ruhe oder Stillstand. Das Abwarten ist gut und thut das Meiste.

Mit der bekannten Gesinnung ꝛc.

Stuttgart, 10. Mai 1840.

Ihr Schreiben vom 7. d. M. flößt mir von neuem große Theilnahme ein. Könnte ich nur Ihnen dienlich sein.

Graf Malzahn schreibt mir unter dem 4. tiefbetrübt. Er hat gar keine Hoffnung sein Sehen erhalten zu sehen.

An Graf Münch's Abreise glaubt er nicht eher, als bis die Wiener Zeitung dieselbe angezeigt. Die hannoversche Frage ist ein übles Ding, ich glaube noch an keine Verständigung des Königs.

Man verlangt nicht gerade die Wiederherstellung des Grundgesetzes von 1833, sondern nur dessen Abänderung unter Zuziehung der Stände von 1833, hier in Südbeutschland läßt man sich nicht beikommen zu beurtheilen, ob das Grundgesetz gut oder schlecht sei, sondern man hat blos die Rechtsfrage bei seiner Aufhebung im Auge. Wie diese entschieden wird, das bedroht oder sichert sie. Eine noch so entfernte Einwirkung auf die Erledigung der Frage in jenem Sinne wird die Gemüther beruhigen; eine Einwirkung auf Erledigung überhaupt, gleichviel aus welchem Gesichtspunkte, wird das Entgegengesetzte bewirken.

Höher als die geistigen stehen die materiellen Interessen. Ergreift Preußen bei den dahin einschlagenden Fragen die Initiative zu ihrer künftigen Lösung im Interesse Deutschlands, so wird ein solcher Jubel für Preußen entstehen, daß sich dagegen Parteien in Preußen selbst nicht halten, gar nicht einmal mehr zu Gehör kommen können, wobei dann sogar alles frühere Zögern zu seinem Vortheil ausgelegt werden wird. Dies erweist sich schon jetzt aus dem Projecte der Eisenbahn von Hannover nach dem Rhein. Die Wirkung der bloßen Nachricht ist groß! Früher waren die Gesetze und Maßregeln nur aus dem Gesichtspunkte betrachtet worden, daß sie dergleichen Unternehmungen erschweren, es wurde in ihnen nichts erblickt, als ein Widerstreben gegen das Fortschreiten der Industrie und als höchst unpolitisch hatte man die verweigerte Uebernahme der Cölner Actien nebst ihrer Folge, die Ueberlassung an Belgien, angesehen. Jetzt lobt man nur die Weisheit des Staats, nichts voreilig zu begünstigen, was sich noch nicht bewährt habe, fremde Erfahrungen abzuwarten und dann klüglich, dann so energisch selbst die Initiative zu ergreifen, sich mit einem so colossalen Unternehmen selbst voran zu stellen. Jetzt muß auch Preußen Recht wegen der Cölnischen Actien gehabt, es muß vorausgesehen haben, daß die Cölner sich allein helfen würden, auch ist es nun auf einmal die ganz richtige Politik geworden, den Belgiern Einfluß auf Rheinpreußen zu gestatten, indem man dadurch das Bewußtsein zu erkennen gab, diesen Einfluß nicht zu fürchten.

In der Sache der vierten Bundesfestung ist man in Carls=ruhe sehr vorgeschritten und hier hat man bedeutend nach=gegeben, Alles hat sich zwar nicht wörtlich, aber doch wesentlich dem preußischen Votum angeschlossen. Die kirchlichen An=gelegenheiten stehen auf dem alten Fleck. — „Abwarten" ist das Beste.

Mit der Gesundheit des Königs ist Hr. v. Schildern gar nicht zufrieden. Gott erhalte den theuren Monarchen.

Schreiben Sie ja bald Ihrem treu ergebensten 2c.

————

Stuttgart, 17. Mai 1840.

Es ist mir sehr erfreulich, daß der Hr. Oberstlieutenant v. Radowitz in meine Gegend kommt; ich werde gewiß von seiner Nähe profitiren. Aber daß die Militär=Commission sechs Wochen keine Sitzungen hält, ist bedauernswerth, da die gleichlautenden Abstimmungen des 7. und 8. Corps in Zeit von 14 Tagen in Frankfurt sein können.

Vom König habe ich immer noch keine beruhigende Nachricht. Schönlein ist consultirt. Er wird den Marasmus bei 69 Jahren nicht aufhalten.

Graf Dönhoff fiel vom Pferd und verrenkte sich den Arm. Hr. v. Otterstedt geht nach dem Haag und Hr. v. Canitz aus Dresden ersetzt ihn in München. Die Königin Caroline in München ist bedenklich krank. Man hat die Töchter avertirt. Hr. v. Thile will in die Schweiz über Stuttgart zurückkehren. Bunsen ist böse, daß die Augsburger Redaction seinen schlechten Artikel über die Schweiz nicht aufnehmen will. Sonst correspondirt er hierher wegen Gesangbuch u. dergl. — Hr. v. Frankenberg kehrt in den ersten Tagen des Juni von Carlsruhe nach Berlin zurück. Baden macht eine Anleihe von 5 Millionen Gulden. Das ist die Musterverwaltung des Hrn. v. Böckh, für den Hr. v. Otterstedt immer noch schwärmt.

Ehestens mehr.

Treu und herzlichst 2c.

Stuttgart, 26. Mai 1840.

Lieber Freund!

Ich habe den Hrn. v. Dusch um Auskunft über eine Dame Schramm gebeten; vielleicht gehen Sie vorbei und lassen ihn ersuchen, mir recht bald eine Antwort zu schicken. Die Nachrichten aus Berlin betrüben mich sehr.*) Es sieht dort sehr schlecht aus; übler als man glaubt!

Herzlichst der Ihrige 2c.

---

*) Letzte Krankheit des Königs.

Stuttgart, 8. Juni 1840.

Tausend Dank für Ihr Schreiben vom 5. c. Seit der Nachricht aus Berlin vom 3. und namentlich seit einem Schreiben meines Bruders vom Palais des Königs habe ich alle Hoffnung sinken lassen. Ganz Deutschland wird fühlen, was ihm der König war.

Die Stimmen, welche jetzt laut werden, sind lehrreich für den Nachfolger; ihn wird die Entscheidung gesammelt antreffen.

Wenn man auf Kopenhagen blickt und an das Liebäugeln mit Adressen, womit man dort debütirte, denkt und an die Stimmung jetzt?

Die Trauerpost kommt über Coblenz per Telegraph zuerst nach Frankfurt, ich rechne daher ganz auf Sie.

Gott mit uns. Möge der Allgütige dem Kronprinzen und seinen Rathgebern zur Seite sein.

Der Ihrige ꝛc.

Stuttgart, 13. Juni 1840.

Die Trauernachricht kam am 10., Morgens, über Frankfurt dem Schwäb. Merkur und gleichzeitig von Carlsruhe durch Graf Bismarck dem Grafen Beroldingen zu. Die positive Benachrichtigung von Hrn. v. Werther und meinem Bruder traf mit Ihrem lieben Schreiben vom 10. den 11., Abends, ein.

Weiteres ging mir noch nicht zu.

Jetzt gelten nur noch die Erinnerungen an des hohen Verblichenen wahre fürstliche Größe, an die Würde seines ganzen Wesens, an seinen königlichen und christlichen Sinn. Das Gedächtniß des Gerechten bleibt im Segen. Mit Hoffnung und Vertrauen auf die Geisteskräfte, die reife Umsicht und den edlen, ritterlich frommen Sinn unseres jetzt regierenden Königs

Majestät rufe ich: Lange lebe der König und segensreich für
Alle, welche die deutsche Zunge vereinigt, wie für die ganze
Menschheit! Hier ist aufrichtige Theilnahme, stille und warme
Würdigung der hohen Verdienste des Verewigten. Gott er-
leuchte den König und gebe ihm gute Rathgeber.

Was Sie Neues aus Berlin erfahren, theilen Sie mir
ja mit.

Von Hrn. v. Radowitz habe ich lange nichts gehört, ich
konnte ihn noch nicht besuchen.

Ich werde heute den König von Würtemberg in seinem
Cabinet en frac sehen.

Gott mit Ihnen.

Herzlichst und treu ꝛc.

Stuttgart, 3. Juli 1840.

Theuerster Freund!

Ich habe einen zweimonatlichen Urlaub und bin im Begriff
nach Triest zu gehen. Gegen Ende August bin ich wieder in
Stuttgart. Behalten Sie mich während dessen in gutem Andenken und lassen Sie mir bei meiner Rückkehr Nachricht von
sich finden.

Mit der bekannten Gesinnung und den herzlichsten Wünschen
der Ihrige ꝛc.

Stuttgart, 2. Januar 1841.

Ich habe so lange nichts von Ihnen gehört, daß ich mir
die Freude nicht versagen kann, Ihnen alles Gute zum Wechsel
des Jahres auszusprechen. Erhalte Sie der Himmel gesund

und lasse der Allgütige Ihnen Freude und Glück an den
Ihrigen erleben.

Aus Berlin und Wien schreibt man nach den empfangenen
Rückäußerungen des französischen Cabinets sehr friedlich und
glaubt nicht, daß der Bund werde noch incommodirt werden.
Dagegen gibt man den Rath, in den Zurüstungen nicht nach=
zulassen.*) Der englische Botschafter treibt in Oesterreich eben=
falls sehr lebhaft dazu.

Wie sieht es denn nun nach des Hrn. v. Radowitz Mission
mit den Eröffnungen wegen der Festungsfrage an die Bundes=
Versammlung aus? Es waren ja alle Hindernisse aus dem
Wege geräumt, die dänische Opposition abgerechnet?

Einen Bundestagskalender hätte ich sehr gern.

Von Hrn. v. Nagler bekam ich unter dem 26. Mai v. J.
ein Schreiben. Er versichert sehr bergab zu gehen.

Gott mit Ihnen.

Herzlich und treu 2c.

Stuttgart, 9. Januar 1841.

Lieber Freund!

Ich habe Ihre Sendung dankbar empfangen und ersuche
Sie nun ganz ergebenst, mir auch Ihre Auslagen wissen zu
lassen.

Daß die Festungs=Angelegenheit wieder ruht, ist sehr be=
trübend. — Nach alle den in München und Carlsruhe sowie

---

*) Am 15. December 1840 hatte die Beisetzung der Ueberreste Na-
poleon's im Invalidendom stattgefunden. Hunterttausende, meist Vor-
städter schrien: „Es lebe der Kaiser! Es lebe Thiers! Nieder mit den
Ministern des Auslauds! Rache an Europa!" und sangen die Marseillaise.

hier entgegen genommenen Garantien hieß es Hand ans Werk
legen; frische Fische, gute Fische. Jetzt scheint diese importante
Angelegenheit wieder auf die bewußte lange Bank geschoben zu
werden, wodurch am Ende der Hauptgewinn der Militärmission
verloren geht.

Jetzt war noch die Gesinnung gut, wie wird es erst werden,
wenn die gegenwärtige allgemeine Erbitterung der Deutschen
gegen die Franzosen vorübergegangen ist.*) Die ersten Nach=
wehen werden die constitutionellen Staaten in den Verhand=
lungen mit den Ständen empfinden, wenn man über die
politische Frage des Tages Rede und Antwort verlangt.

Aus Berlin höre ich, daß Hr. v. Radowitz wieder nach
Frankfurt zurückkehrt. Von sonstigen Veränderungen hörte ich
nichts, obgleich noch immer die Rede davon ist. Die Erklärung
des Hrn. Streckfuß in der Leipz. Allg. Ztg. vom 1. c. gefällt
sehr. Er ließ so etwas nicht ohne Vorwissen seines Chefs, ja
ich glaube, des Königs abdrucken. Von Streckfuß, dem eifrigen
Manne, findet das Glauben.

Die deutschen Staaten sind gewilligt und genöthigt einen
bewaffneten Friedensstand bei sich zu unterhalten und dennoch
wird man im Frühjahr keinen Krieg, aber auch keinen Frieden
haben, inzwischen wird jeder Staat des gespannten Zustandes
überdrüssig werden und in aller Stille seine Rüstungen wieder
eingehen lassen, wenn er sie überhaupt vorgenommen hatte.

Ist Fürst Lichnowsky noch in Frankfurt? Und hat er
wirklich mit der Gräfin Schaumburg zu thun gehabt? Ich
zweifle durchaus nicht daran, denn in Berlin stand er mit
ihr in Correspondenz.

---

*) Becker's Rheinlied hatte als Demonstration gegen die Thiers'schen
Rheingelüste großen Anklang gefunden. Als Erwiderung dichtete Alfred
de Musset sein Nous l'avons eu Votre Rhin Allemand.

Nebenius hat eine kleine Schrift drucken lassen, ein Specimen deutscher Art, welches ein Pflaster für jede Wunde enthält.

Auch in München erschien eine kleine politische Schrift von Müller, die manches Gute enthält. Der Verfasser war früher sans-culotte-Jacobiner-Clubbist 2c.

Von des Hrn. v. Bülow Uebersiedelung ist mir gar nichts bekannt.

Ist ein Schreiben von mir in Frankfurt zur Beförderung nach Berlin angekommen? Ich werde ehestens ein zweites senden. In Frankfurt mag es gelesen werden; ich möchte es nur nicht durch Bayern gehen lassen.

Gott erhalte Sie, schreiben Sie mir bald und lassen Sie mich wissen, wie es mit der Festungsfrage steht.

Ganz der Ihrige 2c.

<hr />

Stuttgart, 20. Januar 1841.

Es wird der Hr. v. Mieg Instructionen von hier er-halten, nur wünscht man gar sehr das Ausschußreferat kennen zu lernen. In jedem Falle hält man die dem Hrn. v. Rado-witz gemachte Zusicherung in Bezug auf die Bundesfestung fest und hat hier keine arrière-pensées. In Carlsruhe geht die Conferenz nicht vorwärts. General Baur hat 33 fl. tägliche Diäten und möchte gern recht lange dort bleiben.

Zwischen hier und München findet eine Differenz wegen des Commandos statt und so lange diese nicht beschwichtigt ist, werden die Carlsruher Conferenzen nimmer Lohn geben.

Die Nachricht, daß in Preußen die Correspondenz der Bischöfe mit Rom freigegeben ist, verursacht große Sensation und im Ganzen ist man hier gar nicht damit zufrieden. Andere finden es recht, aber verlangen, daß das Placet für die Bischöfe

um desto genauer sei. In der Kirche lasse man den Geistlichen
Freiheit, thun sie aber außer derselben etwas den Staatsgesetzen
Unbehöriges, so schlage man ihnen auf die Finger.

Mit Frankreich gibt es wohl jetzt Ruhe, aber diese Ruhe
ist keine verläßige. Die Nation ist in allen socialen Verhältnissen aufgelöst und verderbt, und dies ist für uns der gefähr-
lichste Punkt. Inzwischen ist es ganz gut, wenn alles vermieden
wird, was reizt. Daher sind die rücksichtsvollen Noten in dem
diplomatischen Geschäftsgange ganz zweckmäßig.

Geben Sie mir ja bald wieder Nachricht.

Herzlichst und treu 2c.

———

Stuttgart, 23. Januar 1841.

In Carlsruhe sind erst zwei Conferenzen gehalten. Herr
v. Obercamp und General Lynker waren krank. Für Instruction
an den Hrn. v. Mieg von hier ist gesorgt. In Carlsruhe
wird man die Verhandlungen möglichst beschleunigen.

Aus Wien trafen vom 16. sehr werthvolle vortreffliche
Communicationen hier ein; höchst gediegene Arbeiten. Aus Berlin
hörte ich amtlich lange nichts.

Nachdem den Bischöfen der freie Verkehr mit Rom gestattet, nachdem die Concession einmal gemacht ist, bleibt nichts
übrig, als zu hoffen, daß sie wenigstens das Vertrauen in der
katholischen Bevölkerung wiederherstellen werden, wenn sie auch
in Rom, anstatt Dankgefühle zu erwecken, nur mißbraucht wird.

In den Staaten der oberrheinischen Kirchen-Provinz besteht der gleiche Grundsatz, indem eine Verordnung dieser Staaten,
hier vom 30. Januar 1830, den Bischöfen in Gegenständen
ihrer Amtsverwaltung freie Verbindung mit dem Papst gestattet.

In dem katholischen Oesterreich ist dies anders, und dort werden die Verhandlungen der Bischöfe mit Rom durch die Regierung vermittelt.

Gott mit Ihnen.

Der Ihrige ꝛc.

Stuttgart, 26. Januar 1841.

Würtemberg hat dem Hrn. v. Mieg die Verabredungen mit Hrn. v. Radowitz und General Heß geschickt, um daraus zu entnehmen, zu was sich der König von Würtemberg in der Festungsfrage verpflichtet; da Se. Maj. gewohnt sei, sein Wort zu halten, so wird der Hr. v. Mieg abnehmen können, worauf die Würtemberger Instruction hinauslaufen werde. Diese soll unvorzüglich erfolgen, so bald der Entwurf zum Vor- und Antrag des Präsidii bekannt sein werde. Ein solcher ist hier noch nicht mitgetheilt.

In Carlsruhe hat sich die dortige Conferenz mit der Festungsfrage beschäftigt. Baden hat aber, wie man hierher geschrieben, noch keine Instruction nach Frankfurt geschickt.

Hier hält man Bundesbeschlüsse in Militär-Angelegenheiten für sehr nöthig, nur kann man sich nicht eher darüber äußern, als bis man die Anträge kennen wird. Ich weiß, was der König von Würtemberg dem Großherzog von Baden gesagt, da Se. Maj. übereinstimmend zu uns beiden gesprochen, und ich des Grafen Beroldingen Bericht kenne.

Wenn uns auch die Franzosen gewiß nicht angreifen, so ist doch ein Bundesbeschluß und in jeder Beziehung Vorbereitung gegen Ueberraschung nothwendig.

Stuttgart, 10. Februar 1841.

Die Conferenzen in Carlsruhe schreiten zwar vorwärts, aber Würtemberg und Bayern haben sich noch immer nicht wegen Besetzung der Befehlshaberstellen in Ulm einigen können. Bayern will Würtemberg den Gouverneur zugestehen, aber den Commandanten absprechen. Würtemberg dagegen besteht auf dem Commandanten der Stadt und will, daß Bayern den Genie-Director und den Commandanten in dem Brückenkopf erneue; dagegen sträubt sich Würtemberg, weil diese Regierung künftighin den größten Theil ihrer sämmtlichen Truppen, alle ihre Depots, Werkstätten und Vorräthe in Ulm etabliren und nicht gern einem bayerischen Commandanten die Strafbefugniß über würtembergische Truppen einräumen möchte.

Wie ich höre, hat im Auftrage der Carlsruher Conferenzen der Hr. v. Obercamp einen Entwurf zu gemeinschaftlichen Instructionen der Staaten des 7. und 8. Armee-Corps an die Gesandten in Frankfurt über die Festungssachen verfertigt, welcher den übrigen Mitgliedern in den letzten Tagen vorgelegt werden sollte.

Der Antagonismus zwischen Würtemberg und Bayern ist groß und nicht aus Staatsinteressen entsprungen, sondern aus rein persönlicher Animosität.

Ueber die Sendung des General Heß hat Oesterreich hier eine Mittheilung gemacht.

Daß die Erläuterungen zur Bundes-Kriegsverfassung bald gemacht werden, ist sehr wünschenswerth, denn sobald die Besorgniß wegen Frankreich in den Hintergrund tritt, werden sich nicht alle Stimmen in Frankfurt vereinigen lassen.

In Würtemberg und Baden ist viel von Bildung einer Landwehr die Rede.

Allerdings ist es sehr wünschenswerth, daß Süddeutschland wehr- und schlagfertig gemacht werde. Ein großes Reserve- und

Landwehr=System ist populärer und wohlfeiler als Vermehrung des ordentlichen Contingents, welche sehr leicht durch Revision der Bundesmatrikel zu erzielen sein würde.

Aus Berlin nichts Bedeutendes. Viele Bälle und Feste. Vom Abgang des Hrn. v. Werther verlautet noch nichts; doch wird er erfolgen. Geh.=Rath Eichmann hat mehr Einfluß bekommen. Geh.=Rath Lecoq verlangt wirklicher Geh. Legations= Rath zu werden. Darüber fulminirt Hr. Philippsborn, der schon wegen Eichmann ganz aus der zweiten Abtheilung getre= ten ist.

Der König von Würtemberg hat sich durch mich einen preußischen Ingenieur=Officier zum Baue von Ulm ausgebeten.

Alles das ist nur für Sie, lieber Freund.

Herzlichst der Ihrige 2c.

Stuttgart, 20. Februar 1841.

Herzlichen Dank für die Zuschrift vom 18. c. Es war sehr gut, daß der Hr. Graf v. Münch die Vorträge hielt.

Die Arbeit des Hrn. v. Obercamp ist mir längst bekannt und ich habe die unter den Staaten des 8. und 7. Armee=Corps herrschende Ansicht über Nr. 5 des Gutachtens der Militär= Commission vom 10. October immer bestritten und ihnen dagegen diejenigen entgegengehalten, welche auf Recht und Billigkeit gegründet und in der Denkschrift des Hrn. v. Radowitz enthalten ist, so Herr v. Werther unter dem 14. August der deutschen Mission mit= getheilt hat. Dem Vernehmen nach soll Hr. v. Mieg angewie= sen sein, die von dem Hrn. v. Obercamp entworfenen Instruc= tionen in Frankfurt zu befolgen. Alle Differenzen wegen des Punktes der Gebäude werden sich gewiß noch ausgleichen. Man will in dem Garnisonsgeld=Streite wahrhaftig nichts Unge= höriges.

Ueber die Commandoverhältnisse in Ulm ist noch nichts aus München gekommen.

In Carlsruhe hat man die Wünsche Würtembergs nach München vertreten.

Am 11. traf in Wien die Nachricht ein, daß General Heß seine Mission zur Zufriedenheit des kaiserliches Hofes beendet.

Der General Heß war ganz der Mann dazu alle Mißverständnisse zu lösen. Oberst v. Radowitz hatte sie verursacht.

Graf Malzahn hat dessen Sachen mit großer Ruhe und Kenntniß der Verhältnisse in Wien und Deutschland geleitet, indem er allen unpraktischen Ideen bestimmt entgegentrat.

Graf Malzahn hat mir die Heirath seiner Tochter angezeigt und äußert sich zufrieden damit.

Gott mit Ihnen.

Schreiben Sie ja bald wieder, ich blicke mit Ungeduld auf das, was dem Bunde wird eröffnet werden.

Hier in diesen Gegenden denkt man sehr an ein Landwehrsystem.

Herzlichst der Ihrige ꝛc.

Stuttgart, 24. Februar 1841.

Theuerster Freund!

Hr. Graf v. Beroldingen hat den Hrn. v. Mieg unterm 22. angewiesen, sich mit Hrn. v. Dusch und Gruben auf Grund der in Carlsruhe entworfenen gemeinschaftlichen Instructionen zu verständigen, um unter Vorbehalt dreier Punkte das Protokoll morgen zu unterzeichnen.

Der Vortrag des Hrn. Grafen Münch hat hier wegen der conciliirten Sprache sehr gefallen und man läßt dem Herrn

Präsidenten geziemende Anerkennung zu Theil werden. Wenn nur von München Instruction erfolgt. Graf Dusch glaubt, daß keine erfolgen werde.

Dies bereitwillige, das allgemeine Beste von Deutschland uneigennützig ins Auge fassende Votum Hannovers hat sehr angenehm überrascht, mochte es auch beschämen.

Mit General Heß war man äußerst zufrieden in Berlin.

Die Heirath des alten Königs von Holland ist ohne politische Wichtigkeit. Ich wollte, sie wäre unterblieben.

Der Tod der vortrefflichen Kurfürstin*) hat mich aufrichtig betrübt. Eine edle Seele, ein Martyrer weniger.

Ueber die colossalen Orgien auf den Berliner Maskenbällen spricht man ja sehr viel.

Frankreich beunruhigt uns wohl nicht sehr? Jouffroy's Geständnisse von Frankreichs Schwächen nach Innen und Außen sind sehr merkwürdig.

Wenn eher erwartet man Hrn. v. Radowitz?

Die sieben Landtage werden viel zu thun geben.

Möchte man auf alles vorbereitet sein. Ungehöriges wird nicht ausbleiben.

Gott mit Ihnen.

Herzlichst der Ihrige rc.

Stuttgart, 3. März 1841.

Herzlichen Dank für die gefällige Zuschrift vom 27. c. Ich las den Bericht des Hrn. v. Mieg. Alles ist zu unserem Besten eingeleitet, daß Hr. v. Sydow an dem Bericht des Präsidial-Gesandten Antheil hatte, ist bekannt. Es ist ein wesentlicher Schritt vorwärts gethan!

Zwischen Berlin und Wien scheint in der deutschen Militär-

---

*) Geborne Prinzessin Augusta von Preußen.

Angelegenheit noch eine Spaltung zu fein. Sie wird sich auch ausfüllen und die beiden Mächte sich verständigen. Ich habe das dem Hrn. v. Radowitz hier vorausgesagt, daß er in dem schwierigsten Theil seiner Mission Fiasco machen würde. Jetzt sind Explicationen zwischen Berlin und Wien verursacht, die ganz unausweichlich folgen mußten. Wer wundert sich noch über so etwas?

Aus Berlin höre ich viel Niederschlagendes.

Der König bearbeitet die katholische Sache allein mit Minister Eichhorn. Was daraus werden soll, weiß niemand, vielleicht wissen es nur die Ultramontanen. Die bisherigen Schritte haben im Vaterlande und unter den Protestanten Deutschlands einen sehr trüben Eindruck gemacht. Jeder glaubt, man werde mit dem Bedeutendsten doch nicht angefangen haben und erwartet nun noch viel Schlimmeres, die Restitution des Hrn. v. Droste doch aber unzweifelhaft. Berichte aus der Rheinprovinz sprechen sich unverholen in diesem Sinne aus. Man bringt damit die Mission des Grafen Reischach nach München in Verbindung. Dies soll sie nicht sein. Man behauptet, diese Sendung wäre in Folge der Brühl'schen Unterhandlungen vom päpstlichen Stuhle ausgegangen, angeblich sogar ohne Vorwissen des preußischen Cabinets. Sie soll zum Gegenstand gehabt haben, den Hrn. v. Droste darauf vorzubereiten, daß er bei fernerer Unwillfährigkeit seine Abdication nachzusuchen, sich auf die apostolische Einsetzung eines Coadjutors gefaßt zu machen habe. Mit dem Letzteren glaubt man in Berlin zufrieden sein zu können, obgleich man gegen Hrn. v. Reischach protestirte, den der Papst zum Coadjutoren vorgeschlagen.

Mit der katholischen Abtheilung im geistlichen Departement ist's auch nichts Rechtes geworden. Unter einem Director Düsberg arbeiten Schmedding und der bisherige Hilfsarbeiter — das ist die ganze Herrlichkeit, auf welche man so viel Hoffnung gestellt. Von Geistlichen, Domherren, Stifts-Candidaten, die man herbeiziehen wollte, um der Sache einen Schein und vielleicht auch einiges Wesen zu geben, ist nicht die Rede. Also auch nur eine halbe Maßregel.

Wenn man der Angelegenheit drei Jahre lang mit ganzer Seele und Hingebung zugeschaut hat und nun diese Wendung erlebt, die sie zu machen scheint, so möchte man sich manchmal fragen: ob man träume oder wache.

Um wieder auf die deutschen Angelegenheiten zu kommen, so halte ich das gute Einvernehmen zwischen Preußen und Oesterreich so unentbehrlich, daß der für Deutschland in höherer Potenz daraus hervorgehende nothwendige Effect nicht gestört werden sollte. In dieser Beziehung haben beide Mächte manches vergessen. Hoffentlich werden sie es, denn ihr eigenes Wohl bedingt es gebieterisch, die Vertheidigung Deutschlands kann nur bei ehrlichem, aufrichtigem, einträchtigem Zusammenwirken der beiden Großmächte gedeihen. Ihrer — dieser Großmächte — Einigkeit gemäß müssen die secundären Kräfte eingeschaltet werden, ohne daß deshalb die Hauptlinien verrückt werden. Diese secundären Kräfte bestehen aber nicht blos in den statistischen Ergebnissen, sondern auch im moralischen Gewicht besonderer Rücksichten und Persönlichkeiten.

Die deutsche Presse fürchte ich sehr für die Zeit der sieben Landtage.

In Rußland ist Geldverlegenheit. Alle Bauten sind für dies Jahr eingestellt.

Der zweite Aufsatz in der Allg. Ztg. von Augsburg gegen die Halle'schen Jahrbücher ist von Professor Ullmann in Heidelberg. Die Halle'schen Jahrbücher werden meist in Würtemberg geschrieben, aus der Tübinger Schule des Professor Baur, den man Heiden-Bauer nennt. Mitte April geht der Kronprinz von Würtemberg nach Berlin zur Universität.

Der Herzog von Leuchtenberg wurde sehr gut aufgenom=
men. Er ist heute schon wieder in München.

Graf Dönhoff trinkt keinen Wein, sondern nur bayrisches
Bier, das macht dickes Blut. Der König von Bayern geht
wohl erst am 31. März nach Italien.

Wir haben hier noch immer Schnee.

Die Ruhestörer auf der gewissen Redoute bleiben nicht
ungestraft, ja man schreit sogar über die Härte, welche man
gegen sie anwendet. Der Prinz Felix Hohenlohe war nicht
dabei, wohl aber Prinz Albrecht!

Gott mit Ihnen. Schreiben Sie ja wieder.

Der Ihrige 2c.

Stuttgart, 12. März 1841.

Ihr Schreiben von vorgestern habe ich erhalten und mit
dem größten Interesse von dem werthvollen Inhalt Kenntniß
genommen. Die Abdämmung des Bibericher Hafens brüllte in
die gegenwärtige Zeit unangenehm und verletzt wahrhaft die
vaterländische Ehre. Gottlob, daß der Graf Münch so glücklich
und geschickt war, diese Sache beizulegen.

Also endlich kommen Eröffnungen von dem Bund. Von
großem Eindruck würden sie im December gewesen sein; aber
auch jetzt können sie nützen. Der Juli=Tractat*) war für
Deutschland von unendlichem Nutzen. Die Propositionen und
Verkündigungen an unsere Provinzialstände sind höchst wichtig.
Aber wie manchem ist die Thür nun geöffnet. Man betrachtet
jene Publicationen nur als den Anfang weiterer Neuerungen

---

*) Am 15. Juli 1840 zwischen England, Österreich, Preußen, Ruß-
land zum Schutz der Pforte gegen den französischen Schützling Mehmet
Ali geschlossen.

und es knüpfen sich daran die mannigfachsten Hoffnungen und Speculationen. Somit ist auch dem unbefangensten Beobachter klar, daß die Bewegung, welche man hervorgerufen, nicht ohne wichtige Folgen bleiben kann. Da Preußen der mächtigste rein deutsche Staat ist, so kommen sofort deutsch-nationale Ideen und Wünsche damit in Verbindung und die Sache erhält einen Schwung, dem schwerlich ganz zu widerstehen sein wird. Ist der König im Stande, die Sr. Majestät innewohnende Grund-ansicht consequent durchzuführen, so wird ein großes und heil-sames Problem gelöst sein. Man wird alsdann die Vortheile der Repräsentativ-Verfassung ohne deren Nachtheile haben. Einiger Besorgniß kann man sich aber nicht erwehren, ob man im Stande sein werde, den vielen Anforderungen, die von allen Seiten laut werden dürften, gehörig zu widerstehen. Wenn man einmal angefangen hat zu geben, gibt man leicht zu viel. Der Undank bleibt niemals aus. Möge man dies niemals vergessen. Möchte nur der König nicht fortgerissen und der ruhige Gang vereitelt werden. Unsere Zeit ist nicht fürs Ge-lassene. Wenn nur der König die jetzt bestehende Wahl-Ordnung beibehält. Die Stimmung in Berlin ist nicht erfreulich.

Nur nicht leidenschaftlich und heftig werden und keine Ge-waltschritte gegen einzelne Personen.

Man wird auch nicht so leicht mit der Presse fertig werden, besonders nachdem letzterer die Aussicht auf einen reich-lichen Schmaus eröffnet worden ist. Was soll die Redaction thun? Soll man jeden Artikel streichen lassen, der sich mit unseren Provinziallandtagen beschäftigt, ohne aus der Prov.=Ztg. entnommen zu sein? Sind auch raisonnirende Artikel dem Censurstriche verfallen? Sollen nur lobende Artikel geduldet, alle Kritiken und zweideutigen Angaben unterdrückt werden?

General v. Boyen ist 70 Jahre alt und erhielt den Posten,

aus dem ihn der Vater entfernte, wegen seines bewiesenen Widerspruchs. Das macht böses Blut. Schreiben Sie mir ja bald und was von Hrn. v. Radowitz Rückkehr verlautet.

Herzlichst der Ihrige 2c.

Stuttgart, 16. März 1841.

Sie haben mir einen wahren Dienst geleistet, durch Ihre gefällige Zuschrift vom 14. c. Man wußte gestern Abend noch nichts von der Sitzung vom 13. Ich bin sehr begierig, die Eröffnungen kennen zu lernen; welchen Inhalts mögen sie nur sein, da sich fast alle Gesandtschaften angeschlossen haben, ohne instruirt worden zu sein?

Hier hat die Unterdrückung der „Vier Fragen 2c."*) durchaus kein Bedenken, die Landesgesetze gestatten sie. Das Buch ist aber zuverlässig in Preußen gedruckt und befindet sich nur im dortigen Debit. Künftig sehe man sich doch lieber vor, ehe man solche Reclamationen macht. Jetzt hat das Gewäsch des Hrn. Jacoby, auch ein Jude, ein Protégé von Humboldt, Bedeutung bekommen. Wie wird aber die Presse zu bemeistern sein? Soll man nur lobende Artikel passiren lassen, alle Kritik unterdrücken?

Hr. v. Otterstedt küßt heute den Redacteur, morgen bietet er ihm Stockprügel an. Wo ist die richtige Mitte? Man wird die Censur der Landtags-Blätter ins gehässigste Licht stellen, sie umgehen. Die Liberalen in der Schweiz und in Belgien werden dabei helfen. Was hat nicht alles die katholische Opposition gegen Preußen in Bayern, in dem verwandten, befreundeten, in dem felsenfest an Preußen geketteten Bayern erscheinen lassen? Es wird alles gedruckt werden, trotz Bundes-

---

*) Vier Fragen eines Ostpreußen (Johann Jacoby).

gesetzgebung, trotz Verwandtschaft und felsenfester Treue und trotz Censur!

Bis jetzt lautet noch Alles ganz gut aus der Heimath. Wollte Gott, daß von allen Seiten Maß gehalten werde. Ich bin aber nicht ganz ohne Besorgniß darüber, daß sich in vielen Köpfen Ideen ausbilden werden, die mit dem wohlverstandenen Interesse des Landes unvereinbar sind, und man sehr bald auf einen Punkt kommen kann, wo das Stillstehen unmöglich und das Vorwärts= oder Rückwärtsgehen gleich verderblich wird.

In der katholischen Angelegenheit scheint die Halsstarrigkeit des alten Hrn. v. Droste einen Stillstand gebracht zu haben. Wie die Sachen stehen, kann man sich darüber nur freuen, denn der König hat seine Willfährigkeit zum Frieden genugsam an den Tag gelegt. Eine Verlängerung des herrschenden Zwie= spalts fällt nur der ultramontanen Partei zur Last.

Soviel ich die Sachen kenne, hat unsere Regierung sich Rom gegenüber etwas zu ungeduldig gezeigt, alles zu applaniren. Rom benutzte dies. Man wollte bei uns die Sache nicht im statu quo lassen, bis der alte Droste todt war und kam auf diese Weise dem feurigsten Wunsche Roms zuvor, denn wir werden einen Coadjutor bekommen, der, wenn er auch nicht gerade ein Reischach ist, doch das ausrichten wird, was noch fehlt, nämlich alle getreue Anhänger der Regierung, d. h. alle die Leute, welche in der trübsten Zeit mit ihr ausgehalten haben, zu vertreiben oder moralisch zu ruiniren.

Die Carlsruher Conferenz wird nun wohl erst die Gut= achten der Militär=Commission abwarten und eine gemeinschaft= liche Instruction für die Bundestagsgesandten besprechen. Be= hufs der Abstimmung vom 25. Mai haben sie sich auch ver= ständigt. Eigentlich wollte sich diese Conferenz mit Ende des Monats trennen. Wegen der Ulmer Commandofrage hat sich München noch nicht erklärt.

Morgen erwartet man hier den Erbgroßherzog von Darm=
stadt nebst Gemahlin. Später den Eremit von Gauting.*)

In der Schweizer Klosterfrage**) soll Graf Bonbelles
nur mündlich warnen. Ich wußte es vorher, daß Frankreich
nicht mit uns gehen würde. Die Todten lassen sich nicht auf=
wecken. An Herstellung der Aargauer Klöster ist nicht zu
denken. Hr. Bunsen gibt Orgel=Soiréen.

Leben Sie wohl und schreiben Sie ja bald wieder.

Stuttgart, 21. März 1841.

Hr. Graf Beroldingen läßt noch heute Instructionen an
den Hrn. v. Mieg abgehen, so daß die sämmtlichen Staaten
des 7. und 8. deutschen Corps am 25. c. übereinstimmend ab=
stimmen werden. Wegen der Entwerfung der Festungspläne
hatte man hier noch einige Bedenken, sie sind aber aufgehoben,
nachdem Major Pientka als Baumeister für Ulm bezeichnet ist
und man Kenntniß eines Rescripts des Hrn. v. Werther an den
Grafen Dönhoff vom 12. c. erhalten hat. Man ist hier dem
preußischen Hofe sehr dankbar, wie großartig derselbe in dieser
Festungsfrage vorangetreten ist.

Ich bin sehr begierig, die Arbeiten der Militär=Com=
mission kennen zu lernen. Die Militär=Verfassung des Bundes
gewinnt doch nun eine Physiognomie. Die Inspectionen wollen
nicht gefallen. Wenn man aber Großes will, muß man in
solchen Dingen nicht zu empfindlich sein. Die Souverainetät
der deutschen Fürsten wird darunter nicht leiden, sondern nach

---

*) Franz, Freiherr von Hallberg=Broich, der bekannte Schriftsteller.

**) Die Regierung von Aargau hob im Januar die acht Klöster des
Cantons mit 116 Mönchen und 95 Nonnen auf und zog das Klostergut
im Betrage von 7,480,000 Schweizer=Franken ein. Oesterreich und die
katholischen Cantons protestirten.

meiner Ueberzeugung gewinnen. Ueberhaupt wird man den deutschen Regierungen nichts zumuthen, was sie nicht ausführen können. Hier wird man späterhin gewiß dieselbe Ansicht gewinnen. Anfänglich sträubte man sich hier oft, thut aber am Ende doch, was man soll und ärgert sich nur unnütz. Ich kenne das und lasse mich nicht irre führen.

In Carlsruhe ist man in diesen Dingen von Hause aus gleich coulant und äußert sich ganz beifällig zu dem Inspections=recht des Bundes.

Sagen Sie mir ja umgehend, was der 25. März für ein Resultat bringt. Sie werden mich dadurch ungemein verpflichten. Auch möchte ich gern wissen, was die Militär=Commission beantragen soll?

Nach Berlin schrieb ich schon unter dem 18., daß Würtemberg wie die übrigen in Carlsruhe vertretenen Regierungen stimmen werde. Ich hatte früher bereits die Grundzüge ihrer desfallsigen Besprechungen nach Berlin geschickt, was Sie auch wohl gelesen haben werden.

Graf Beroldingen hat noch einmal den Versuch gemacht, den Grafen Mandelsloh nach Frankfurt zu bringen, weil er ihn passender hält als Hrn. v. Blomberg; doch es ist nicht gegangen.

Prinz Friedrich von Würtemberg geht heute nach Paris zu seinem Vater. Er wird nicht zu Louis Philippe gehen. Der König hat es ihm verboten.

Aus Frankreich alles friedlich.

Also schreiben Sie ja recht bald und ja vom 25.

Herzlichst und treu 2c.

Stuttgart, 25. März 1841.

Empfangen Sie den besten Dank für Ihr Schreiben vom 23. c. Von Seiten der Cabinette von Wien und Berlin sind die Höfe gar nicht präparirt auf die Ergänzungen der Militär-Bundesverfassung. Es wäre dies sehr nöthig gewesen. Ich, für meine Person, preise höchlichst den Antrag auf ein In-spectionsrecht. Ueberhaupt muß man das Eisen schmieden, so lange es warm ist. Gegenwärtig wäre der Zeitpunkt zu solchen Anordnungen, also suche man sie für alle Zukunft zu fixiren. Es ist ja nur zu palpabel geworden, wie nothwendig eine stete Anregung bleibt. Aber Beifall findet die Art, wie sie ein-geleitet ist, nicht. Ich kenne dieselbe nur vom Hörensagen, also steht mir kein Urtheil fest. Man soll aber in der Form immer die Mindermächtigen schonen; dazu kommt, daß man aus Wien sehr wohl weiß, daß Oesterreich nur nach langem Zögern nach-gegeben, und der König von Preußen, unser allergnädigster Herr, auf Oesterreich ganz besonders Rücksicht nehmen will.

Mein Bruder schreibt mir, daß es mit dem Landtage nicht schlecht gehe. In Preußen ist eine sehr loyale Opposi-tion gegen den Hrn. v. Schildern aufgetaucht. Der Berliner Landtag soll sogar etwas zu conservativ sein.

In ganz Süddeutschland ist die allgemeine Stimmung der-gestalt gegen Holland, daß man jede Maßregel gegen Holland mit Freuden begrüßen wird, selbst wenn man darunter leiden müßte.

Die Nachricht, der König, unser Herr, sei selbst gegen den Vertrag, gewinnt ihm überall Vertrauen.

Die „Vier Fragen" sind bei Wigand in Leipzig gedruckt.

Hr. v. Blomberg hat sittlich keinen guten Ruf und ich glaube, man sagt nicht zu viel über ihn.

Der Prinz von Preußen geht nach Wien, vielleicht im

Mai. Frühjahrs-Manöver finden bei Berlin wahrscheinlich nicht statt. General Pfuel schreibt mir, daß weder in Westfalen noch am Rhein Revue vor dem Könige stattfindet.

Major v. Haak wird nicht Ulm erbauen, nach gestern eingegangener Nachricht hat der König den Major v. Prittwitz, der Posen erbaut, vorgezogen. Bayern baut den Brückenkopf und Hr. v. Prittwitz die Befestigungen auf dem linken Donau-Ufer.

Der König von Würtemberg gibt den preußischen Bauten den Vorzug, nachdem Se. Majestät Coblenz, Cöln und Erfurt und auf der andern Seite Ingolstadt, Linz, Verona und die Franzensfeste bei Brixen gesehen.

Leben Sie wohl und schreiben Sie ja sobald als möglich und wenn Sie Zeit haben, in jedem Falle sobald die Abstimmung in der Festungssache erfolgt ist.

Herzlichst der Ihrige 2c.

————————

Stuttgart, 28. März 1841.

Ich danke Ihnen bestens für die Mittheilung vom 27. c. Ein großer Schritt vorwärts. Nun muß man die nächsten Propositionen erwarten. Ueber den Modus der Revision der Befestigungspläne will wohl noch nichts verlauten? Statt des Majors v. Haak aus Mainz ist der Major v. Prittwitz zum Bau von Ulm bestimmt. Sehr gute Wahl. Ich habe jetzt durch die dritte Hand das Separat-Protokoll der Militär-Commission vom 20. gelesen und hatte gestern einen Erlaß des Herrn v. Werther vom 22. mit dem Pro Memoria, welches jenem Protokoll zu Grunde liegt. Es wäre besser gewesen, dasselbe hätte am 20. schon hier sein können. Wenn sich der erste Sturm gelegt, denke ich doch bestimmt, daß die Regierungen auf die beantragte

Inspicirung und Bereitschafts-Erhöhung eingehen; einzelne Mo-
dalitäten sind denkbar, und dazu haben auch die einzelnen
Staaten das Recht und die Mittel, nur sollen sie nicht Alles
en bloc verwerfen.

Die proponirten Maßregeln, die unläugbar militärisch
sind, werden im großen Publicum weit mehr gefallen, als bei
den Regierungen, die letzteren sehen plötzlich ihr System gewissermaßen angetastet, für das sie so eingenommen sind, auch
fühlen sie sich durch das Mißtrauen, das sie irrthümlich in dem
Institut der Inspection suchen, verletzt. Alles das wird sich
schon legen, ich werde mein Möglichstes thun, um die Beförderung
der nothwendigen Einhelligkeit auch von hiesiger Seite zu erwirken.

Aus Berlin nichts Neues. Also weder am Rhein noch
in Westfalen große Revuen?

Gott beschütze Sie. Vorläufig noch Frieden. Alle
Nachrichten aus Frankreich stimmen darin überein.

Frankreich ist sehr matt und hat eine entschiedene Schlappe
bekommen.

Stuttgart, 3. April 1841.

Würtemberg schickt heute Instructionen an den Bevollmäch-
tigten der Militär-Commission des 8. Corps. Wie Bayern — nur
nicht einverstanden mit der Inspection.

Ich habe Näheres schon gestern nach Berlin geschrieben.

Also das Festungs-Protokoll und ebenso der Festungs-
Beschluß ist vom 1. April??

Aus der Heimath nichts.

Graf Maltzahn wünscht sich nach London. Lord Bailli
Hamilton will abgehen. Der König von Bayern gibt seine
italienische Reise auf.

Gott mit Ihnen ꝛc.

Stuttgart, 11. April 1841.

Wir haben seit einigen Tagen ganz vortreffliche Expeditionen aus Wien kennen gelernt. Die vom 2. c. ist das Erhebendste, was ich seit langer Zeit gelesen, die vom 6. gemüthlich.

Gestern schickte ich die Bemerkungen des Kriegsministers zu den Vorschlägen der Militär-Commission vom 20. v. Mts. nach Berlin und habe von dort einen Erlaß vom 4. c. über den gleichen Gegenstand erhalten.

Die Wiener und Berliner Aeußerungen stimmen in der Hauptsache überein, nur thun die Wiener wohler und sind mehr für die Individualitäten berechnet; sie erkennen die Aussicht zum Frieden an, unterdessen man in Berlin den Ausbruch eines Krieges nahe vor der Thür sieht.

Graf Maltzahn schreibt mir sehr melancholisch. Sein Brief betrübt mich aufrichtig. Ueber seine Zukunft ist nichts definitiv entschieden. Er hat sich ganz zur Disposition des Königs gestellt. In Wien bleibt er schwerlich.

Bei unserem Landtage geht es ziemlich ruhig her. In Münster haben die confessionellen und in Posen die nationalen Interessen die bekannte Absicht verdrängt, doch hat in Münster der Antrag um Wiedereinsetzung des Hrn. v. Droste nicht durchbringen können. Derselbe wurde mit 40 Stimmen verworfen, unter diesen der Graf Metternich, der Antrag war vom Grafen Westphal gestellt. Eine zusammenhängende und gemeinschaftlich wirkende Opposition gibt es nicht. Es ist aber noch nicht aller Tage Abend.

Herr Bunsen tritt in den nächsten Tagen einen drei- bis viermonatlichen Urlaub an, er begibt sich nach Berlin und bringt dann seinen jüngsten Sohn nach England, wo er sich dem geistlichen Stande widmen soll.

Leben Sie wohl und geben Sie bald Nachricht.

Herzlichst und treu 2c.

16

Stuttgart, 20. April 1841.

Ich bitte um gefällige Besorgung der Einlagen.

Aus Berlin gute Nachrichten. Alles geht besser, als man geglaubt.

Der Prinz von Preußen inspicirt also nicht in Wien.

Graf Maltzahn schrieb mir unter dem 15. und 16. Er fühlt sich sehr krank.

Nächstens mehr. Ganz der Ihrige.

Wenn eher erstattet der Militär-Ausschuß Bericht an die Bundes-Versammlung?

———

Stuttgart, 30. April 1841.

Ich habe so lange nichts von Frankfurt gehört, daß ich nur fragen muß, wie es Ihnen dort geht.

Hrn. v. Blomberg erwarten wir heute oder morgen. Er war schon in München angekommen und wird hier nur bis Dienstag bleiben.

Man ist rücksichtlich dessen, was man hier über die Militär-Bundes-Angelegenheiten will, noch nicht recht im Reinen. Darauf können Sie sich aber verlassen, daß von einer ernsten Opposition, selbst in Bezug auf die Inspection, nicht die Rede ist. Wie ich Ihnen von Anfang gesagt, man wird thun, was man muß; wenn nur Hannover hier nicht mustert.

Der Herr Präsidial-Gesandte ist über hier vollständig orientirt und man lobt seine Aeußerungen als von milder und freundlicher Natur, ohne daß das Princip irgend verletzt würde.

Der Einfluß und die Macht der beiden Bundesmächte muß sich ungeschmälert herausstellen.

Die Leitung der Bundes-Angelegenheiten ist aber nicht so leicht und es gehört große Erfahrung dazu.

Je reiner und verehrungswürdiger unser hochverehrter König die wahrhaft deutsche Politik zum Zielpunkte sich setzte, je lebendiger diese Richtung in den Kreisen Seines Reichs aufgefaßt, begrüßt und gebilligt wird, desto greller müssen im Vaterlande singulaire Tendenzen, wie sie einzelnen süddeutschen Regierungen anscheinend vorzuwerfen sind, auffallen.

Im Interesse der Verständigung möchte ich aber doch geltend machen, daß in Süddeutschland die Scheu vor den Ständen gar vielen Einfluß auf den Gang der Regierungen übt, daß die Stände im Allgemeinen den Bundes-Einfluß bekämpften und dieser Streit gewissermaßen von den Ministern des Innern gegen die Collegen vom Auswärtigen heimlich begünstigt wurde.

Unwillkürlich hat sich somit eine Praxis herangebildet, welche Erscheinungen, wie die fraglichen Lieder zuläßt, ohne daß man deshalb auf undeutsche Gesinnung schließen soll.

Es muß allerdings eine frischere Bundes-Lehrzeit à l'usage des princes beginnen.

Aus der Heimath erhalte ich nur sehr gute Nachrichten. Alles geht seinen Gang.

Unser König wird Alles besiegen, selbst die herzlose und trotzige Geistesverkehrtheit unserer Zeit. Soviel Weisheit und so klarer, reiner Wille findet sich nirgend.

Wir leben in einer bewegten, schweren Zeit und fast ein Jeder ist berufen, sein Brod mit Aufopferung, Arbeit und Selbstverläugnung zu essen. Die Herren in Berlin vor Allem, und es verfließt ihnen noch dazu nicht ohne viele schwere, sorgenvolle Stunden das mühsame Tagewerk. Indessen ist dies wohl unser irdisches Loos, also darauf mit lebendigem und regem Willen.

Mit dem Hrn. Kriegsminister ist man s e h r zufrieden.

Er hat einen tüchtigen Geschäftsgang eingeführt. Meine alten Cameraden aus Berlin loben ihn sehr.

Das Interesse, was der König an der Armee nimmt; die Aufmerksamkeit, welche Se. Maj. den Detail=Uebungen widmet, entzückt jedes Soldaten=Herz.

Graf Malzahn bleibt vorläufig auf seinem Posten. Herr Bunsen geht nach London, vorläufig in besonderem Auftrag, und um Hrn. v. Bülow interimistisch zu ersetzen.

Leben Sie wohl und geben Sie mir bald gute Nachrichten von sich.

Gott mit Ihnen ꝛc.

———————

Stuttgart, 3. Mai 1841.

Ihr Werthes vom 30. v. M. erhielt ich zur rechten Zeit. Alles, was Sie schrieben, ist vernichtet. Es ist mir dies zur Gewohnheit geworden mit allen Correspondenzen. Hr. v. Blomberg geht heute Abend 10 Uhr nach Frankfurt ab. Er bekommt wohl keine schriftlichen Instructionen mit. Man wartet dazu seine ersten Berichte und die Arbeit des Militär=Bundes=Ausschusses ab. Hr. v. Blomberg hofft, gegründet auf die mit seinem Könige gehabte Unterhaltung, daß sich in Frankfurt Alles beseitigen lassen werde.

Oesterreich hält in der Wesenheit die Vorschläge fest. Man hat in den Sumpf getreten, und dieser Sumpf ist gangbar gemacht worden.

Die beiden Großmächte haben gesprochen; sie müssen jetzt beharren und durchsetzen.

Die Behandlung der deutschen Politik erfordert aber große Erfahrung und weise Rücksichtsnahme. Es läßt sich nichts ihr ertroßen.

Graf Malzahn klagt zwar, aber ist immer noch Herr seines Feldes. Er bleibt auch wohl noch in Wien; da vorerst Herr Bunsen in London sein wird.

Lonnowitsch scheiterte in Rom; besser als Opfer bringen. Unser Loos scheint dort ein Gleiches zu sein. Man hat es dem Könige vorher gesagt.

Graf Dönhoff klagt sehr über die Umgriffe der fanatischen Partei. Wir werden noch mehr erleben.

Aus Berlin höre ich viel Gutes.

Schreiben Sie mir ja bald. Vorzüglich, was man in Berlin zu den Wiener Modificationen sagt!

Gott mit Ihnen.

Der Ihrige ꝛc.

Stuttgart, 9. Mai 1841.

Ich danke herzlichst für Ihre liebe Zuschrift vom 7. c. Ohne Widerspruch wird die Militär-Angelegenheit nicht durch= gebracht; am Ende gibt man sich aber doch. Des Herrn v. Blomberg Bericht soll vortrefflich sein. Mehr als schon nachgegeben, kann schwerlich eingeräumt werden. Die Wesenheit der Sache darf nicht angetastet werden.

Ich bin sehr neugierig auf den 13. c.

Graf Lindheim wird wohl Gesandter in Hannover werden. Graf v. Westphalen ersetzt den General Rauch in Petersburg, und General Rauch übernimmt den Militär-Vortrag. Hr. Bunsen war mehrere Tage in Berlin, ehe ihn der König gesehen. Vielleicht wollte Se. Majestät der König wenigstens hierdurch die öffentliche Meinung berücksichtigen, die sich sehr entschieden gegen ihn ausspricht.

Es scheint, daß Se. Majestät dieses Jahr nicht nach dem

Rhein geht. Aber die Königin dürfte nach München gehen Ihre Frau Mutter ist durch Grippe sehr entkräftet.

Die Differenz in der Carlsruher Kammer ist ein Sturm in einem Glase Wasser. Man braucht wegen des Ausgangs nicht besorgt zu sein.

Jemand, der aus Paris kommt, bestätigt den tiefen Eindruck, welchen die deutschen Stimmungen hervorbrachten. Der König sei wohl und könne noch mehrere Jahre leben. So lange behalten wir Frieden. Klinkwort hat dasselbe gesagt.

Leben Sie wohl. Herzlichst danke ich Ihnen für Ihr Liebes vom 7.

Der Ihrige 2c.

Stuttgart, 13. Mai 1841.

Der Feldmarschall-Lieutenant Graf Latour ist hier und geht morgen nach Carlsruhe. Er wird sich wohl mit Revision der Pläne für Rastatt befassen. Hier hofft man, daß er dem König, höchstwelcher dem Grafen sehr vertraut, in der Bundes-Militär-Angelegenheit und namentlich rücksichtlich der Inspectionen zurede. Ich habe über diesen Gegenstand meinen Herrn Chef von allen Eindrücken, Entschlüssen und Demarchen stets unterrichtet, allein seit dem 4. v. Mts. nichts mehr darüber gehört.

Soviel steht fest, daß die Sache durchgesetzt werden muß. Oesterreich und Preußen dürfen nicht umsonst gesprochen haben. So sieht man die Sache auch in der kaiserlich-österreichischen Staats-Canzlei an.

Leben Sie wohl, verehrter Freund.

Ganz der Ihrige 2c.

Der bekannte Dr. List hat das Bein gebrochen und liegt in Berg bei Cannstadt.

Es ist bei Cotta ein interessantes Buch von ihm herausgekommen: Das National=System der politischen Oekonomie. Sehr günstig für Preußen und den Zollverein. Jedes Opfer bringe man, damit Braunschweig in den Verein trete.

Stuttgart, 15. Mai 1841.

Empfangen Sie den besten Dank für Ihr Schreiben vom 12. c. Der Hr. Graf Münch wird im Laufe des heutigen Tages per Estaffette von neuen Entschlüssen des Königs von Würtemberg unterrichtet worden sein, wonach sich Se. Majestät nicht mehr einer Inspection weigert. Ich habe es von Hause aus nach Berlin geschrieben, daß der König sich nicht ausschließen werde, so unangenehm ihm auch die Inspectionen sind. Man macht die Menschen nicht anders und muß sie nehmen, wie sie sind. Freilich wird die Handhabung der deutschen Angelegenheiten dadurch sehr erschwert. Ueber zu große Eile kann sich jetzt Niemand beschweren. Ich habe den Herrn General Latour viel gesehen und gesprochen, und darüber auch nach Berlin berichtet. Er wird sechs Wochen etwa in Rastatt verweilen. Hr. v. Blittersdorff hat einen großen Kampf zu bestehen.

Von der Ankunft des Hrn. Majors v. Prittwitz weiß ich gar nichts.

Von Berlin höre ich viel. Gottlob nur Gutes.

Fahren Sie ja fort, lieber Freund, mir von dem ferneren Gang der Militär=Angelegenheit zu schreiben.

Gott mit Ihnen ꝛc.

Hr. v. Canitz geht jetzt bestimmt nach London und Herr v. Lindheim zu Ernst August.

Die Instruction an den Hrn. v. Blomberg geht erst heute Abend ab. Könnte ich nicht recht bald das Protokoll mit dem Vortrag des Hrn. v. Strahlenheim erhalten?

Stuttgart, 22. Mai 1841.

Ihren lieben Brief vom 20. c. habe ich dankbar erhalten und freue mich, die beiden letzten Protocolle kennen zu lernen.

Was hat denn Hr. Oberstlieutenant v. Radowitz für einen Adjutanten nach Ulm geschickt? Der Kriegsminister hat mir gelegentlich erzählt, Oberstlieutenant Fabre-du-Faur habe ihm davon geschrieben. Hier sieht man mit Ungeduld der Ankunft des Hrn. Majors v. Prittwitz entgegen und wünscht, derselbe möchte sich, sobald er Ulm gesehen, nach Frankfurt begeben.

Habe ich Ihnen nicht immer gesagt, daß Würtemberg doch noch sich für die Inspection erklären werde? Ich schrieb dies schon am 25. März nach Berlin und habe es ungeachtet aller Zwischenfälle immer wiederholt. Man muß gewisse Naturen nur zur Besinnung kommen lassen.

Graf Medem hat mir manches aus Frankfurt erzählt; der Hr. Graf Münch scheint ihm vorzüglich zugesagt zu haben.

Der Verfasser des Artikels: London, 5. Mai, in Nr. 135 vom 15. in der Allg. Ztg. ist Hr. Seiffert, ein vieljähriger Correspondent dieses Blattes, der längere Zeit in Paris war, jetzt aber von Hrn. v. Cotta in London fixirt ist. Irre ich mich nicht, so ist er aus Preußen gebürtig. Der Artikel aus Berlin ⚌, 10. Mai, in Nr. 140 vom 20. ist muthmaßlich von Hrn. Nebenius und der Artikel in Nr. 141 vom 21. c. ... London 13. c. ist wahrscheinlich in Augsburg von einem Mitarbeiter der Zeitung geschrieben oder von Dr. Fr. List. Hr. v. Cotta ist leider auf dem Lande, sonst würde ich sicherere

Auskunft ertheilen können. Keine dieser Correspondenzen kam aus freundlicher Quelle, allein aufrichtig gestanden ist das allgemeine Urtheil übereinstimmend mit diesen Ansichten. Es läßt sich sehr viel darüber sagen.

Hr. Bunsen geht wegen Palästina nach London. Der Zustand Englands erfordert große Beachtung. Welche Aufregung!

Dem Wunsche Preußens wegen Aufhebung des Pferde-Ausfuhrverbots wird man in Baden und hier gern nachkommen.

Ueber die Unterhandlungen mit Braunschweig freut man sich und hofft, daß man es in jedem Falle, wenn auch mit Opfern, für den Verein gewinnen werde.

Der Papa Hurter ist ein vertrauter Freund von Herrn Jarke, also wird seine Sache in Frankfurt schon Beschützer und Freunde gefunden haben. Der alte Hurter ist ein sehr gescheidter und gelehrter Mann. Man hat ihn sehr schmählich angegriffen.

Hr. v. Lindheim geht wohl nach Hannover, Graf Caniz nach London, wenn nicht doch Graf Malzahn, den Herr v. Werther ersetzt; in letzterem Falle wird sich Hr. v. Caniz nach Wien begeben. So spricht man.

Leben Sie wohl und vergessen Sie mich nicht hier.

Herzlichst der Ihrige ꝛc.

Unser König hat dem Kronprinzen von Würtemberg den Schwarzen Adler-Orden gegeben, und da der Prinz nicht wohl war, den Orden ihm persönlich überbracht, auch dem Vater sehr schön geschrieben.

Stuttgart, 3. Juni 1841.

Der Hr. Major v. Prittwitz war von Posen in Berlin angekommen und wollte gegen Mitte dieses Monats über Frank-

furt hier eintreffen. Laſſen ſie mir doch ſeine Ankunft in
Frankfurt wiſſen. Ich wünſchte Hr. v. Prittwitz käme zwiſchen
den 10. bis 12. nicht, wo ich nicht gerade in Stuttgart ſein
werde.

Die hieſigen Kaufleute haben ſich beruhigt. Die Agitation
war durch Hrn. Liſt veranlaßt, jetzt werden mehrere Artikel
gegen das einſeitige, abſichtliche und ungründliche Gewäſch der
ſübdeutſchen Preſſe erſcheinen. Der Artikel in Nr. 151 aus
Stuttgart vom 27. Mai iſt aus des Königs Cabinet. Der
Artikel von hier in Nr. 149 im Schwäb. Merkur iſt vom
hieſigen Finanzminiſter. Jetzt ſchreibt Wurm in Hamburg,
Oſiander von hier und Profeſſor Herrman aus München gegen
Liſt und die Londoner Correſpondenz. Jener Artikel war ein
arger Mißgriff der Augsburger Redaction. Hr. v. Humboldt
klagt wegen ſeines Neffen Bülow gewaltig gegen Hrn. v. Cotta.

Aus Wien iſt Alles ſtill. In Berlin iſt man thätig und
tüchtig.

Ernſt Auguſt ſoll gegen Hrn. v. Lindheim proteſtirt haben.

Hier macht man keine Einwendungen gegen den Bericht
des Bundes-Militär-Ausſchuſſes.

Graf Dönhoff lechzet nach Urlaub. Er war ſchon mehrere
Monate nicht von München abweſend.

Mit alter Treue ꝛc.

Stuttgart, 7. Juni 1841.

Soeben empfange ich Ihr Schreiben vom 5. und danke
verbindlichſt für die darin enthaltene Nachricht.

Dem Major v. Prittwitz, welcher am 4. oder 5. von
Berlin abgehen wollte, habe ich geſtern nach Frankfurt a. M.
geſchrieben und meinen Brief dem Hrn. v. Sydow zur gefälligen
Beförderung überſchickt. Den Hrn. v. Prittwitz benachrichtigte ich

darin, daß der König von Würtemberg erst am 12. von Mann=
heim zurückkehrt, wohin Se. Majestät die Oranien'schen Herr=
schaften begleitet. Ich werde am 12., Abends, gewiß in
Stuttgart sein.

Ich bin über Mecklenburgs Opposition in der Inspections=
Sache sehr entrüstet. Von der Seite hätte ich keinen Wider=
spruch erwartet. Sie wundern sich über das Geschrei der
Augsb. Allg. Ztg.? Hr. v. Cotta ist daran sehr unschuldig.
Kolb ist ihm in solchen Dingen ganz über den Kopf gewachsen.
Ich habe ihm tüchtige Vorwürfe über seine Mißgriffe gemacht.

Was den Lärm anbelangt, so trifft die Augsb. Ztg. einen
Theil der Schuld. List hat dies Blatt zu einer gewissen Ein=
seitigkeit gestempelt, von der sie jetzt einlenkt, aber im Einlenken
doch quasi zugibt, man habe im Holländer Vertrag sich über=
eilt, man taste gewissermaßen unsicher vorwärts, man solle zu=
warten, man sei während der Entwickelung gebunden, man
werde in einer Reihe von Jahren das nicht wegbringen, was
möglicherweise drücken könne und was jetzt noch nicht voraus=
zusehen sei. Solche Gedanken werden hervorgerufen.

Nachmittags. Ich habe beim Grafen Beroldingen die
Mecklenburgische Abstimmung gelesen. Also nur einmalige In=
spection und keine bleibende Maßregel.

Das sehr belobte Bayern verkauft ja Pferde und als der
König von Bayern nach Italien ging, ließ er alle Bundes=
Militär=Angelegenheiten unerledigt in seinem Cabinet.

Bald ein Mehreres. Der Ihrige ꝛc.

Stuttgart, 24. Juni 1841.

Ich las heute die Instruction des Königs von Bayern an
den Hrn. v. Mieg vom 19. c. Sie muß höchsteigenhändig ge=

schrieben sein. Was bleibt nun für das 7. Armee-Corps ins freie Feld übrig?

Wo sind die großen Versprechungen des viel belobten Bayerns?

Hr. v. Prittwitz ist noch in Ulm. Er gefällt mir sehr und wird sich schon durch alle Schwierigkeiten durchwinden.

Das Würzburger Pamphlet ist hier verboten und die hiesige Regierung ist dem Vorschlage gegen den Fränkischen Courier sehr geneigt.

Im Herbst wird es wegen kirchlicher Gegenstände hier einen Sturm geben.

Ich gehe Dienstag früh nach Kissingen.

Der Ihrige rc.

Kissingen, 12. Juli 1841.

Haben Sie doch die Güte, mir recht bald zu sagen, welche Beschlußnahme endlich in der Angelegenheit der Bereitschafthaltung des Bundes-Contingents gefaßt worden ist. Bayern hat 15 Mann per Compagnie Infanterie und für das ganze 7. Corps kann es zwei bis drei Batterien bespannen.

Ich gehe am 19. über München nach Kräut und später nach Ischl. Lieb wäre es mir, wenn Sie mir bis zum 18. antworten wollten. Hr. v. Nagler wird den 25. erwartet. Frau Gräfin v. Redern mit ihrer Tochter ist seit vier Tagen hier, sehr gealtert und schlecht auf den Füßen. Wir haben hier sehr gute und angenehme Gesellschaft. Graf Tettenborn, General-Lieut. Röder, Fürst Taxis aus Nürnberg, Graf Fugger aus Würzburg.

Graf Malzahn wird auf dem Johannisberge erscheinen, wo der Fürst Metternich zwischen dem 15. und 20. August erwartet werden dürfte.

Der König geht nicht nach dem Rhein. Ob nach Bayern, ist noch ungewiß. Prinz Albrecht ist mit Graf Stockhausen, Lieutenant Manteuffel nach Italien unterwegs, bleibt drei Monate abwesend.

Die Oesterreicher zeigen dem Prinzen von Preußen die Truppen in Böhmen in zwei Lagern.

Der König von Bayern passirt heute hier durch nach Brückenau. Er hält sich nur zur Visite bei dem Könige von Würtemberg auf.

Major v. Prittwitz wollte gegen den 15. in Frankfurt sein. Er trifft über Rastatt und Germersheim ein. Seine Arbeit fand in Stuttgart großen Beifall. Er selbst hat alle Herzen zu gewinnen gewußt und sich eine gute Stellung verschafft.

Geben Sie mir bald Nachricht.

Ganz der Ihrige 2c.

———

Kissingen, 14. Juli 1841.

Zu Ihrer alleinigen Kenntnißnahme benachrichtige ich Sie, daß Graf Malzahn in Wien bleibt, Hr. v. Canitz nach London geht, Graf Redern das Departement durch seine erhabenen Geistesgaben erleuchten soll und durch Hrn. v. Bockelberg in Darmstadt ersetzt wird. Ob Hr. v. Martens nach Lissabon geht, ist noch nicht festgesetzt.

Graf Malzahn schreibt mir unter dem 10. aus Berlin. Er wollte den 23. nach Teplitz, einen Tag mit seiner Tochter dort sein und dann auf Anrathen der Berliner Aerzte nach Kissingen kommen. Ich werde ihn hier noch sehen. Nach dem

Johannisberg ist auch Baron Carl Hügel und Graf Hardenberg aus dem Haag mit Frau eingeladen.

Uebrigens haben weder Gräfin Redern, noch General-Lieut.
Röder, noch ich Neues aus Berlin.

Der König von Bayern hat den Professor H. Müller
tüchtig coramirt über sein Buch. Alles, was der Gelehrte noch schreibt, soll dem Grafen Fugger vorgelegt werden.
Ich habe über die Würzburger Presse mit Grafen Fugger mich
viel unterhalten. Hr. Zander ist hier. Bischof Pfaff aus Fulda
hat den König sehr gelangweilt durch 1½stündige Rede.

Gott mit Ihnen ɾc.

Kissingen, 17. Juli 1841.

Lieber Freund!

Mit Dank habe ich Ihr Schreiben empfangen und werde
wohl in München den bewußten Beschluß, den man in Berlin
so gelobt hat, einsehen. Daß Preußen Oesterreich wegen der
Verwaltung des 20 Millionen-Frcs.-Fonds belobt hat, ist auch
viel Glück und große Gefälligkeit von der andern Seite. Was
den ersten Punkt anbelangt, so hilft Alles nichts, wenn die
vorliegenden Staaten nicht in drei Wochen 70,000 Mann über
den Rhein marschiren lassen können. Dies ist nur durch
Bildung einer Landwehr in Würtemberg und Baden möglich,
denn das 7. Corps kann nicht so schnell bei Heidelberg sich
aufstellen. Das vielbelobte Bayern hat jetzt 15 Mann per
Compagnie, nicht 500 Pferde für die Artillerie, um 13 Batterien
zu bespannen. 3000 Pferde sind verkauft! Alle Vorschläge
zur Vermehrung der Militär-Budgets sind vom Könige definitiv zurückgewiesen. Von den normalmäßigen 6,700,000 fl.

für das Kriegswesen müssen 700,000 fl. erspart werden. Das sind Thatsachen.

Graf Maltzahn ging nach Teplitz und nach Pleß und trifft wohl vor dem 22. nicht in Kissingen ein, ich sehe ihn also nicht.

Dr. Junker rieth ihm, von Kissingen nach Kreuznach zu gehen und da eine Traubencur zu gebrauchen. Letzteres wird er wohl a u f g e b e n.

Hr. v. Meyendorff ging über Königswarth nach Gastein. Frau v. Meyendorff wird demnächst in Frankfurt eintreffen. Mein Bruder reist den 25. durch Böhmen nach Ischl und kehrt durch Thyrol, München ꝛc. am 22. September nach Berlin zurück.

Graf Redern hofft, die Königin nach Schlesien und Bayern begleiten zu können.

Die Großfürstin Olga wird wohl den Erbgroßherzog von Weimar heirathen.

Ich reise den 20. ab.

Der Ihrige ꝛc.

———

Kissingen, 19. Juli 1841.

Empfangen Sie den besten Dank für Ihr gefälliges Schreiben vom 17. c. Sie werden unterdessen durch Gelegenheit einige Zeilen vom nämlichen Tage erhalten haben. Ich reise den 21. ab. Vom Grafen Maltzahn weiß ich nichts weiteres. Ich werde Ihre Bestellung ausrichten. Ob er nicht vielleicht nach Wien will, wegen der Krankheit des Fürsten Metternich?

Graf Dönhoff ist seit dem 8. von München fort, über Marienbad, Berlin, nach Königsberg, kehrt erst Mitte September retour. Hr. v. Nagler hat vom 24. Quartier in Kissingen bei Ihle; gut gelegen.   Se. Excellenz soll, wie Gräfin Redern bezeugt, ganz zusammengesunken und schwach sein, kaum kennbar.

Ober-Stallmeister v. Knobelsdorf nahm seinen Abschied. Graf Nostiz, Hr. v. Maltzahn, Sommersdorff und Major v. Willisen sind Candidaten.   Ich wünsche, daß der Herr v. Maltzahn den Posten erhalte oder Graf Brandenstein.   Der Prinz von Preußen soll recht leidend sein, und mußte nach Teplitz.   Sein Unfall in Schwerin war nicht unbedeutend.

Dr. H. Müller aus Würzburg schrieb zu dem Salzburger Feste ein Programm, das voller Unduldsamkeit ist.   Der Fanatismus ist in das Mark des bayerischen Volkes nicht eingedrungen.   Die Ueberspannung der kirchlichen Fanatiker findet nirgends Anklang.

Hr. v. Bockelberg ist ein gewissenhafter aber peinlicher Mann, obgleich kenntnißreich, so doch weniger geeignet anzuknüpfen und zu vermitteln oder zu fesseln; es ist ein kränklicher Hypochondrist.

Rittmeister v. Rudolphi ist ein alter Saufbruder, streitsüchtig und schwierig, kein passender Prinzen-Adjutant.   Ich bin mit ihm auf der Académie militaire erzogen und kenne ihn genau.

Gott mit Ihnen.

Herzlichst der Ihrige ꝛc.

Bamberg, 21. Juli 1841.

Graf Maltzahn traf noch gestern zeitig in Kissingen ein; ich konnte ihn daher noch vollkommen genießen.   Er behauptet, sehr der Kur bedürftig zu sein, will fünf Wochen in Kissingen bleiben, nicht auf den Johannisberg, sondern direct nach Schlesien zurückkehren, um während des Königs Anwesenheit

in dortiger Provinz sich daselbst zu befinden, da das Manöver-
Terrain sein Gebiet von Wörbe und dessen Pertinenzien berührt.
Seine Familie blieb in Schlesien und wird wahrscheinlich den
Winter in Berlin behufs des Confirmationsunterrichts verweilen. Graf Maltzahn hatte die Ehre den König dreimal
zu sehen und zu sprechen und wollte im Auftrage Sr. Majestät
des Königs nach Pleß, um über einige, die innern preußischen
Zustände berührenden Gegenstände den Fürsten Metternich zu
beruhigen. Fürst Metternich schrieb dem Lord Baißi Hamilton, daß
Pleß gestrichen und der Fürst nun direct nach Königswarth
gehen wolle, wo er dem englischen Botschafter und dessen Gemahlin zum 23. c. rendez-vous gegeben. Der Fürst Staats-
kanzler hat selbst sehr beruhigt über seinen Gesundheitszustand
geschrieben.

Hr. v. Bunsen erwartet alles Heil der Welt von den
Tories und schildert diese Partei für die Klasse der Unschuld,
Sitte und Religiosität. Die Toristischen Staatsmänner scheinen
aber in der Politik keine andern Grundsätze zu kennen, als die
des Interesses. Man hat bei Gelegenheit der orientalischen
Angelegenheiten tief in die Politik der einzelnen Theilnehmer
des Juli-Tractats blicken können, so daß eine Täuschung kaum
mehr möglich ist, oder möglich sein sollte.

Wegen der Besetzung des Postens in Hannover nach er-
folgter Ernennung des Grafen Canitz nach London war in
Berlin noch nichts bekannt.

Graf Maltzahn geht zwar nach Wien zurück, aber sehr
ungern. Er wird nur eine kleine Wohnung nehmen und
seinen Urlaub möglichst bis zum November verzögern.

Was ich Ihnen über die bayerischen Truppen sagte, hat
seine Richtigkeit. Es sind nach dem Garnisonsrapport nur 12
bis 15 Mann bei der Compagnie präsent.

Graf Maltzahn theilt in allen Beziehungen meine An-

17

sichten über die Militär-Bundes-Angelegenheit. Er hat meine Berichte aus Stuttgart in Berlin gelesen, und ich habe die Genugthuung, daß er fast im nämlichen Sinne von Wien schrieb, ohne daß wir uns verständigt hatten. Der Prinz von Preußen wird im November schöne Truppen in Böhmen sehen. Die Oesterreicher haben viel gethan. Ihr Anlehen ist sehr vortheilhaft abgeschlossen.

Wie sich Graf Münch und Hr. v. Bülow in Frankfurt stellen werden, begreife ich nicht und ebenso wenig kann ich mir vorstellen, daß Hr. v. Bülow und Hr. v. Radowitz sich auf die Dauer verstehen dürften. Hr. v. Bülow bricht sich in Frankfurt den Hals.

Unser Monarch trinkt Egerbrunnen, geht zwar viel, ißt aber auch stark.

Prinz von Preußen soll sehr scharf und geistig gereizt sein.

Die Prinzessin von Preußen geht nach Kreuznach. Der Kronprinz von Würtemberg ist die Woche zwei Tage bei den königlichen Herrschaften in Potsdam.

Minister Abel befand sich in Kissingen, auch Hr. Zander aus Würzburg.

––––––––––

B. Kreuth, 25. August 1841.

Aus der Allg. Ztg. vom 23. c. entnahm ich, daß Herr Graf Maltzahn am 18. in Frankfurt angekommen sei. In der Voraussetzung, daß Ihnen sein jetziger Aufenthalt nicht unbekannt ist, bitte ich Sie um die Gefälligkeit, die Einlage weiter befördern zu wollen.

Ich war bei meinem Bruder in Ischl und fand ihn leider noch immer krank, doch nicht ohne Aussicht auf Besserung. Vor dem 2. October dürfte er schwerlich in Berlin sein. Ich beabsichtige im September mit ihm in Innsbruck und München zusammen zu sein, jetzt bringe ich meine Familie nach Meran und werde wohl schwerlich vor dem 20. September wieder nach Stuttgart zurückkehren.

Hr. Emil Girardin hat meinen Bruder in Ischl aufgesucht mit Introductionsbriefen vom Fürsten Felix Lichnowsky, dem neuen belgischen Löwenritter.

Der Hr. Wirkl. Geh.-Ober-Regierungs-Rath v. Voß wird am 27. in München sein, Fürst Wittgenstein bleibt bis zum 3. September in Gastein und ist sehr mit dem Bade zufrieden, doch behauptet er, nicht jünger geworden zu sein. Auch will er keine Spur der Aufregung, welche man dem Waſſer von Gastein beimißt, verspürt haben. Der Fürst geht über München zurück, wo er einige Tage bleibt. General Knesebeck trifft am 5. September daselbst ein. Hrn. v. Bockelberg sah ich als Bräutigam von Fräulein Mathilde v. Werdeck, Stieftochter des General Knesebeck und Hofdame der Königin, in Ischl. Er wird Minister-Resident in Darmstadt. Unabhängig von Herrn v. Otterstedt, dem ja auch Naſſau abgeriſſen werden soll, was ein Todesstoß für ihn sein wird.

Beschütze Sie Gott.

Ganz der Ihrige ꝛc.

Stuttgart, 3. October 1841.

Lieber Freund!

Haben Sie die Güte, die Beilage unserm Hrn. Chef zu übergeben. Se. Excellenz wird morgen bei Ihnen sein. Der Hr. Fürst Metternich ist von seinem zweitägigen Aufenthalte und seiner Unterhaltung mit dem König von Würtemberg sehr zufrieden geweſen und hat des Königs gescheidte Weltansicht sehr gelobt, sich auch mit allen Aeußerungen Sr. Majestät ein-

verstanden erklärt. Der Herr Fürst reist heute Morgen über
Ulm nach Günzburg und trifft morgen in München ein, Se.
Durchlaucht will sich aber einige Stunden in Augsburg auf-
halten.

Verzeihen Sie die Eile.

Der Ihrige ꝛc.

———————

Stuttgart, 25. October 1841.

Ihr geneigtes Andenken zurückrufend, bitte ich um gefällige
Beförderung der Einlage. Das Frankfurter Journal übertreibt
das Unwohlsein meines Bruders. Es geht ihm allmählig besser.
Der König wird Ende des Monats oder Anfang November
in München erwartet; ohne Cabinet, blos vom Obersten
v. Below begleitet. Der Fürst Metternich hat sich in Stuttgart sehr gefallen. Der österreichische Botschafter läßt dem
König von Würtemberg zum 30. October ein herrliches Schreiben
überreichen, in welchem das kaiserliche Cabinet den König
politisch sehr hoch stellt.

Der Kronprinz reist morgen früh über Würzburg, Bamberg, Leipzig ab, und trifft am 29. in Berlin ein. Er bringt
die Decorationen des Königl. Würtembergischen Haus-Ordens
für die Prinzen Carl und Albrecht mit. Der Kronprinz von
Bayern soll sich für Prinzeß Marie von Preußen entschieden haben.

Gott mit Ihnen.

Der Ihrige ꝛc.

———————

München, 22. November 1841.

Ich bitte Sie, lieber Freund, die Beilage an Frau
v. Radowitz vorsichtig zu besorgen. Ich werde Sie vielleicht
bald auf 24 Stunden sehen.

Hier herrscht finstere Intoleranz. Alles ist empört! Man muß alles dies erlebt haben, um es zu glauben. Herzlichst der Ihrige ꝛc.

• Der König reist heute um 10 Uhr ab und trifft den 28. in Sanssouci ein.

—

Stuttgart, 27. November 1841.

Euer Wohlgeboren gefällige Zuschrift vom 25. habe ich dankbar erhalten und freue mich, daß es dem Hrn. Oberst v. Radowitz besser geht. Ich warte mit Ungeduld auf Nachricht, daß der Arzt dem Kranken erlauben wird, mich zu sehen und zu sprechen, da ich im Auftrage des Königs mit ihm reden soll. Also haben Sie die große Gefälligkeit, der Frau v. Radowitz zu sagen, daß ich nur ihren Wink erwartete, um mich in den Wagen zu setzen. Ich habe in Ulm einen halben Tag zugebracht und gestern schon den König von Würtemberg 1½ Stunde gesprochen, soll auch heute bei Sr. Majestät speisen.

Der König, den ich so glücklich war, vier Tage hintereinander sehr ausführlich und im Ganzen vielleicht acht Stunden zu sprechen, hat nichts von Veränderungen im diplomatischen Corps gesprochen, auch dem Grafen Dönhoff keine Andeutungen gemacht. Von Neapel kann und wird für mich nie die Rede sein, da ich nicht dorthin gehen würde. Lieber Kohl bauen! München ist ein verdammtes Pflaster, der König Ludwig geht im December wieder auf zwei bis drei Monate nach Italien. Ich glaube, daß sich der Kronprinz von Bayern für die Prinzeß Marie von Preußen entschieden hat.

Die Petition des Bischofs v. Keller wird aus der Kammer gelinde hinausvotirt werden.

Der König von Würtemberg ist entzückt über die Entrevue in Augsburg, über den hohen Geist, die Offenheit, das warme

Herz und die edlen Absichten des Königs, unseres Herrn, der hinwiederum auch ganz zufrieden war.

Aus Berlin hörte ich nichts.

Ganz der Ihrige ꝛc.

Stuttgart, 2. Januar 1842.

Seit meiner Rückkehr von Frankfurt bin ich immer noch recht krank und habe seit länger denn drei Wochen das Zimmer nicht verlassen. Ich läugne nicht, daß meine Ernennung nach Hannover mich womöglich noch kränker gemacht hat. Vorläufig habe ich mich dagegen sehr bestimmt gewehrt, allein ich fürchte, daß ich mit meinen Remonstrationen nicht werde durchbringen können.

Ich habe aber bei allen diesen Leiden doch nicht ein Gefühl für meine Freunde verloren, deshalb wünsche ich Ihnen beim Wechsel des Jahres alles Gute, was zu Ihrem Glück und zu Ihrer Zufriedenheit dienen kann. Ich hoffe, daß die Zukunft Sie in jeder Beziehung befriedigen werde.

Der bayerische General Baur ist hier. Er zieht gute Diäten, und sonst hat er nur selten Conferenz, alle acht bis zehn Tagen eine. Man sagt, die beiden Regierungen würden sich verständigen, wer weiß aber, ob auf eine Weise, die in Frankfurt gebilligt werden dürfte, denn nach dem, was ich darüber höre, würde Hr. v. Radowitz nicht zufrieden sein.

Aus Berlin fehlen mir Nachrichten. Hr. v. Humboldt ist thätig für Ihren Chef als Handelsminister.

Ohne ganz positive Instruction für alle Eventualitäten gehe ich nicht nach Hannover, lieber gehe ich zu den Fahnen, wenn Martens oder Hr. v. Otterstedt sich nicht entschließen will.

Gott mit Ihnen.

Herzlich und treu ꝛc.

Stuttgart, 14. Januar 1842.

Mein theuerster Hofrath!

Mit wahrer Betrübniß habe ich die Nachricht von dem Erkranken des Herrn Grafen Maltzahn vernommen. — Da Sie in Frankfurt immer bessere und frischere Nachrichten haben, so ersuche ich Sie um die große Gefälligkeit, mich von Allem au fait zu halten, was Sie über diesen mich so sehr inter= essirenden Gegenstand erfahren. Ebenso theilen Sie mir wohl mit, ob Hr. v. Bülow den König nur bis Ostende oder nach England begleitet, und ob Sie etwas von der Verleihung des Handelsministeriums an ihn erfahren haben.

Ich bin leider noch immer unwohl, hoffe aber, daß es Ihnen recht wohl geht. Herzlichst der Ihrige ꝛc.

Stuttgart, 13. März 1842.

Mein bester Kelchner!

Ihr Schreiben vom 13. c. geht mir soeben zu. Ich werde die Aufträge des Hrn. Oberst v. Radowitz bestens be= sorgen.

Das Schicksal*) unseres geliebten und mir so theuern Chefs ist gar zu traurig. Ich bekomme darüber sehr aus= führliche Nachrichten, die das Herz zerreißen. Man erwartet seinen Bruder, um die Maßnahmen zu treffen. Früher will der edle König keine Hand anlegen. Ich glaube bestimmt, daß Hr. v. Canitz sein Nachfolger wird.

Meinetwegen findet in Berlin noch eine Art Kampf statt. Unser gnädigster König bildet sich ein, daß ich mit Herrn v. Radowitz, wenn derselbe erst in Carlsruhe sein werde, eine

---

*) Graf Maltzahn wurde als Minister der Auswärtigen Angelegen= heiten in Berlin wahnsinnig.

gute Ehe für Süddeutschland führen würde, und hat große Lust, mich hier zu lassen, oder empfindet einige Bedenken, mich aus Süddeutschland zu nehmen; dagegen fordert mich Ernst August und behauptet, der König, unser Herr, habe mich Sr. hannoverschen Majestät versprochen. Er will, wie er meinem Bruder am 11. gesagt, Sturm für mich laufen.

Unterdessen habe ich in sehr gnädigen Ausdrücken mit den schönsten Worten und besten Wünschen zur möglichst baldigen Herstellung meiner Gesundheit einen zweimonatlichen Urlaub nach Italien bekommen.

Also bin ich im Grunde jetzt so klug, wie vor drei Monaten. Nur habe ich Pferde ꝛc. verkauft, Sachen gepackt und alle Arrangements zum Abzuge getroffen.

Der König von Würtemberg hat sich gegen mich sehr loyal benommen und mir während meiner Krankheit sehr viel Beweise seiner Gnade gezeigt, mich sogar dreimal selbst besucht.

Aus Pisa habe ich leidliche Nachrichten.

Vor dem 1. April trete ich meine Reise nicht an. Ich bin immer noch recht unwohl.

Die verschiedenen Posten in der Administration werden bis vor Ostern gewiß besetzt. Meding tritt aus dem Ministerium des Innern, mein Bruder wird sich dann zwei Directoren nehmen.

Schreiben Sie ja Alles, was Sie aus Berlin hören, ich werde ein Gleiches thun.

Herzlichst und treu ꝛc.

Stuttgart, 19. März 1842.

Zum Ausweis der richtigen Besorgung des Briefes an Hrn. Dr. Fabiati übersende ich Ihnen im Anschluß den Postschein, und ersuche Sie, die Beilage an Frau v. Radowitz befördern zu lassen.

Daß ich zwei Monate Urlaub habe, sagte ich Ihnen wohl, und daß man mir aus Berlin confidentiell schrieb, ich würde vielleicht in Würtemberg bleiben, daß aber der König Ernst August mich in Anspruch nähme, wissen Sie gewiß. Da Hr. v. Küster Neapel nicht verläßt, ehe derselbe anderweit untergebracht ist, und Herr v. Brockhausen tödtlich krank in Florenz sich befindet, da für Graf Seckendorff kein Platz vacant ist, so weiß der Himmel, was aus der großen Confusion wird. Ich hoffe, Hr. v. Caniz nimmt das angetragene Ministerium an. Alles sollte sich vor Ostern entscheiden.

Hier hat die zweite Kammer zwar die Motive des Bischofs von Rottenburg zurückgewiesen, doch die kirchliche Frage ist um deshalb noch nicht erledigt.

In Carlsruhe schimpft man auf Preußens Referat über Rastatt.

Graf Dönhoff geht im April sehr lange auf Urlaub.

Mit aller Freundschaft 2c.

Stuttgart, 24. März 1842.

Ich weiß nichts Officielles über meine Zukunft. Meinen Urlaub kann ich erst den 4. oder 5. April antreten, weil mein Arzt mich nicht eher reisen lassen will. Wer weiß, ob ich nicht invalide werde und Otterstedt folge. Der König von Hannover raset noch über mich. Hol ihn der Henker. Hannover ist ein glühender Boden, wo nichts zu machen ist.

Die sämmtlichen Ernennungen in der Administration werden nun bald bekannt werden; mein Bruder ist im Ganzen sehr zufrieden damit. Er selbst leidet aber wieder. Graf Alvensleben ist ganz zufrieden.

Schreiben Sie mir ja bald und haben Sie die Freund= schaft, die Einlagen zu besorgen.

Herzlichst der Ihrige 2c.

Stuttgart, 28. März 1842.

Gestern Abend erfuhr ich den Inhalt der Cabinetsordre vom 21., welche Ihnen Ihren jetzigen Chef*) raubt. Aber wer Ihr neuer Chef wird? Ich meine immer noch, Herr v. Radowitz. Seine Gemahlin schreibt mir zwar vom 26., als sei seine Bestimmung noch immer nach Carlsruhe. Allein ich weiß zu bestimmt, daß im December v. J. schon, als die Idee war, dem Hrn. v. Bülow das Handels= Ministerium zu geben, der König für den Bundes= tag Hrn. v. Radowitz bestimmt hatte. Derselbe wird, wo er auch sein mag, höchst nützlich sein, aber sein Weg nicht ohne Dornen bleiben.

Ich reise schwerlich vor dem 5. c. Also haben Sie noch Zeit, mir Alles zu sagen, was Sie erfahren; ich bin sehr ge= spannt. Bleibt Hr. v. Radowitz bei Ihnen, so geht wohl Graf Seckendorff nach Carlsruhe. Der junge Nagler ist in München und Graf Dönhoff tritt im April einen dreimonatlichen Urlaub an. Auch Graf Lottum geht auf Urlaub. Hannover wird wohl Graf Nostiz bekommen. Mit Hrn. v. Brockhausen geht es in Florenz langsam besser.

Die Badenser sind ganz unsinnig mit Rastatt.

Hier gibt es nichts Neues. Würtemberg votirt in Bezug auf Rastatt mit Baden, obgleich der König von Würtemberg das permanent verschanzte Lager gar nicht

*) Der Bundestagsgesandte v. Bülow wurde Minister der Auswär= tigen Angelegenheiten in Berlin.

billigt. Er sprach darüber ganz offen mit Herrn v. Radowitz.

Ob in Wien des Hrn. v. Radowitz praktische Thätigkeit ganz recht sein sollte, lasse ich dahingestellt sein.

Hrn. v. Bülow wünsche ich viel Glück. Malzahn's Schicksal*) ist herzzerreißend. Mein Bruder sah und sprach ihn mehrmals.

Hr. Geh.=Rath Philippsborn wird sehr glücklich sein, seinen hohen Gönner und Freund zum Chef erhalten zu haben.

Die Besetzungen der vacanten Stellen in der Verwaltung werden wir nun auch bald erfahren. Mein Bruder ist mit Ihnen zufrieden.

In der Hoffnung, bald von Ihnen zu hören, ganz der Ihrige 2c.

Stuttgart, 30. März 1842.

Meine Briefe aus Berlin, von woher Sie natürlich frischere Nachrichten haben, sagen nichts Bestimmtes über den Nachfolger des Hrn. v. Bülow, ja stellen es sehr in Frage, ob es Hr. v. Radowitz sein würde? Dieser scheint zu den Besprechungen mit dem Könige Ernst August über die Verfassungs=Angelegenheit nach Berlin berufen zu sein. Ich habe im Geheimen immer noch die Ueberzeugung, daß dem Könige auf dem Frankfurter Posten Niemand willkommener sein würde, als Hr. v. Radowitz, der des Königs Intentionen

---

*) Joachim Karl Ludwig Mortimer Graf Malzan, geb. 1793 auf dem Schlosse Lissa in Schlesien, starb 1843 im Wahnsinn zu Berlin, nachdem er seit 1841 Minister des Auswärtigen gewesen.

so genau kennt; allein ob Graf Malzahn dann lange hier bleiben würde, ob der würtembergische Hof nicht durch die Thätigkeit des Hrn. v. Radowitz sehr incommobirt würde, ist eine andere Frage, der man vielleicht doch auch in Berlin einige Beachtung schenkt. Bis zum 24. war noch nichts entschieden, damals auch noch Niemand für Hannover ernannt. Der Erlaß über mein Hierbleiben wird wohl erst nach meiner Abreise eintreffen. Was Sie erfahren, theilen Sie mir ja mit. Vor dem 5. Mai reise ich nicht ab.

Mein Bruder war wieder leidender; doch konnte er seinen Geschäften leben. Graf Alvensleben war ganz zufrieden. Sollte man Jemand aus der Verwaltung für den Bundestag wählen, so habe ich schon an den Präsidenten v. Kleist oder an Graf Arnim in Posen gedacht.

Graf Canitz ist in Wien vom Fürsten sehr geachtet.

In Carlsruhe ist man sehr wild über Rastatt!

Von hier kann ich Ihnen nichts Neues melden. Graf Buol wird in den nächsten Tagen aus Wien zurückerwartet.

Das Schicksal v. Malzahn's kommt mir ganz und gar nicht aus dem Sinn.

Von der Gunst des Hrn. v. Bülow werde ich mir nicht viel zu versprechen haben; doch ich verlange nichts Exceptionelles, und Achtung werde ich ihm abgewinnen, da ich meine Pflicht erfülle und mir hohes Vertrauen zu verschaffen weiß.

Leben Sie wohl und schreiben Sie ja noch bis zum 4.

Ist Graf Redern noch in Darmstadt und kommt Herr v. Bockelberg noch in hiesige Gegenden? Malzahn war ihm nicht sehr hold.

Die Cölnische Zeitung unter Hrn. Hermes dehnt sich sehr aus. Hier und in Carlsruhe ist sie unbequem und von Carlsruhe aus hat man sich schon zweimal gegen sie

beschwert. Ich habe die desfallsigen Noten des Hrn. v. Blittersdorff an Hrn. v. Frankenberg gelesen. Baden ist durch seine
Wahlen, den Tod des Bischofs und die Festungssache unnatürlich
aufgeregt.

Ganz der Ihrige 2c.

Stuttgart, 4. April 1842.

Soeben empfange ich Ihr Schreiben von gestern, und da
ich nun erst am 9. reise, so will ich gleich antworten und hoffe
auch von Ihnen noch bis zum 8., Abends, einige Zeilen zu
empfangen. Haben Sie nur die Barmherzigkeit, mir zu sagen,
was Sie gerade gehört haben. Ich nehme es mit auf den
Weg. Meine letzten Nachrichten sind aus Berlin vom 31. März,
damals hieß es bestimmt, Radowitz bliebe unwiderruflich für Carlsruhe. Doch was ist unwiderruflich,
was ist unmöglich zu einer Zeit, wo das Unwahrscheinlichste
eintritt. Alles hängt von der Antwort aus Wien
und der Erklärung des Hrn. v. Caniß ab, sowie
demnächst von den Vorschlägen des Hrn. v. Philippsborn, dies ist der sehr gute Freund des Herrn
Cabinets-Ministers.

Man hatte in Frankfurt erzählt, mein Bruder würde
nach Wien oder Frankfurt gehen, doch das halte ich für ganz
unwahrscheinlich, um nicht undenkbar zu sagen. Auch
schreibt man mir aus dem Hause meines Bruders nichts
darüber.

Maltzahn ist jetzt in Charlottenburg. Seine Kinder bei
der Gräfin Hohenthal, geb. Prinzessin Biron. Er ist nun
auch physisch krank und seitdem geistig ruhiger, besonnen und
klar. Er will selbst um seinen Abschied bitten und ein Jahr

reisen. Seine Laufbahn ist gestört, seine Existenz gebrochen. Ein gar zu trauriges Schicksal! Wir werden ihn noch oft vermissen mit seinem warmen Herzen und seiner natürlich guten, edlen Gesinnung.

In Baden ist es noch etwas bewegt. Hier herrscht Ruhe. In Baden ist das Netz und die zusammenhängende Thätigkeit der Radicalen trefflich organisirt. Dringend nöthig erscheint Abhülfe, und diese wird erfolgen, bleibt die Gesinnung fest.

Die Cölnische Zeitung, durch Hermes, vor 15 Jahren Redacteur der durch Bundesbeschluß verbotenen hiesigen Neckar-Zeitung, geleitet, stößt überall an. Es ist ihr in Bezug auf aufregende Artikel gegen Baden von Berlin der Kopf gewaschen.

Hr. v. Kleist und Graf Arnim sind nur meine individuellen Vermuthungen. Graf Redern geht wohl nicht nach Carlsruhe. Hr. v. Otterstedt ist mit der Staatsminister-Pension nicht zufrieden. Er hat den Zollverein gestiftet und behauptet, der hochselige König habe ihm 12,000 Thlr. Pension versprochen.

Der berüchtigte Elsner, welcher die hiesige Allg. Ztg. redigirt, ist wegen eines Preßvergehens vier Wochen eingesteckt.

Die in Constanz gedruckte und in Baden verbotene populäre Bearbeitung des Leben Jesu von Strauß, ist von jenem Demagogen.

Siebenpfeiffer war letzthin im Lande und dann in Baden, ist aber nach Frankreich verwiesen und befindet sich jetzt in Neu-Breisach.

Sie sehen, ich halte gute Polizei.

Also in der Hoffnung, bis zum 8., Abends, noch von Ihnen zu hören, grüße ich Sie herzlichst.

Unser allergnädigster König ließ mir Anfangs Januar d. J. sagen: Hr. v. Radowitz habe Se. Majestät um den Posten in Hannover gebeten. Sie hätte ihm aber denselben abgeschlagen, weil Radowitz bei dem Könige Ernst August wie das Feuer auf ein Pulverfaß sein würde. Damals glaubte der König noch, ich sei allein die Creatur, welche in Hannover Gutes stiften könne. Ich habe nur gesagt, einseitig ist dort nichts auszurichten.

Stuttgart, 8. April 1842.

Herzlichen Dank für die gefällige Zuschrift vom 7. c. Ich hoffe, morgen reisen zu können.

Aus dem Hause meines Bruders habe ich bis zum 2. c. Briefe und finde auch nicht die leiseste Ahnung und Andeutung von einer Versetzung nach Frankfurt. Es ist mir immer noch nicht wahrscheinlich, aber alles ist möglich und das Unwahrscheinlichste geschieht. Als Patriot wünsche ich, daß mein Bruder seinen wichtigen Posten behält. Sie würden ihm gratuliren. Er ist dem Posten ganz gewachsen, ein Mann von edlem Herzen und großem Geist, sehr vielen Mitteln, positiv und weitsehend.

In Berlin wird viel gekocht und wenig wird gar. Es dauert lange, bis angerichtet wird.

Wenn ich daran denke, was mir der König in München sagte, so kann ich es noch nicht glauben.

Mein Bruder ist in Priesnig!

Baden verlangt viel zu viel.

Gegen Mitte Juli bin ich in Stuttgart, so Gott will.

Hr. v. Dusch soll das Schwert schon gezogen haben und auf den Hinterbeinen sitzen.

Gott mit Ihnen.

Herzlich und dankbar ꝛc.

Bad Ems, 6. August 1842.

Sehr verehrter Freund!

Bei meiner Rückkehr aus Italien habe ich so Vieles verändert gefunden, daß es eines langen Briefes bedurft hätte,
mich mit Ihnen darüber zu verständigen. Ich hoffte Sie in
Frankfurt zu besuchen. Nun bin ich letzthin in der That zweimal durch Frankfurt nach Homburg zu meiner Schwester geeilt, allein ich war so eilig und flüchtig, daß ich mich nicht
aufhalten und besonders nicht in die Bundestagsgesandtschafts-
Canzlei begeben konnte, wo ich eine Stiege höher hätte einen
Besuch machen müssen, deshalb hielt ich nirgends, weder bei
dem Fink'schen Caffeehaus*), noch am Bockenheimer Thor an.

Graf Haßfeld bringt Ihnen diese Zeilen und ich ersuche
Sie ganz ergebenst, die Beilage mit nächster Sendung nach
Berlin abgehen zu lassen.

Graf Münch sprach ich hier und aß mit ihm beim König
Ernst August, der überaus huldreich für mich war.

Ich bleibe bis zum 24. c. hier, gehe dann noch einmal
nach Baden-Baden, wohin mich die Einladung des Königs
von Würtemberg ruft, und gehe alsdann wohl zum Manöver.

Hier ist es sehr langweilig. Graf Haßfeld geht in die
Schweiz und trifft erst Ende September mit Graf Arnim in
Paris zusammen. Er ist erster Secretär in Paris geworden.
Hr. v. Otterstedt soll noch sehr viel schreien und höchst un-
gnädig sein.

In Carlsruhe ist eine Art National-Convent.

Ganz der Ihrige ꝛc.

*) Wohnung des Kelchner, Bleidenstraße 12.

Baden=Baden, 11. October 1842.

In Stuttgart von einem gaſtriſchen Fieber befallen, hat ſich mein Hals abermals verſchlimmert. Mein Arzt hat mich dennoch nach hierher geſchickt, um das hieſige Waſſer mit Milch zu trinken.

Hr. Graf Dönhoff iſt wohl ſchon in München und wird wohl nicht geradewegs nach Frankfurt zurückkehren, da es ſeine Abſicht war, in Franken Beſuche zu machen. Unterdeſſen finden Sie vielleicht Zeit, mir einige Worte zu ſagen. Haben Sie die Freundſchaft, die Einlage zu beſorgen und mir die Antwort umgehend zu vermitteln. Ich wohne hier im Hotel d'Angleterre.

Graf Tettenborn geht Donnerſtag nach Carlsruhe, bleibt dort zwei Tage und reiſt demnächſt über Stuttgart und München nach Wien.

Graf Medem war vier Tage in Stuttgart. Er hat mir viel, ſehr viel von Johannisberg und Wien erzählt.

Aus Stuttgart nichts Neues. Hr. v. Prittwitz iſt fleißig und kann am 18. den erſten Grabſtich leiſten, wenn nur von Frankfurt die Erlaubniß erfolgt. Erzherzog Johann hat alle Projecte des Hrn. v. Prittwitz gelobt und auch die Einwendung der Territorial=Regierung gegen das Referat vom General Rodiczky vollkommen gebilligt. General Rodiczky muß jetzt nach Ulm unter= wegs ſein.

Ueber den Tarif wird noch viel geſchrieben werden, ich theile den in Berlin vertheidigten voller wirthſchaftlicher Grundſätze.

Die Fürſtin Liegnitz iſt, ſchlecht begleitet und ungeſchickt geführt, von hier über Schaffhauſen gereiſt, um den Splügen zu paſſiren.

Leben Sie wohl, guter Freund.

Ganz der Ihrige ꝛc.

Baden-Baden, 22. October 1842.

Ich gehe am 25. c. nach Stuttgart zurück und bin im Grunde bis jetzt sehr zufrieden mit dem hiesigen Aufenthalt und Wasser.

In Ulm hat man endlich auf dem linken Ufer die Arbeiten angefangen, Dank sei es der Thätigkeit und Geschicklichkeit des Hrn. v. Prittwitz. Mit dem General Robiczky war man dort gar nicht zufrieden. Als Präsidirender ist er nicht klar genug in seinen Ansichten und ein schlechter Geschäftsmann; auch haben die übrigen Militär-Bevollmächtigten, besonders der kleinen Staaten, kein Vertrauen zu ihm.

Die Allg. Ztg. fährt fort, parteiisch zu sein. Es ist aber kürzlich bei Cotta eine Schrift: „Theorie der Steuern" erschienen, ganz gegen die List'schen Ansichten, eine Vertheidigung der von Preußen geltend gemachten Ansichten g e g e n eine Zoll-Erhöhung.

In Süddeutschland und namentlich in Baden hat man ganz falsche, vollkommen unrichtige Ansichten von den Schutzzöllen. Unbefangene Kaufleute billigen dagegen unbedingt die von Preußen befolgten Handels-Principien. Das Ettlinger Etablissement kann sich nicht halten, dagegen werden diejenigen in Wiesenthal bei Lörrach, welche einem Schweizer gehören, die Arbeit nicht einstellen. Ich habe darüber sehr bestimmte und genaue Notizen.

Hier im Lande beruhigt sich die künstliche Aufregung, die durch Itzstein, Bassermann und Consorten hervorgerufen ist. In Würtemberg haben sie keine Sympathie gefunden, die Stimme der Vernünftigen und Ruhigen überwiegt zu sehr.

In Preußen ist der schreibende Thierkreis losgelassen und verwirrt die Begriffe. Oberlehrer, Professoren, literarische Proletarier gefallen sich im politischen Märtyrerthum. Haben Sie wohl die Ankündigung in Herwegh's Journal bemerkt? Baden und Ostpreußen, als die beiden meist in Freiheitsdurst erglühten Länder, sollen vorzugsweise darin exploitirt werden.

Ganz der Ihrige ꝛc.

Stuttgart, 17. December 1842.

Mit innigster Theilnahme habe ich ihr Schreiben vom 14. c. gelesen und begreife leicht, daß Ihre Stimmung oft eine beklommene und traurige sein muß. Ihre Erfahrungen sind freilich höchst traurig, indessen der Allgütige ist groß, mächtig und gerecht, und somit kommt auch die Ernte gewiß noch nach. Möchten Sie dies Vertrauen festhalten; es wird sich zuverlässig bewähren.

Ihre sonstigen Mittheilungen sind mir meist neu, nur wußte ich schon längst, daß Hr. v. Radowitz nach Berlin gehen werde.

Die rheinischen Blätter gehen zu weit, streifen nah an Radicalismus und es ist durchaus nöthig, daß ihnen ein strengerer Zügel angelegt werde. Es ist in der That unerhört, wie man in Cöln Phrasen passiren lassen kann, wie folgende: „In den letzten Jahren des verstorbenen Königs war Preußen in einem Zustand der Sclaverei." Dahlmann's Reactivirung war schon recht; aber daß sie als ein Schauspiel ausgebeutet ward, das hat mir gar nicht gefallen.

Herwegh ist ein militärischer Deserteur, der jeden Augenblick reclamirt werden kann. Seine Gedichte sind gar nicht zu so überschwenglichem Lobe geeignet. Er ist ein talentvoller, gesinnungsloser, frecher Radicaler, weil ihm dieser Ton besser Absatz verschafft.

Wie wahr die Bemerkung, es könne jetzt keinen Dichter geben, außer er sei „ein Tyrannenfresser".

Ueberall nimmt der Wohlstand zu, die Leute sind besser genährt, gekleidet, gehalten, und dennoch überall ein Mißbehagen, ein Drang nach Veränderung. Auf den Messen und Märkten sieht man viel Leute und Geld, aber überall etwas Verstimmtes. „Es ist etwas faul im Staat", sagt Hamlet. Eine Radicalkur wird nicht ausbleiben. Aber kein Sterblicher sieht sie voraus.

Das Schreiben im Journal des Débats vom 11. ist perfide, hat aber leider manches Wahre in Bezug auf Re=ligiöses.

Die glänzenden Resultate der Feldzüge in Afghanistan und China *) scheinen den Franzosen nicht gelegen. Diejenigen in China sind ganz unberechenbar. Die Donau=Fürsten=thümer erfordern die größte Aufmerksamkeit. Oesterreich wird sich die dortigen Vorfälle zu Herzen nehmen müssen. Gott er=halte uns den Fürsten Metternich. **) Sein Abgang wäre eine Calamität; denn schon jetzt ist es eine, daß in diesem Moment

---

*) Die Engländer verbrannten bei ihrem Rachezug gegen die Afghanen im October Kabul und Dschellabad, sie erzwangen im August den Frieden von Nanking, wonach die Chinesen 21 Millionen Dollars zahlen, die Häfen dem Handel öffnen, die Insel Hongkong abtreten und den Opiumhandel auch ferner dulden mußten.

**) Wien, 3. Dec. 1842. Die Zollvereinigung Belgiens sei aller-dings eine sehr wichtige Zeitfrage und wird als solche auch zu Wien be-trachtet. Die Communicationen mit Berlin geben Veranlassung die öster-reichischen Agenten an den betreffenden Höfen eine Sprache führen zu lassen. Das beschäftige das österreichische Cabinet und sei zu hoffen, daß die Ueberzeugung oder wenn diese nicht, das wohlverstandene wahre Interesse Belgien abhalten wird — einen Schritt zu machen, dessen Folgen wohl kaum zu berechnen sind. Mit der Gesundheit des Fürsten gehe es recht gut. Die milde Witterung erlaube die nöthige tägliche Bewegung.

der Krise, einer Welt=Entwickelung, der allgeschätzte Staats=
mann auf der Neige des Alters steht, und die allergrößte
würde es sein, wenn engherzige Seelen auch nur vorübergehend
zur obersten Leitung in Wien berufen werden könnten. Der
Fürst hat Gemüth, hohen Sinn fürs Schöne und eine so
sichere Stellung, daß er viel coulanter sein darf, als es je
einem andern möglich wäre. Dies gilt namentlich unserm aller=
gnädigsten Könige. Der Fürst hat Momente im Leben, die an
einen antiken Charakter erinnern.

Seitdem ich in Stuttgart bin, fühle ich mich mehr oder
weniger leidend. Jetzt sitze ich schon wieder seit drei Wochen
im Hause und mußte zwei Hof=Einladungen abweisen.

Hr. Geh. Rath v. Kölle hat Stuttgart nicht verlassen.
Die Würzburger und Cölner Ztg. persiflirt ihn.

Boitzenburg mit seinem Schlosse, seinen Gärten, Buchen=
waldungen und Wildparks eignet sich ganz zur Aufnahme
königlicher Jäger.

Die vier ersten Nummern der neuen List'schen Wochen=
schrift liegen mir soeben vor. Es ist eben List, der sie
schreibt.

Möchte Ihr Herr Sohn bald ganz geheilt sein. Geben
Sie mir ja öfter Nachricht und bedenken Sie, daß ich mich mit
innigster Theilnahme für Sie, und was Ihnen werth ist, interessire.

Mit besonderer Hochachtung und alter Treue 2c.

Stuttgart, 29. December 1842.

Mein bester Herr Hofrath!

Vor Schluß des Jahres will ich Ihnen bei dem Wechsel
noch meine besten Wünsche aussprechen und vom Himmel für
Sie und die Ihrigen allen seinen Segen erflehen.

Herwegh's Brief*) ist impertinent und Alles ist empört über den anmaßenden Schlingel.

Es ist keine Frage, unser König ist der reichbegabteste, sinn- und gemüthvollste Monarch und kein Falsch in ihm. Darum hat er sich stets ganz frei hingegeben. Er denkt groß von der Menschheit und dies ist recht, nur stellt er den Einzelnen zu hoch und dadurch fehlt er. Poetische Naturen werden von der aura popularis zu mächtig angezogen, um sie ohne Kampf und vielfache Enttäuschung aufzugeben.

Hier gibt es nichts Neues.

Der Bischof von Rottenburg hat den König gebeten, das letzte Breve des Papstes publiciren zu dürfen, allein der König verweigerte das Placet.

Die Gemahlin des Grafen Wilhelm von Würtemberg, geb. Prinzessin Leuchtenberg, ist von einer Tochter entbunden.

Gott mit Ihnen.

Ganz der Ihrige ꝛc.

———

Stuttgart, 2. Januar 1843.

Ich ersuche Sie, lieber Freund, die Einlage dem Herrn v. Radowitz sobald als möglich zugehen zu lassen, sollte er schon abgereist sein, so lassen Sie ihm dieselbe auf sicherem Wege nachgehen.

Herzlichen Dank für Ihr Schreiben vom 30. Die Leipz. Allg. Ztg. hat die Züchtigung verdient, doch geht sie ungeachtet des Verbotes nach Preußen. Herwegh ist ausgewiesen, was er längst verdient hätte. Die Erklärung in der Spenerschen Ztg. über unsere Presse und Censur hat mir sehr mißfallen. Es

———

*) An König Friedrich Wilhelm IV., der ihm Audienz gewährt und ihn als „ritterlicher Feind" begrüßt hatte.

wird an Censur-Instructionen gearbeit, man will, nachdem man sich fürchtet, nicht weitergehen.

Dies für Sie.

Gott mit Ihnen c.

———

Hier geht es sehr still zu; dieser öftere Witterungswechsel und die ungewöhnliche Milde erzeugen viele Krankheiten und auch ich leide daran.

Die Eisenbahnfrage ist in Würtemberg gerade so entschieden worden wie in Baden und dem Großherzogthum Hessen. Alle Theile des Landes wollen auf einmal und zu gleicher Zeit Eisenbahnen haben, ohne Rücksicht auf die Kräfte des Staats. Vorerst wird man wohl erst von Ulm nach Cannstadt bauen. Was den Anschluß an Baden betrifft, so will letzteres die Linie über Pforzheim, Würtemberg dagegen über Knielingen auf Bruchsal in commerzieller Beziehung, weil Alles von hier bergab nach Holland geht und die Kohlen aus der Saargegend in Rheinschanz zu haben sein werden; in strategischer Hinsicht soll die erste Aufstellung der süddeutschen Kräfte à cheval des Rheins bei Mannheim oder Germersheim sein. Baden hofft, daß die Saarbahn durch das Anweiler Thal über Landau nach Knielingen vis à vis von Carlsruhe gemündet werde und verlangt die Aufstellung des 7. und 8. deutschen Corps unter den Kanonen von Rastatt.

Hinsichtlich der Neckar-Main-Bahn scheint noch nichts entschieden, weil Frankfurt und Hessen sich noch nicht geeinigt.

Die Bemühungen unseres allerhöchsten Hofes wegen der Regulirung der Preß-Angelegenheit des deutschen Bundes scheinen keinen Erfolg zu haben. Ueberall sträubt man sich und hält

eine Verständigung der Bundesstaaten über ein neues Bundes-
Preßgesetz zur Zeit noch für geradezu unmöglich. Für wen
auch? fragt man. Für die Brut, welche jetzt schreibt oder
glaubt zu Schriftstellern berufen zu sein, für die Judenschlingel,
für weggejagte Advocaten oder junge Männer, so ihr Examen
nicht leisten können, für Gotteslästerer und Angreifer des
Christenthums.

Die verschiedenen Zeitungsverbote sah man voraus, man
bedauert aber die retrograden Schritte, und wenn man auch
lobt, daß die Herren Minister Gründe zu ihren Handlungen ablegen, so findet man es doch zu weit getrieben, daß sie sich so
weitläufig wegen dieser Burschen einlassen, denen man das
Handwerk legt.

Jede Inconsequenz ist ein Uebel — das Vor- und Zurück-
schreiten ohne bestimmten Plan macht zweifelhaft über die Resultate und verursacht Besorgniß. — Das Wetter in Berlin
ändert sich zuweilen jede Stunde. Und man bedenkt nicht, daß
die übrigen deutschen Regierungen ihre Parole in Berlin holen
müssen. Je nachdem man dort fester oder weniger fest auftritt,
wird man anderwärts das Gleiche thun. In Stuttgart und
Baden klagt man über die Militär-Commission und meint, sie
handele willkürlich und halte die Geschäftsordnung nicht ein.
Es bereitet sich deshalb eine Klage vor. Dem Hrn. v. Prittwitz
hat man Vorwürfe gemacht, daß er seinen Eid so spät geleistet
und Major Hardeg, der Bayer, hat ihn nicht früher ein-
geschickt.

Die von Tübingen aus angekündigten Jahrbücher der
Gegenwart sind die zweite Auflage der deutschen Jahrbücher.
Die jetzigen Mitarbeiter sind Hegelianer und waren schon Colla-
boratoren des Hrn. Ruge. Auch dieser vielgenannte Hr. Strauß
strebt dahin. Sie werden sich von Politik fernhalten, aber das
Christenthum verunglimpfen.

Hr. v. Cotta hat in Augsburg einen Censor in dem jetzigen Regierungsrath Lufft bekommen. Er ist Protestant, Rheinbayer und Günstling des Hrn. v. Abel.

Die Zeitungsverbote in der politischen Ueberschau VI., Augsb. Ztg. Nr. 18, Beilage S. 139, sind von Hofrath Thiersch, in Berlin vom 24. December 1842 in Nr. 1, von Reinstein in Berlin, Israelit.

Alle diese Notizen sind nur allein für Sie bestimmt.

Von Hrn. v. Radowitz höre ich wenig. Er hält sich in Berlin sehr zurückgezogen und entschlüpft für alle Bekannte wie ein Aal.

Ganz der Ihrige 2c.

Der Correspondent *⁎* Berlin im deutschen Frankfurter Journal ist Hr. v. Zedlitz.

Stuttgart, 4. April 1843.

Vielen Dank für Ihre Antwort vom 2., die für mich von großem Interesse war. Ich freue mich über den Antrag gegen die Jahrbücher der Gegenwart, welche unter Begünstigung von Strauß durch junge Hegelianer herausgegeben werden sollen. Sie werden vielleicht viel vorsichtiger zu Werke gehen als unter Ruge, aber um desto gefährlicher sein. Sie werden sich zur Belehrung die Vorgänge dienen lassen und deshalb das Gift verschlimmern. Nachdem alle Consequenzen der Jahrbücher offen dalagen, mußten sie nothwendigerweise zerfallen.

Es ist eine sehr unachtbare Rotte, welche die Journalistik beherrscht; jedes Wort an sie eine Verschwendung. Aber man hat sie sich als Macht constituiren lassen, darum ⬛ man jetzt selbst in Berlin genöthigt, sie als solche zu behandeln und Manifeste gegen sie zu erlassen. Und daß solche Maßregeln an Rücksichten für Privat-Geldinteressen Aufenthalt finden können!

Zu einer executiven Stellung würde er sich unter den jetzigen Verhältnissen nicht verstanden haben.

Den Inhalt der Depesche des Fürsten Metternich an Graf Ugarte vom 24. v. M. hat Hr. v. Zedlitz im Wesentlichen dem Hrn. v. Cotta communicirt.

Der neue Censor in Augsburg streicht oft die ganze halbe Zeitung.

Hier hat die erste Kammer die Proposition der Regierung wegen der Eisenbahnen angenommen, bedauernd, daß eine so wichtige Frage nicht durch die Bundes-Versammlung oder durch den Zollverein übereinstimmend behandelt und geleitet worden sei.

Das neue Recrutirungsgesetz ist heute in der zweiten Kammer im Princip noch sehr angegriffen worden, besonders durch Hrn. v. Vollwarth in ritterlicher und tüchtiger Gesinnung und Sprache. Das nichtssagende Gesetz wird aber durchgehen.

Graf Ugarte hat nach dem Tode seiner Frau um einen einjährigen Urlaub angetragen.

Ich hüte immer noch das Zimmer.

Mit den besten Wünschen und aufrichtigstem Gruße der Ihrige 2c.

Von der Rheinischen Zeitung gehen 4 Exemplare nach Württemberg, 5 nach Bayern, 38 nach Baden. In Summa 47. Rheinbayern ist nicht mitgerechnet.

———

Stuttgart, 21. Februar 1843.

Empfangen Sie den besten Dank für Ihr werthes Schreiben vom 18. c. Seitdem habe ich Briefe aus Wien und auch andere von dort über die Bundesfestungssache gelesen, worin man von Weisungen an General Rodiczky spricht und den König von Württemberg sehr lobt und seine guten Gesinnungen und

Kenntniſſe von Seiten des kaiſerlichen Hofes anerkannt wiſſen will ꝛc.

Es iſt auch von Aufbringung der 18 Millionen die Rede, von jährlichen Einzahlungen mit nutzenbringenden Anlagen. Würtemberg zahlt jährlich 83,800 fl. rheiniſcher Währung. Auch wegen des Erſatzes des Hrn. v. Strahlendorff in der Commiſſion für Militär-Angelegenheiten.

Das Schreiben des Hrn. v. Zedlitz an Hrn. v. Cotta über die Preß-Angelegenheit war nicht zum Abdruck, ſondern nur als Notiz.

Ich bin nicht für das Taubſtummen-Syſtem in der Preſſe, aber auch nicht dafür, daß der preußiſche Cenſor ſein imprimatur unter alle Artikel ſetzt, welche der Regierung Hohn ſprechen. Preußen für ſich allein betrachtet, könnte beſtehen ohne Cenſur; der deutſche Bund nicht, ſondern würde zu einer completen Carricatur, wenn die Leipz. Preſſe gegen die preuß. Regierung und vice versa jede einzelne Preſſe gegen die verbündeten Regierungen einen Krieg führte.

Der junge Arnim, Bettina's Sohn, geht von Wien nach Stockholm.

Die miſerablen Verhandlungen in der hieſigen Kammer über das ſog. Landwehrgeſetz ohne Landwehr hat mich angeekelt. Hr. v. Vollwarth hat gegen das Feſtungswehr-Syſtem geſprochen, gut und brav. Die Regierung will nichts; das Ganze iſt ein Supplement zu dem beſtehenden Recrutirungsgeſetz.

In der Schweiz hat die Revolution geſiegt, überall huldigt man den Maſſen.

Aus Berlin nichts Neues. Hr. v. Radowitz geht weder nach Petersburg, noch nach England und auch nicht nach China. Ich las einen Brief von ihm. Er ſah den König in letzter Zeit ſelten und arbeitete zu Hauſe.

Bald mehr. Ganz der Ihrige ꝛc.

Stuttgart, 6. März 1843.

Wir hatten hier nach 18 Stunden Zeitverlauf den Ausgang der Pariser Kammer-Verhandlungen über die geheimen Fonds.
Der Präfect von Straßburg schickte einen Courier an den französischen Botschafter nach Wien.

Die neuen Censur-Verordnungen mit den alten Bestimmungen
gefallen der Regierung natürlich. Im Uebrigen erzeugen sie
aber viel Gespräch. Da man so viel vorher gesprochen, da
man gewissermaßen die öffentliche Meinung in die Schranken
gerufen, war man etwas anderes gewärtig. Ich bin mit der
Sache wohl zufrieden, habe aber das Frühere nicht gewünscht.
Auch sehe ich keine Nothwendigkeit Alles zu publiciren, damit
man dem Ministerium in die Karten sehen könne.

Das Ober-Censurgericht gefällt nicht. Man glaubt, die
Richter würden nicht immer nach dem Gesetze, sondern nach den
Convenienzen oder gar nach den Anordnungen der Cabinet-
ordres sprechen. Also eine ganz decidirte Cabinets-Justiz in
einer Sache, die eigentlich auf dem Wege der Verwaltung abgemacht werden müßte.

Ueber die Weil'schen constitutionellen Jahrbücher*) habe
ich an Hrn. Grafen Dönhoff geschrieben und nach Berlin berichtet.
Es ist ein Scandal. Ueberhaupt und zumal nach den erbärmlichen hiesigen Verhandlungen über das Recrutirungsgesetz vergessen die Herren, daß Würtemberg zum Bunde gehört und
mit ihm solidarisch verpflichtet ist, daß in dem Bunde ihr ein-
ziger Halt und Schutz besteht. Aber sie betrachten den Bund
schon als Cadaver.

Ich habe (ganz unter uns) ein Schreiben des General

---

*) Constitutionelle Jahrbücher. Herausgegeben von Dr. Karl Weil.
Stuttgart. Verlag von Krabbe. 1843. gr.-8°.

Aster an Hrn. Oberst Fromm kennen gelernt, worin Se. Excellenz gerade das tadelt, was die Militär-Commission gebilligt und hinwiederum das billigt, was Hr. v. Prittwitz in seinen Entwürfen aufgenommen, namentlich das drei Fuß dicke Gewölbe. Hr. General Aster tadelt eine Aeußerung über Coblenz, allein diese rührt vom Obersten Faber und nicht vom Hrn. v. Prittwitz, was Ersterer sogleich dem General Robiczky bekannt hat. So ganz schülerhaft konnten doch des Herrn v. Prittwitz Arbeiten nicht sein. Auch scheint General Robiczky auf einmal entgegenkommender. Aber dies ist ganz für Sie allein. Ich will mir gegen die französische hohe Diplomatie nicht den Hals brechen. Aus Berlin hörte ich in neuester Zeit sehr viel und Manches, aber wenig Erfreuliches. Doch ich bin immer voll Vertrauen und guten Muths. Viele Köche verderben den Brei!

In Preußen bleibt es immer noch am besten, und das Land hat sich wahrlich nicht zu beklagen. Wenn ich jedoch den gegenwärtigen Zustand der Dinge im übrigen Deutschland betrachte und besonders nach dem, was ich neuerdings aus den Kammerverhandlungen in Würtemberg und Baden entlehnt, so wird es mir immer klarer, daß wir einer großen stets wachsenden Verwirrung entgegen gehen. In der Preß-Angelegenheit versteht man sich schon nicht mehr. Die Censur im Sinne des Bundes ist zu Grabe getragen und etwas Neues kann nicht an ihre Stelle gesetzt werden. Der Radicalismus erhebt sich überall mit steigender Frechheit und findet, gestehen wir es nur ein, allerwärts Duldung als ein unvermeidliches Uebel. Die Landstände resp. die zweiten Kammern betrachten sich als die Herren der Länder und wer es nicht mit ihnen hält, entbehrt des eigentlichen Schutzes. Es sind dabei Ideen der Einheit in das Volk geworfen worden, die nur bei einem wohlgegliederten Organismus des Bundes ohne Bedenken waren, der Bund

wird ja aber selbst von den Regierungen als eine Leiche be=
trachtet und behandelt.

Ob sich bei großen politischen Entschlüssen factisch ein
Primat bilden wird und bilden kann, muß die Zeit lehren.

Soviel steht fest, man kann nicht klar übersehen, ob in
den allgemeinen deutschen Angelegenheiten progressiv, regressiv,
stationär, conservativ oder lediglich administrirend zu Werke
gegangen werden soll. Palliative helfen nicht, deshalb setzt man
seine Hoffnung auf die Zukunft.

Alles dieses ist nur für Sie. Es sind Betrachtungen, die
sich einem zuweilen aufdrängen.

Hier gibt es nichts Neues. Ist Gräfin Sophie Hatzfeldt
vielleicht aus München in Frankfurt angekommen? Der hiesige
russische Gesandte Fürst Gortschakoff ging nach Wiesbaden zu
seinem Schwager Urasoff, der im Sterben liegen soll.

Lassen Sie bald von sich hören.

Ganz der Ihrige ꝛc.

Stuttgart, 10. März 1843.

In den letzten zehn Tagen des December=Monats v. J.
stand in dem Deutschen Frankfurter Journal eine Erklärung
des Fürsten Wrede, Präsident der königlich bayerischen Regierung,
an Spier, über die Bexbach = Rheinschanz = Bahnen, über die
Garantie der Zinsen zu dem hierzu benöthigten Capital. Mir
ist sehr daran gelegen, diese Erklärung gedruckt zu haben, und
wenn es Ihnen nicht zu viel Mühe macht, besorgen Sie wohl
dieselbe.

Hier nichts Neues. Der Tod des Grafen Ferdinand
Neipperg, ermordet von den beiden Unterofficieren der Kaiser=
Husaren, hat den hiesigen Bruder tief betrübt.

Der Kronprinz von Würtemberg reist heute ab, ist den Abend bei der Großherzogin Stephanie in Mannheim, wird in Wiesbaden einen Besuch machen, hält sich in Düsseldorf zwei Tage auf, besucht Elberfeld und bleibt acht Tage im Haag. Oberst-Stallmeister Freiherr v. Mauder, Adjutant Graf Zepplin und Dr. Klein begleiten ihn.

Der Prinz von Baden kehrt im nächsten Monat von Wien zurück, geht aber jetzt nicht nach Berlin.

Hr. v. Marschall passirte gestern hier durch.

Ganz der Ihrige.

Stuttgart, 15. März 1843.

Empfangen Sie den besten Dank für Ihr Schreiben vom 12., sowie auch den Ausdruck des aufrichtigsten Antheils an Ihrem häuslichen Leiden. Ich fühle Ihnen das nach, denn ich bin auch selten ohne Sorgen und dabei selbst stets Patient. Möchten Sie nur gute Nachrichten aus Coblenz erhalten.

General Robiczky scheint mit dem letzten zweimonatlichen Bericht aus Ulm zufrieden. Auf dem linken Ufer ist man sehr thätig und es geht dort mit Einsicht, Oekonomie und großer Thätigkeit sichtbar vorwärts. Auf dem rechten Ufer ist noch alles still und keine Anstalten zum Anfang gemacht, was kaum vor Mitte des Sommers geschehen dürfte. Denken Sie daran, aber nur unter uns, daß die Bayern sich der Militär-Commission auch unangenehm machten, als Hr. v. Prittwitz daselbst war. Dieser leistet doch etwas und baut mit Sparsamkeit. Auch ich hörte nichts über Hrn. v. Radowitz. Ueberhaupt erfuhr ich in neuester Zeit nichts Saillantes aus Berlin.

Stets Wechsel von einem Tag zum andern. Ein ewiges Hin- und Herschreiben über die geringfügigsten Dinge. Conferenzen ohne Ende, ohne Schluß-Entscheidung, die wichtigsten Dinge bleiben in Frage. Jeder Unberufene wirft einen Stein dazwischen. Ich freue mich, daß mein Bruder nichts mit der Censur zu thun hat, denn man wird es darin weder dem Könige, noch dem Publicum recht machen können. Wohl dem, der aus dem Wurfe ist und recht wenig zu thun hat. Thätigkeit wird nicht erkannt und man weiß die Fähigkeiten nicht zu verwenden. Ueberall Vorurtheile und vorgefaßte Meinungen. Namen und Provinzen entscheiden, sowie Zufall und momentanes Bedürfniß.

Ins Feuer mit diesen Bemerkungen!

Ich beklage den Hrn. Graf Dönhoff über die Wohnungsnoth.

Von hier nichts Neues. Die Stände hoffen noch vor Ostern fertig zu werden.

Daß Ihre Arbeitsplage nicht aufhört!

Schreiben Sie ja bald wieder.

Ganz der Ihrige 2c.

Stuttgart, 20. März 1843.

Können Euer Wohlgeboren mir nicht einige Notizen über den jetzt verabschiedeten Landbaumeister Carl Arnd in Hanau *) verschaffen? Es ist dies ein Schriftsteller im staatsökonomischen Fache, dessen Ansichten mir ungemein gefallen.

Hier hat die Berathung der Strafproceß-Ordnung auch

---

*) Carl Arnd in Hanau. Verfasser von mehreren Schriften, unter Anderen: „Geschichte der Provinz Hanau und der unteren Maingegend." Hanau 1858. 8°. „Der Pfahlgraben nach den neuesten Forschungen und Entdeckungen 2c." Frankfurt a. M. 1861. 8°. „Zeitschrift für die Provinz Hanau." 2c. 2c.

jammervoll für beide Factoren der Gesetzgebung geendet. Aus Berlin habe ich über Frankfurt mit dem Bundestagsprotokolle ein Dienstschreiben, wohl verpackt und unversehrt, erhalten. Alles Aufträge vom geistlichen Ministerium über ultramontane Geistliche, welche man nach Preußen zu ziehen strebt. Man fordert von mir Notizen über Männer, die in Bayern, der Schweiz und Würtemberg, auch selbst in Baden sich aufhalten.

Ich habe den zweimonatlichen Bericht der Baudirection von Ulm auf beiden Ufern gelesen. Auf dem linken ist schon fleißig gearbeitet, auf dem rechten fabricirt man erst die Schaufeln c. und hat noch keine Projecte gemacht.

Ich billige es vollkommen, daß unsere Herren Militär-Bevollmächtigten sich fest mit Oesterreich auf einer Stufe halten, und daß sie in möglichster Eintracht und Uebereinstimmung miteinander arbeiten und wirken. Oesterreich und Preußen sind die beiden Pilare für Deutschland. Aber in dieser Gesinnung, die ich stets professirt habe, indem ich das Heil von Deutschland in der Harmonie der beiden Großmächte erblicke, will ich nicht die andern Staaten zurückstoßen; im Gegentheil mit Ernst und Festigkeit, aber mit Wohlwollen und Nachsicht gegen sie zu Werke gehen.

Ich habe mich überall mit meinen österreichischen Collegen sehr gut gestanden, habe mir sogar die Achtung des Fürsten Metternich erworben, der, wie er mir selbst gesagt und nach Berlin geschrieben, mir wegen meiner Correctheit stets vertraut hat. Aber darum behalte ich meine selbstständige Ansicht und bin nicht blind eingenommen, was Andere thun. Unter andern kann ich nicht der Meinung sein, daß die Oesterreicher mehr Bauerfahrung haben, wie wir Preußen; mögen sie auch noch so viele Belagerungen geführt und Neubauten executirt haben. Ich habe erst neuerlich die Lehrbücher von Hauser vorgehabt und mich in ihrem System gehörig orientirt, die Belagerungen

und Erfahrungen sind jetzt ein Gemeingut und wir wissen jetzt
gewiß ebenso viel wie die Oesterreicher. Ich kann daher das
Wissen unseres Ingenieurcorps nicht in den Hintergrund stellen,
denn ich habe in meinem Innern die Ueberzeugung, daß in
Preußen in neuester Zeit wenigstens ebenso viel gebaut worden
ist, als in Oesterreich und daß man gerade in Preußen dem
neuen Befestigungswesen die Bahn gebrochen hat, während selbst
die österreichischen Matadore die neuen Befestigungen (Mainz
und Verona) falsch und kleinlich aufgefaßt haben. Ich stehe
in dieser Auffassung nicht allein, im Gegentheil haben sich in
diesem Sinne sehr bedeutende fremde Autoritäten ausgesprochen.
Ich habe darüber Urtheile aus dem Munde der Erzherzoge
Johann und Carl und aus dem Munde des Herzogs von
Wellington gehört. Ich kann daher nicht begreifen, wie der
Hr. Hauptmann Sontheim, die herrschende Seele und Feder
im preußischen Ingenieur=Bureau zu Frankfurt, Alles miß=
billigt, was Hr. v. Prittwitz vorschlägt, und Alles gut heißt,
was Hr. v. Zochi bearbeitet, blos weil es anders ist als die
Projecte des Hrn. v. Prittwitz. Mißverstehen Sie mich nicht,
ich hänge an Oesterreich und will mich gewiß nicht von diesem
Hofe entfernen, allein ich will doch nicht verachten, was von
uns ausgeht. Hiermit will ich auch nicht Alles unterschreiben,
was Hr. v. Prittwitz offerirt, aber in fortificatorischer Beziehung
traue ich Hrn. v. Prittwitz mehr Kenntniß und Erfahrung als
dem Hrn. Hauptmann Sontheim zu.

Diese Bemerkungen sind nur für Sie allein. Hr. Oberst
v. Radowitz wird nun ehestens zurückkehren. Er wird ohne
bestimmten Grund in Berlin aufgehalten.

Die Antwort an die Polen ist vortrefflich. Verfluchte
Polacken.

„Oesterreich und die Zukunft" ist von Graf Thun.

Die Kronprinzessin von Bayern gibt dem Lande Hoffnungen.

Soeben erhalte ich Ihr Schreiben von gestern. Ich habe Nachrichten von der Abreise des Hrn. v. Radowitz. Man fand ihn in den letzten Tagen melancholisch und gedämpft. Seine Frau Gemahlin erwartet ihn am 27. in Heidelberg.

Ich wollte, Ulm wäre erst fertig. Mir wird übel, wenn ich den Namen nennen höre. Mit Baden hat die Militär-Commission wegen der Expropriationen des Terrains zu thun. Diese ist durch Geschick von Prittwitz und Ehrlichkeit der württembergischen Behörde sehr günstig für Ulm ausgefallen.

Mit Bayern steht ihm noch sehr viel Aerger vor.

Major Hardegen wird in wenigen Wochen seine Anschläge vorlegen. Sie sind zwar sehr speciell bearbeitet, werden aber den bestimmten Betrag um das alterum tantum übersteigen und die Unsicherheit einer festen Berechnung aussprechen. Es wird sich dann zeigen, ob mit solchen Anschlägen der Militär-Commission mehr gedient ist, als mit denen des Hrn. v. Prittwitz. Feuer! Feuer!

Ueber die Weil'schen Jahrbücher sprachen nur erst die französischen Journale, keiner der Gesandten wird auf Unterdrückung antragen. Weil erhält noch jährlich 8000 Frcs. von Frankreich und ist Würtemberger Beamte! Schande.

Hier nichts Neues. Aus Berlin viel. Gottlob, daß die Polacken tüchtig abgefertigt sind. Milde hilft dort nicht. Zu viel Zucker gibt Säure.

Ob die Königsberger und Breslauer Revolutionen unterdrückt werden?

Ganz der Ihrige 2c..

Stuttgart, 3. April 1843.

Hr. v. Blomberg will einen Balkon von Marmor mit eisernem Geländer an seinem Schloß aufrichten lassen und wird deshalb zwei Sitzungen nicht beiwohnen. Zur Reise nach Wien ist er nicht autorisirt, eine solche wird nicht einmal gewünscht.

Aus Ulm habe ich lange nichts gehört. Oberst Fromm und Sontheim arbeiten auf eine österreichische Ordre los. Herr v. Radowitz will mich in den nächsten Tagen besuchen. Hier gibt es nichts Neues. Und aus Berlin hörte ich auch nichts Bemerkenswerthes.

Die Eisenbahnsache ruht jetzt. Es läßt sich über das Verlangen, überall dergleichen zu bauen, sehr viel sagen. Gab es jemals eine Concession an die sog. öffentliche Meinung, so ist es dieses Beginnen der Regierungen, dessen Ende eine neue große Schuldenlast sein wird. Die Deputirten votiren Millionen für Eisenbahnen und knausern um 20 fl. an dem Kriegsbudget. Für militärische Zwecke sind sie innerhalb gewisser Grenzen allerdings wichtig. Wo Eisenbahnen nothwendig sind, da rentiren sie auch und es finden sich Privatunternehmer, wo sie aber nicht rentiren, da besteht auch kein Bedürfniß.

Ueber die Adresse der Polen und des Königs Antwort spricht man hier auch viel. Man würde letztere noch mehr getadelt haben, wäre sie nicht ungesetzlich und antideutsch und wäre sie nicht von den Polen ausgegangen.

Wir haben jetzt viele Holländer hier. Da scheint es doch ganz schlecht zu gehen.

Erhalte Sie Gott. Wie geht es in Ihrem Hause? Herr v. Nagler soll sehr taub und caput sein. Von Maltzahn hörte ich lange nichts. Es geht aber ganz schlecht.

Der Ihrige ꝛc.

Stuttgart, 4. April 1843.

Herzlichen Dank für Ihren Glückwunsch vom 2., der sich mit meinem Schreiben von gestern gekreuzt hat.

Mit Hrn. v. Radowitz schreibe ich zwar hin und her, auch will er mich besuchen, über die Ulmer Sache habe ich nicht abordirt; umgehe sie auch. Sie geht mich ja nichts an. Die Militär-Commission baut und diese mag sich Autoritäten schaffen und die Klagen gegen sie zurückweisen. Würtemberg will Baden davon abhalten nicht zu klagen, aber behält sich vor, über einzelne Fälle an den Bund zu gehen. In Carlsruhe ist der Markgraf Wilhelm fuchsteufelswild wegen der zwei Officiere, die zwei Jahre in Germersheim gebaut und denen man nun nicht die Ingenieurzulage geben will. Solche Dinge werden immer vorkommen.

Für gute Bezahlung und gute Reise-Diäten kann sich General Robiczky schon etwas ärgern. 800 fl. für zwei kurze Reisen nach Ulm!!

Von hier wüßte ich auch gar nichts zu melden. Wir haben Regen.

Am 8. wird Prinz Peter von Oldenburg erwartet. Er geht später nach England.

Ob die bayerische Kammer aufgelöst wird, steht noch dahin.

Ganz der Ihrige 2c.

––––––

Stuttgart, 18. April 1843.

Hr. Sieveking geht heute nach Carlsruhe, hat hier den König gesehen und mich viel unterhalten. Daß Sie so von Geschäften überladen sind, thut mir sehr leid. Ich finde es doch unrecht, daß man die Präsidial-Canzlei nicht zu der Correspondenz nach Wien heranzieht. Hr. v. Blomberg hat keinen Urlaub nach Wien. Der König aber sende unmittelbar Correspondenzen dorthin. Oberst Faber soll sich ruhig verhalten, auch lauten seine Briefe in neuester Zeit besser. Die Communication der Bearbeitung der Prittwitz'schen Projecte (durch Zochi und Sontheim), welche General Rodiczky an Hrn. v. Prittwitz gemacht, halte ich für eine Farce. Er wird schwerlich ein Jota an seinen Arbeiten streichen. Dennoch habe ich Hrn. v. Prittwitz dringend ermahnt, auf Alles einzugehen, was nicht ganz unpraktisch sei, überhaupt recht ruhig zu bleiben. — Der Jahresbericht an die Bundesversammlung über die Bundesfestungen enthält doch eine Menge Miserabilitäten, die nicht würdig sind aufgenommen zu werden. Insbesondere wird hervorgehoben, daß Bayern einen Theodolit geborgt hat und in Rastatt eine Kalkgrube ausgehoben werde.

Ist es erhört, so etwas zu erwähnen? Schande und Jammer!

Die Antwort des Königs an die Polen vom 12. März hat in Petersburg entzückt und wieder Vertrauen erweckt. Unter den hiesigen Liberalen hat das Schreiben von Harig aber alle noch etwa vorhanden gewesene Täuschung genommen.

List's und Consorten unnützes Geschwätz hat viel geschadet und Giehne versöhnt auch nicht. In Berlin glaubt man durch den Aufsatz des Geheimen Raths Pochhammer in der Staats-Ztg. vom 17. December v. J. alle gegentheiligen Ansichten niedergeschlagen zu haben und dünkt sich überhaupt klüger als alle Andern. Dort will man Alles besser wissen!!

Die schwulstige Definition des Ministers v. Abel, wie sie die Allg. Ztg. brachte, hat mich nicht befriedigt und noch weniger überzeugt.

In diesem Lande ist der Wohlstand nicht in Abnahme, im Gegentheil in sichtbarer Zunahme.

Die Auswanderungen bringen hier keine Nachtheile. Der Adel und die Abbocaten sind hier nur nicht zufrieden; die übrigen Stände sind bemittelt und machen sich jährlich immer mehr Vermögen. Das Industriewesen hat nur in dem Kopfe von List Fortschritte gemacht.

Möchten Sie bald in Ihrem Hause beruhigt sein und nicht so viel vom Druck der Geschäfte bedrängt.

Mit gewohnter Theilnahme und ausgezeichneter Achtung 2c.

Stuttgart, 11. Juni 1844.

Mein bester Kelchner!

Ich habe so lange nichts von Ihnen gehört, daß ich mich durchaus nach Ihrem Ergehen erkundigen muß. Ich benutze dazu eine sichere Gelegenheit, die Reise des Hrn. Grafen Buol, der über Mannheim nach Frankfurt sich begibt und etwa bis Sonntag oder Montag in der Bundesstadt verweilen dürfte.

Beim Hrn. v. Radowitz war ich, auch hatte ich mit ihm eine Zusammenkunft in Baden-Baden. Seine Urtheile sind oft zutreffend, doch tragen sie meist eine schroffe und übergreifend katholische Färbung an sich.

Daß wir den Hrn. Grafen Münch hier gehabt, wissen Sie. Ich sah ihn öfters und habe mich viel mit ihm unterhalten und später auch vom Könige von Würtemberg mehreres erfahren.

Die erste Klasse der eisernen Krone an Baron Blomberg wird aufgefallen sein.

General Rodiczky und Zochi habe ich hier verfehlt. Sie haben sich sehr lobend über die Ulmer Festungsbauten ausgelassen und haben sich hier vollkommen befriedigt ausgesprochen und der General Rodiczky hat alle Absichten wegen Befestigung des

oberen Eselsberges freiwillig aufgegeben und sich den ursprüng=
lichen Vorschlägen von Prittwitz, welche in der Bundes=Militär=
Commission so getadelt wurden, angeschlossen. Der Bericht des
Militär=Ausschusses in dem Protokoll vom 18. April ist voller
Parteilichkeit und ich bin froh, daß das Protokoll nicht gedruckt
wurde, denn was sollte derjenige, welcher an Ort und Stelle
war, sagen, wenn er den Bericht liest.

Mit dem Bundeswappen ist man hier einverstanden.

Aus Berlin höre ich viel, leider wenig Erfreuliches. *)

Sollte meine, Ihnen in Frankfurt mitgetheilte Arbeit dort
von Berlin communicirt werden, so sagen Sie mir doch, wie
dieselbe beurtheilt wird. Ich lege zwar im Grunde wenig Werth
auf dies Urtheil, man hört aber doch, was auf dem gewissen
Terrain gesagt wird.

Ich habe die Ueberzeugung, daß der Kaiser direct nach
Petersburg zurückkehrt und sich in Stettin einschifft, wo ihn
ein Dampfschiff erwartet.

Hier gibt es nichts Neues.

Mit herzlichster Freundschaft der Ihrige ꝛc.

Stuttgart, 26. Juni 1844.

Alles geschehen, wie Sie gewollt. Herzlichsten Dank. Graf
Buol ist zurück, weiß aber nicht viel. Fürst Metternich geht
in den ersten Tagen nach Ischl. Graf Buol ist dorthin be=
stellt. — Graf Arnim hat in Berlin um seinen Abschied ge=
beten, Hr. Bunsen dem Könige große Vorschläge in Ver=
fassungssachen vorgelegt. Diese kann aber nicht Graf Arnim,
sondern nur Hr. v. Bodelschwingh ausführen.

---

*) Am 4. Juni hatten die Weber in den schlesischen Gebirgsdörfern
Peterswaldau und Langenbielau einen Strike gemacht, da sie das Stück
um einen Quarkkäse arbeiten sollten.

Für den Herzog von Angoulême ist drei Wochen, wie für ein gekröntes Haupt, getrauert. Louis Philippe kann sich darüber nicht ärgern. Er sei König der Franzosen, der Entschlafene König von Frankreich. Ob man sich damit beruhigen wird, nachdem die übrigen Mächte den Herzog nicht wie ein gekröntes Haupt betrauern!

In der Hoheits-Prädicats-Frage wird Würtemberg wie Preußen und Oesterreich stimmen.

Hr. v. Radowitz leidet am Fuße und geht nicht in die Schweiz.

Mit treuer Gesinnung der Ihrige ꝛc.

Stuttgart, 7. Juli 1844.

Ihrer Güte verdanke ich die Rücksendung des Schreibens an die Frau Gräfin Lottum.

Hr. v. Radowitz wird nach dem 13. in Frankfurt eintreffen, um während der Abwesenheit des Hrn. General Robiczky die Militär-Commission zu präsidiren. Ich habe die Berichte des Hrn. v. Blomberg über die Sitzungen vom 20. und 27. v. M. gelesen. Daß Würtemberg die Competenz des Bundes anerkennt, ist Hrn. v. Blomberg unter dem 29. v. M. geschrieben.

Hr. Bunsen hat sehr universelle Aufträge, er hilft die Statuten der Schwester-Orden rebigiren, beschäftigt sich mit Arbeiten behufs Einführung einer strengeren Kirchenzucht; hat auf allerhöchsten Befehl Vorschläge zur Einführung einer reichsständischen Verfassung vorgelegt, setzt die Eumeniden von Aeschylos in Scene und nimmt an den Berathungen über die Constituirung eines neuen Adels Theil. Hr. v. Bülow ist in Verzweiflung, daß Hr. Bunsen gerade jetzt von seinem Posten abwesend ist, allein er bleibt.

Graf Arnim hat um seinen Abschied gebeten, ihn aber noch nicht erhalten. Graf Alvensleben war wegen der Arrangements in der Prinz Albrecht'schen Angelegenheit in Berlin.

Ich habe Urlaub. Sobald der König von Würtemberg fortgeht, gehe ich auch ab, durch die Schweiz nach Venedig zum Seebade. Ich treffe mit meiner Familie in Bruchsal zusammen.

Aus Petersburg sehr schlechte Nachrichten.

Geheimer Rath Eichmann geht nach Carlsbad.

Gegen das Verlangen des Grafen Arnim, Zeitungsredacteur zu werden, habe ich remonstrirt. Es ist ganz unpassend, den Gesandten Veranlassung zu geben, sich zu compromittiren.

Graf Buol verläßt uns Dienstag und geht nach Ischl.

Hr. v. Radowitz gibt alle Hoffnungen auf, daß man in Berlin seinen Vorschlägen Gehör gibt. Er wird kleinlaut.

Vale.

Stuttgart, 20. November 1844.

Empfangen Sie, mein guter Freund, den besten Dank für das Schreiben vom 18. c. Die mir gefälligst ertheilte Auskunft genügt mir vollkommen. — In Berlin verfolgt man kein bestimmtes System in Behandlung der Presse und, indem man immer auf die Censur-Instruction von 1843 zurückgeht, vergißt man die noch nicht aufgehobenen Bundesbestimmungen. Daß man die Welcker'schen Urkunden *) nicht verboten hat, ist ein förmlicher Hohn. Die Bundes-Versammlung hätte das nicht dulden dürfen.

Was das unausgeführte Revirement anbetrifft, so hat Frl. Belly Küster Alles ins Stocken gebracht und das pietistische

---

*) Wichtige Urkunden für den Rechtszustand der deutschen Nation mit Anmerkungen von Klüber, mitgetheilt von Welcker (aus den Papieren des Grafen Winzingerode).

Hirschberger Thal ist so weit gegangen, den König Ludwig zu bewegen, eine Verwendung für Hrn. v. Küster in Berlin einzulegen. Graf Lerchenfeld hat gemeint, daß diese sehr lau gewesen.

Der König, der eben in der protestantischen Angelegenheit an seinen königlichen Herrn Schwager geschrieben, wollte Se. bayerischen Majestät nicht unwillfährig machen. Ich wurde befragt, ob ich auf München verzichten und nach Turin gehen wollte. Meine Antwort war, daß ich zu gehorchen gewohnt sei. Wolle mich der König nach Sardinien schicken, so müßte ich dahin gehen. Doch könnte ich diese Sendung nicht als eine Beförderung, welche mir hätte durch München zu Theil werden sollen, betrachten.

Aus diesen Schwankungen und diesen Gemüthsrücksichten glaubt Hr. v. Bülow sich durch Zeitgewinn zu ziehen. Er beharrt auf die Versetzung des Hrn. v. Küster und hat dem König vorgeschlagen, die Ausführung nur um einige Monate aufzuschieben, weil dann der Küster'sche Säugling ohne Gefahr die Alpen passiren könne. Das hat mir Hr. v. Bülow vertraulich geschrieben. Die desfallsige Cabinets-Ordre liegt zum Vollzug dem Könige seit dem 7. vor. Hr. v. Bülow selbst ist compromittirt, das Ansehen des Cabinets wird untergraben und ein guter Diener gekränkt. Ich werde Ihnen den Ausgang melden. Hr. v. Werther geht nach Athen, Hr. v. Brassier ist sehr unglücklich über Stockholm und Lottum hat die Schweiz lakonisch angenommen.

Mit Küster war man nicht zufrieden und Hr. v. Bülow sagte mir schon im April, daß man ihn von München fortnehmen müsse. Jetzt hat er sich ganz fertig gemacht. — Den Hrn. Legationsrath v. Gruner kenne ich nicht und weiß nur von ihm, daß er ein tüchtiger und gescheidter Mann sein soll. — Ueber die Wallfahrt und den heiligen Rock*) ist Alles nach

*) Am 18. August ließ Bischof Arnoldi den heiligen ungenähten Rock

Berlin gesagt, was sich darüber sagen läßt. Diese Thatsachen sind dem aufmerksamen Beobachter der deutschen Angelegenheiten nicht entgangen und es war Pflicht, sehr ernstlich darüber zu reden. Die Zusammenkunft der Bischöfe und die stattgehabten Verabredungen im Verhalten des Clerus gegen die Regierung durften nicht unbeachtet bleiben. Ebenso wenig das Fraternisiren von 1,200,000 Rheinländern, Belgiern und Franzosen! Arnoldi, der vom hochseligen Herrn aus guten Gründen beanstandete Bischof, feiert einen Triumph und der Bischof Laurent, unlängst noch in Preußen mit Steckbriefen verfolgt, hält an der Spitze von 100,000 Luxemburgern seinen Einzug in Trier. Gerade diese Luxemburger waren die einzigen turbulenten Wallfahrer. — Die Beschlüsse der Anspacher General-Synode sind bewunderungswürdig. Der Ausdruck (Allg. Ztg. vom 7.), daß eine Entscheidung herbeigeführt werde, die das Gesetz zur Wahrheit stempelt, die unsere Rechte ehrt und des Thrones würdig sei, hat Gewalt und die Hindeutung auf den, durch clericale Intoleranz entwürdigten Thron bringt siegreich durch alle Gemüther. Die Veröffentlichung der Anspacher Synodal-Verhandlungen ist ein großes Ereigniß und wird und muß die Augen öffnen.

Der Artikel im Schwäb. Merkur vom 7. gegen die Sion hat in München Eindruck gemacht. Graf Degenfeld wurde am 10. sehr gnädig aufgenommen und man sprach von dem guten und freundschaftlichen Verhältnisse zwischen beiden Höfen. Gleich darauf wurden einer protestantischen Gemeinde 1000 fl. gegeben, welche man von Einsendungen des Gustav-Adolph-Vereins zurückbehalten (confiscirt) hatte. Die Censur der Allg. Ztg. in kirchlichen Sachen wird laxer. Das ist aber nur momentaner

Jesu ausstellen. Das Schauspiel dauerte bis zum 6. October. Eine halbe Million Menschen wanderte nach Trier, um den heiligen Rock zu verehren, welcher auch wunderbare Heilungen bewirken sollte.

Sonnenschein, das ist nur Komödie. Es bleibt beim Alten, wenn nicht von unserer Seite ernstlich aufgetreten wird.

Die hiesigen Landtagswahlen werden nicht so schlecht ausfallen, keine Scandale wie in Baden stattfinden. Man achtet und liebt den König von Würtemberg und selbst die Ultraliberalen werden nichts unternehmen, was ihn verletzen könnte. Alle Umtriebe scheitern an der Thatsache, daß man im Lande im Allgemeinen zufrieden ist und das Ansehen der Regierung nicht durch Schwankungen gelitten hat. Das Buch „Würtemberg im Jahre 1844" macht keinen Eindruck, die ultramontane Parteischrift aus der Hurter'schen Officin ist nicht einmal verboten.

In Baden treten neue Männer an die Spitze, aber die alte Schwäche und Systemlosigkeit bleibt.

Aus Berlin lautet Alles betrübt und zwar sehr betrübt. Auch Hr. v. Radowitz, den ich kürzlich besuchte, zieht die Flügel ein und hat gar kein Vertrauen mehr. Ich empfange sehr häufig Nachrichten aus der Residenz, indessen sie sind meist niederschlagend. Hr. v. Arnim in Brüssel hat eine bonne fortune gemacht. Das Werk muß seinen Meister erst noch loben. Aus Wien höre ich auch wenig. Der König hat nicht mit Fürst Metternich über die Absicht, Veränderungen in den landständischen Einrichtungen vorzunehmen, gesprochen, aber Herrn v. Canitz nach dessen Rückkehr von Erdmannsdorff aufgetragen, gelegentlich mit dem Fürsten zu reden. Bis Anfangs October hatte Hr. v. Bülow noch keine Meldung darüber. Hr. Guizot ist sehr besorgt, daß es weder dem französischen noch dem englischen Ministerium gelingen werde, die Leidenschaften beider Nationen zu bemeistern. Er ist auf einen Ausbruch gefaßt und will unsern König als Schiedsrichter haben. Dieser will sich nicht von seinen beiden nordischen Alliirten trennen und ist zuerst mit Wien in Einvernehmen getreten.

Wie geht es denn in Ihrer Familie, was macht der Herr Sohn?

Mit aller Treue und der Bitte diese Zeilen zu verbrennen", der Ihrige ꝛc.

Stuttgart, 10. December 1844.

Ich bleibe bis zum Frühjahr hier. Der König von Bayern hat unserm König geschrieben, daß ich ihm eine persona maxime grata sei. In München sollen mich die Hohenzollern behalten. Die confessionellen Fragen werden immer bedeutender. Hier beschäftigt man sich schon damit und wird bald damit vortreten. Das ist Alles in Berlin bekannt.*)

Das Rescript des Ministers v. Eichhorn vom 4. ist traurig. Man redet mehr als man handelt. Befiehlt, aber nimmt zurück. Wo soll da Achtung, Ansehen und Vertrauen herkommen?

Bern scheint sich unbefugt in den Luzerner kirchlichen Angelegenheiten zu mischen. Wird Oesterreich dies billigen, kann Frankreich dazu ruhig sein?

Der Aufsatz vom Neckar über die Gewerbe-Ausstellung war vom hiesigen Gerichtsrath Pistorius.

Graf Finkenstein ist aus Italien zurück. Prinz Albrecht hat das Project zur Trennung der Menage ohne Auflösung der Ehe genehmigt.

*) Der katholische Caplan Ronge erklärte die Verehrung des heiligen Rocks in Trier für groben Aberglauben; er wurde, da er sich nicht zum Widerruf verstand, von dem Bischof von Breslau excommunicirt. Der katholische Pfarrer Czerski zu Schneidmühl sagte sich mit einem Theil seiner Gemeinde von der römisch-katholischen Kirche los und nahm ein neues dem orthodox-lutherischen ähnliches Glaubensbekenntniß an: Beginn der deutsch-katholischen Bewegung.

Heute sollte das Schickſal von Tſchech entſchieden werden. Alles, was man Abenteuerliches geſagt, iſt falſch. *)

Bornemann konnte ſich mit Graf Arnim nicht ſtellen und gibt daher Staatsſecretariat und Ober=Cenſur=Collegium auf und tritt zu Uhde als Director.

Antworten Sie bald und behalten in gutem Andenken ꝛc.

Stuttgart, 13. December 1844.

Seien Sie verſichert, mein werther Freund, daß ich Alles verbrenne. Herzlichen Dank für Ihre gefällige Benachrichtigung vom 12. c.

Es ſieht überall traurig aus! Hr. v. Radowitz laborirt noch immer an ſeinem Fuß, klagt darüber aber nicht, während er über andere Dinge ſehr betrübt iſt.

Der Empfang der höchſten Herrſchaften am 7. im Opern= hauſe war lau. Das Stück ein fader Roman, ein miſerables Gelegenheitsſtück mit erbärmlichem Geſang im neueſten Zeit= geſchmack. Das Haus lobt man als das ſchönſte und com= fortabelſte in Europa, ein ganz gelungenes Werk.

Staatsſecretär Bornemann konnte das Präſidium des Ober= Cenſur=Gerichts nicht mehr durchführen, die Anmuthungen waren zu arg. Er verläßt zwei unabhängige und angenehme Poſten, um zu ſeinem Jugendfreunde Uhde zu gehen, wo er wenig Lohn einerndten kann.

Die zweite Tochter des Grafen Canitz iſt mit Graf O. Weſtfalen verlobt.

Graf Haßfeldt bleibt mit ſeiner jungen Gemahlin bis im März in Berlin und kehrt dann nach Paris zurück.

---

*) Der ehemalige Bürgermeiſter von Starkow, Tſchech, wurde wegen eines am 26. Juli verübten Attentats auf den König zum Tode verur= theilt und hingerichtet.

20

Ob Graf Lottum die Schweiz acceptirt, ist immer noch ungewiß. Er wollte unter der Bedingung annehmen, daß man ihn zum Wirklichen Geheimen Rath und Excellenz mache. Dies ist ziemlich unfreundlich zurückgewiesen. Hr. v. Brassier zieht vor, nach Athen zu gehen, aber dazu ist keine Aussicht, deshalb gab man ihm die zweite Classe des rothen Adlerordens. Hr. v. Werther ist jetzt mit seiner Bestimmung zufrieden und scheint sich eine Raison gemacht zu haben. Man erzählt in Berlin, daß Hr. v. Bockelberg nach Rio de Janeiro als Ge=sandter gehe. Thun begibt sich bis zum Frühjahr nach Cassel und Graf Galen in Urlaub nach Westfalen. Hr. v. Redern soll nach vollendetem Provisorium in Turin einen Posten be=kommen. Vielleicht, daß man solchen im Centrum von Deutsch=land creirt. Alles dies ist aber Geheimniß, wenn Sie es nicht schon von anderer Seite wissen.

Wer an die Stelle des Ober=Präsidenten Vinke kommt, ist ungewiß. Oberstlieutenant Graf Finkenstein kehrte von Como zurück; er brachte der Prinzessin Albrecht ein Project, die Menage zu trennen, ohne die Ehe aufzulösen. Sie hat freudig acceptirt. Mit der Reise des Königs nach Quedlinburg war man in Berlin gar nicht zufrieden. Traf in Frankfurt auch ein Entschuldigungsschreiben ein??

Die Jesuiten sitzen doch fest in Luzern! Aber auf lange ist die Ruhe nicht gesichert. Der Radicalismus erhebt sein Haupt.*)

---

*) Die Liberalen des Canton Luzern wollten die Aufnahme der Je=suiten mit Gewalt verhindern; am 8. December sollte Luzern überfallen und die jesuitenfreundliche Regierung gestürzt werden. Als sich aber die Aufständischen der Stadt näherten, wurden sie von den Truppen der Re=gierung, die auf ihrer Hut war, auseinander gesprengt. Da die Regierung die Aufruhrgesetze in ihrer äußersten Strenge anwandte, so wanderten über 1200 wohlhabende Cantonsbürger in die benachbarten Cantone aus.

Die Kronprinzlichen Herrschaften von Bayern gehen im Januar nach Berlin. Sie möchten nicht gern in München sein, wenn daselbst die Prinzessin Luitpold im Februar niederkommt. Auch die Gemahlin des Erzherzogs Albrecht ist im zweiten Monat schwanger.

Es waren ceremonielle Difficultäten behufs des Empfanges vom Cardinal Fürsten Schwarzenberg. Er precedirte vorweg vor den königlichen Prinzen.

Die Ober=Hofchargen machten ihm zuerst den Besuch.

Von hier schickt man technische Commissionen nach Bayern und Osterreich, um die Viehkrankheit zu untersuchen. Vorläufig hat man nur Würtemberg und Baden gesperrt.

Sonst nichts Neues von hier. Alles geht seinen guten Gang. Man ist zufrieden und der König von Württemberg wird von allen Seiten geachtet und um Rath gefragt. In Bayern fürchtet man ihn, daß er Ernst machen könnte.

Ich empfehle Ihnen auch ein gutes Kaminfeuer.

Der Ihrige 2c.

Stuttgart, 24. December 1844.

Anbei remittire ich mit vielem Dank das Blatt, was Sie mir unter dem 22. geschickt. Auf den König hat Niemand Einfluß, kein menschlicher Rath, kein Widerspruch hält Se. Maj. in Allerhöchst Ihren eigenen Entschlüssen auf; nur äußere Um= stände vermögen dies.

Hier billigt Jeder das Verfahren in Bezug auf Tschech, selbst die avancirteste Meinung heißt die Hinrichtung gut. Ich habe das Protokoll der Staatsministerial=Sitzung vom 10. bekommen, welches in jeder Beziehung sehr wichtig ist. Der König hat sich als ein sehr edler Charakter gezeigt.

Der Wirkl. Geh. Ober=Regierungsrath Bode aus dem

Ministerium des Innern ist Staatssecretär geworden und hat versuchsweise das Präsidium des Ober-Censur-Gerichts übernommen. Er hat sich über die Unhaltbarkeit dieser Stelle unverholen ausgesprochen.

Graf Stolberg verlor seine älteste Tochter Marianne am zurückgetretenen Scharlachfieber. Man fürchtet noch mehr Unglück in der Familie.

Daß man in Berlin das Schaumann'sche Buch über den zweiten Pariser Frieden unbeantwortet und unbeleuchtet läßt, ist unverantwortlich.*)

Dieses Buch ist einer der perfidesten Angriffe gegen Preußen. Wozu haben wir Männer wie Ranke, Lancizolle, Hubel, Eichhorn, Hollweg, Ulrici, Hennig, Rudorff, Berthold, K. A. Menzel, Puchta, Heffter, Schulz und 50 Andere, die sich zu den Wohlgesinnten zählen. Alle Kraft der Guten consumirt sich im Raisonniren. Jeder ist zu blasirt, zu faul, zu furchtsam, um die Sache Preußens vor Deutschland zu führen. Man hascht nach erbärmlichen Elaboraten von unbedeutenden Literaten, aber läßt solche feindseligen Angriffe passiren und beachtet nicht die ultramontane Richtung. — Fürst Schwarzenberg ist allerdings im Auftrage des Wiener Hofes in München. Er soll Wasser in den dortigen Wein gießen. Er wird nichts ausrichten.

Daß Bever versetzt wurde, hat Minister Abel durchgesetzt, wiewohl mit Mühe.

List ist nicht daran schuld. Diese O'Conels-Natur ist vom Minister Kübeck nach Ungarn berufen und wird in Wien eine gouvernementale Zeitung redigiren. Nach seinen Briefen nach Augsburg wird er gegen die Principienlosigkeit des Zollvereins zu Felde ziehen.

---

*) F. H. Schaumann, Geschichte des zweiten Pariser Friedens für Deutschland. Göttingen 1844 (nach Papieren des Grafen Winzingerode).

Ob Hr. v. Cotta das Zollvereinsblatt fortsetzt, ist noch nicht entschieden.

Ich war in Sigmaringen und von da auf 24 Stunden in der Schweiz. Dort sieht es sehr übel aus. Zehender ist ganz radical. Wenn man immer still sitzt, erfährt man nichts. Ich habe in fünf Tagen sehr viel gehört und viele Menschen gesprochen.

Ich bin froh, jetzt n i ch t in München zu sein. Den Rheinischen Beobachter lese ich nicht.

Geben Sie mir bald wieder Nachricht, was ich weiß, theile ich I h n e n gern mit.

Herzlichst und treu 2c.

Stuttgart, 7. Januar 1845.

Herzlichen Dank für Ihre Sendung vom 5. und die sie begleitenden guten Wünsche, die mir aus so treuem Herzen sehr willkommen sind.

Ich war drei Tage in Carlsruhe am Sterbelager eines theuren Verwandten, der, aus dem Orient heimkehrend, das Weihnachtsfest bei uns zubringen wollte, aber in Carlsruhe erkrankte und am Abdominal-Typhus starb. Es war der Stief-sohn meiner Schwester, Arthur v. Pfuel, ein hoffnungsvoller, lieber, begabter Officier des 9. Husaren-Regiments. Dieses Ereigniß hat mich sehr betrübt.

Hr. v. Blomberg ist heute abgereist, schläft in Heppenheim und will morgen Vormittag beim Grafen Dönhoff sich melden. Graf Münch hat versprochen, zum März in Frankfurt zu sein. Der Fürst denkt im Juni Johannisberg zu besuchen. Daß Generalmajor Fürst Lichnowsky den Generalmajor Robiczky er-setzt, scheint nach Briefen aus Wien unwiderruflich. Herr v. Blomberg hat diese Nachricht erst hier erfahren. Doch wird

sie auch schon aus Frankfurt hierher geschrieben. Graf Münch
arbeitete lange daran. Fürst Lichnowsky*) war Anbeter der
Herzogin v. Sagan, Weltmann, fein und gerieben, höflich und
angenehm.

Lesen Sie die vier ersten Blätter zum Literaturblatt des
Morgenblattes. Bayern, Baden und Würtemberg bearbeiten
ein Memorandum über die Artillerie-Ausrüstungen gegen Oesterreichs Forderungen und werden es in Berlin und Wien abgeben.

In Berlin Windstille.

Gegen die Bücherverbote, die ganz nutzlos sind, habe ich
und, wie ich weiß, auch Hr. v. Radowitz remonstrirt. Man
schreibt mir, daß Hr. v. Blomberg mit Graf Arnim in ein
desfallsiges Benehmen getreten sein. Man hascht nach Fliegen
und läßt die Wespenstiche unbeachtet. Alle Autorität und Liebe
wird untergraben. Alle Ehre, alle staatsmännische Auffassung
ist verschwunden; man hat nicht einmal mehr staatsmännische
Routine. O Jammer!

Herzlichen Dank um alles Gute.

Bleiben Sie auch fernerhin mein Freund.

Der Ihrige rc.

Stuttgart, 20. Januar 1845.

Herzlichen Dank für das Schreiben vom 18. c.

Hr. v. Bodelberg scheint Rio definitiv refüsirt zu haben.
Graf Lottum zieht vor, auf Disposition zu bleiben und Herr
v. Küster hat vorerst nur darzuthun gesucht, weshalb er nicht
nach Turin gehen könne und eventuell um Abschied gebeten.

---

*) Fürst Felix Lichnowsky, später Abgeordneter der deutschen National-
Versammlung, ermordet den 18. September 1848 zu Frankfurt a. M.

Das wünscht man eigentlich, ob man aber dazu gelangt ihn zu ertheilen, ist eine andere Frage. Mit den Absichten des Königs, die ständischen Befugnisse zu erweitern, ist es Ernst. Se. Majestät hat darüber sowohl mit den Prinzen von Preußen und einem großen Theil seiner Minister Kampf, als auch viel Briefwechsel mit Fürst Metternich und dem hiesigen Könige. Ich glaube, daß Niemand dazu räth.

Ich habe den Feldjäger Rosenhayn acht Tage hier gehabt. Nichts wird den König von seinen Absichten abhalten. Sie waren längst vor seinem Regierungsantritt gefaßt. Se. Maj. meint keine Constitution zu ertheilen, sondern nur einen all- gemeinen Landtag zusammen zu berufen. Doch wer die Zeit, die Ansprüche und die Dreistigkeit kennt, der weiß, was daraus entstehen muß.

Se. Majestät soll sehr munter sein. Die ständischen Ar- beiten beschäftigen den König ausschließlich. Alles Andere ist Spreu.

Die Rede des Grafen Montalembert ist auf einmal milder. Der König von Bayern verspricht keine Jesuiten in seinem Lande aufzunehmen und Rom hat gesehen, daß die Offensiv- Bewegung gegen den Protestantismus etwas zu ungestüm war, hat daher Vorsicht gerathen. Das eigentliche Wesen der Sache hat sich nicht geändert. In der Schweiz wird unfehlbar aber- mals Blut fließen. Alles bearbeitet einen ordentlichen Kampf.

Man spricht in München von einer Ministerial-Verordnung und daß Hr. v. Gise nach Frankfurt gehe und er durch Fürst Wallerstein ersetzt werden soll. Abel ist der einzige Mensch im Lande von Einfluß auf den König.

Daß die Schwangerschaft der Kronprinzessin sich bestätige, glaubt man allgemein in München, die Königin von Bayern hat es ihrem Bruder nach Altenburg geschrieben.

Aus Wien nichts Neues.

Die sämmtlichen Cabinette ziehen Guizot dem Grafen Molé vor.

Leben Sie wohl und geben mir von Zeit zu Zeit Nachrichten. Gott mit Ihnen.

Der Ihrige 2c.

Stuttgart, 30. Januar 1845.

Den von hier zurückgehenden Erfurter Postbeamten konnte ich nicht nach Frankfurt reisen lassen, ohne Sie, mein bester Herr Hofrath, herzlichst gegrüßt zu haben. Leider muß ich ihn abfertigen, ohne denselben mit einer Antwort zu versehen und doch werde ich nun meinen Heß nach Erfurt schicken müssen. An welchem Tage geht denn der preußische Post-Beamte von Frankfurt nach Wetzlar und zu welcher Zeit?

Wir bekamen gestern früh die Nachricht von dem Tode des jungen Herzogs von Nassau durch Estaffette vom Prinzen Friedrich, der leider, wegen Eröffnung der Kammer, nicht nach Wiesbaden eilen konnte. Er geht später zu seinen dortigen Verwandten.

Hier nichts Neues. In München Ungewißheit über die Schwangerschaft der Kronprinzessin.

Man glaubt nun auch, daß Obercamp nach Hannover wandert.

Graf Galen hat nicht um den Abschied gebeten, Herr v. Küster auf seinen Wunsch ihn aber eventualiter bekommen.

Die Ultramontanen sind etwas ruhiger, vorsichtiger, aber lassen ihr Ziel nicht aus den Augen. Rom will keinen physischen Zusammenstoß und keine extremen Auftritte, deshalb mahnt es wie in Irland zur Ruhe. Wir dürfen uns aber nicht täuschen lassen. Dem Protestantismus sind die Jesuiten weniger gefährlich als seine eigenen Theologen. Die Lehre und der Streit der Schule verwirrt und zieht vom Dogma ab.

In Bayern Achselträgerei. Fürst Metternich ist sehr traurig über Berlin, sucht in den ständischen Absichten des Königs eine Auflösung des deutschen Bundes, eine Trennung der Allianzen. Ebenso urtheilt der Kaiser Nikolaus. Herr v. Rauch überbrachte nach Petersburg eigenhändige Briefe, ähnlich denen, so hierher gelangt sind.

Die hiesige Antwort warnend, die unvermeidlichen Folgen nach den selbst gemachten Erfahrungen schildernd. Auch hier sieht man ein Zusammenschmelzen aller Liberalen in Deutsch= land, für die die einheitliche Regierung Preußens noch ein Ab= halt gewesen wäre. Man sieht immer in Wien und Petersburg sehr schwarz; ein Untergraben aller Autorität.

In der Schweiz sieht es arg aus. Die Ansteckung ist gefährlich. Leben Sie wohl.

Ganz der Ihrige 2c.

———

Stuttgart, 4. Februar 1845.

Herzlichen Dank für die Mittheilung vom 1., die Ankunft und den Abgang des Cölner Schirrmeisters betreffend. Für diesmal brauche ich mich desselben nicht zu bedienen, da ich meine Antworten auf die Depeschen, so mir von Erfurt zu= geschickt wurden, durch den Hrn. v. Taubenheim expedirt, welcher in Theater=Angelegenheiten nach Berlin eilte.

Nichts Neues von hier. Aus Wien nach Berlin lebhafter Courier=Wechsel. Alles über die ständischen Absichten und die Schweiz. Letztere glaubt man durch papiernen guten Rath in Ordnung zu bringen. Ich vermag diese Ansicht nicht zu theilen.

Es ist sehr übel, im Herzen von Europa diese Herberge aller Leidenschaften und schlechten Grundsätzen zu dulden.*)

Hr. v. Bockelberg geht nicht nach Rio, also wird Darmstadt nicht frei, welches übrigens für Hrn. Grafen Westphalen bestimmt war. Aber die Schweiz ist disponibel und d a h i n könnte Hr. v. Sydow wohl bestimmt werden.

Hr. v. Radowitz hat bessere Tage, aber schlechte Nächte und klagt _sehr. Feldmarschall = Lieutenant Rodiczky bleibt. Graf Münch wäre ihn gerne los geworden. Hr. v. Dusch hat sehr gut gegen die Welcker'sche Interpellation gesprochen, damit aber die Kammer überrumpelt, da Sander und Hecker nicht anwesend waren.

Aus Berlin höre ich, daß der König sich sehr gut unterhalte. Se. Majestät jagen zweimal wöchentlich und sind der allerbesten Laune. Die ständischen Entschlüsse stehen bis jetzt fest. Aber man sieht keine Vorbereitung zur Ausführung des künstlichen Werkes. Die Gegner sind weit thätiger, und wenn man d a s kennt, was der König geben will, so sieht man nach den bekannt gewordenen Petitionen leicht ein, daß d a s nicht g e n ü g e n kann. Mir scheint aber das W e n i g e noch z u v i e l. So urtheilt man hier, in Wien und Petersburg, ja selbst in Paris.

Von Hrn. v. Nagler höre ich auch nichts. Fürst Wittgenstein, General Knesebeck und mein Bruder sind vom Könige beauftragt, unter Beistand von Professor Ranke, einige Irrthümer und Falsa aus dem neuen historischen Werke über die preußische Regierungs = Geschichte von 1808 — 1824 aufzuklären. Des Fürsten Wittgenstein Berichte werden die richtigen Dinge liefern.

---

*) Allerdings fand bald hernach (Ende März 1845) abermals ein mißglückter Ueberrumpelungsversuch unter Ochsenbein gegen die jesuitische Regierung von Luzern Statt.

Höchst interessant ist das Werk von Armand Lefebure: Histoire des cabinets de l'Europe 1800—1815.

Unser Cultus-Ministerium schreibt viel, handelt aber wenig. Ein großer Jammer!

Mit alter, unwandelbarer Anhänglichkeit 2c.

Der Artikel über das letzte Buch von Gagern in Nr. 33 der Augsb. Ztg. vom 2. c. ist von Hormayr.*)

---

*) Zur Zeitgeschichte. Der zweite Pariser Frieden. Von H. C. Freiherrn von Gagern. Auch unter dem Titel: Mein Antheil an der Politik. V. Leipzig, bei Brockhaus. 1845. In diesen Tagen trat der Minister Johann Christoph Carlson Freiherr von Gagern in sein achtzigstes Jahr (geboren zu Klein-Riedesheim bei Worms am Rosengarten der Nibelungen und ihrem Hort, 25. Jan. 1766), und noch in dieser ungebeugten jugendlichen Kraft, in dieser überschwänglichen Fülle der vielseitigsten Kenntnisse und Erfahrungen, in dieser, so weit die deutsche Zunge reicht, allgemeinen Hochachtung — der wohlverdiente Lohn eines edlen Lebens, eines so reichen und so gemeinnützigen Wirkens! Der zweite Pariser Frieden bleibt vielleicht auf mehr als ein Jahrhundert verhängnißschwer für unseres deutschen Gesammtvaterlandes wichtigste und bisher schwächste Grenze! Das Werk ist durchaus quellengemäß und mit des Verfassers eigenen Berichten, voll interessanter und bisher gar nicht oder nur unvollständig bekannter, nur vermutheter Thatsachen und folgenreichen Charakterzügen geschmückt. Die vortrefflichen Auseinandersetzungen Stein's, Hardenberg's, Wilhelm von Humboldt's, Knesebeck's hatten wir schon aus Schaumann erwähnt. Der unermeßliche Fehler, die von Frankreich seit Heinrich II., seit dem westfälischen Frieden zu Münster, seit den Reunionskammern Ludwigs XIV. Deutschland entrissenen Provinzen (überwiegende Offensivpunkte zu neuerlichen Invasionen) doch bei Frankreich zu lassen, ist ebenso beklagenswerth, als daß auf dem Wiener Congreß nicht noch viel tiefer mediatisirt, sondern eine dreißigfache Zersplitterung belassen, kein mächtigeres Preußen, kein mächtigeres Deutschland erschaffen worden ist. William Pitt sah viel tiefer. In den Unterhandlungen zur dritten Coalition 1804 dachte er nicht an Oranien, sondern an ein starkes Auftragen für Preußen. In Petersburg hatte damals die

Wie geht es, mein bester Kelchner? Wir leben in einer sehr bunten Zeit, mit schlechten Aussichten in die Zukunft. Daß Hrn. v. Schaper's Eröffnungsrede vom Minister des

---

Idee gewurzelt, da Hannover gegen Frankreich zu exponirt, für Preußens geographisch-strategische Figur und Consolidation hingegen fast unentbehrlich, daher unaufhörlich eine noch stärkere Anreizung als das (sonst) gleichfalls ohne Ende begehrte Bayern für das doch weit mehr eigene Gravitation besitzende Oesterreich, da dies zugleich auch das beste Mittel um Preußen endlich einmal unzweideutig gegen Bonaparte Stich halten zu machen, einen Austausch Hannovers gegen Ostpreußen zu versuchen. Kaiser Alexander kam nach den Unglückstagen von Austerlitz und Preßburg und nach der Annahme Hannovers in Haugwitzens unseligem Schönbrunner Vertrag wieder auf diese Idee zurück. Unglaublich genug interessirte sich dafür selbst der alte Herzog von Braunschweig bei seiner Mission nach Petersburg im Frühjahr 1806. Noch einmal recurrirt sie als Bürgschaft für die dauernde Ruhe des deutschen Nordens in den Bartensteiner Negociationen, scheiterte aber durchaus an der Abneigung des britisch-hannover'schen Königsstammes. Nicht einmal erfüllte sich das in Kalisch dem Berliner Hofe Verheißene: «de la manière la plus solennelle, d'appliquer aux équivalens, que les circonstances pourraient exiger pour l'intérêt même des deux Etats et à l'aggrandissement de la Prusse, toutes les acquisitions qui pourraient être faites par ses armes et par les négociations, dans les parties septentrionales d'Allemagne, à l'exception des anciennes possessions de la maison d'Hannovre.» Statt dessen wurde die Nordsee mit Ostfriesland (dessen Emden ein mächtiger Seehort werden konnte) ganz verschanzt, Hildesheim, Goslar 2c. weggegeben — Lauenburg an der Elbe nicht erworben, ja eine Weile sogar Minden, der Schlüssel der Weser, mit Ravensberg in Aussicht gestellt. Dieses um seines Ehrgeizes und seiner Ländersucht willen früher so verschriene Preußen, dessen Hegemonie, von seinen quasi Mediatisirungsplanen durch den Zollverein, und Südost und Nordwest, mittel- und unmittelbar so eindringlich geprebigt und gar so treuherzig und uneigennützig genannt wurde (was nebenher auch aus Nordost vernehmbar schien), wollte ja damals für so viele Opfer und Blutströme, für den unstreitig von ihm getragenen größten Theil der Heldenarbeit, nichts als zur Sicherung der Westgrenze Saarlouis,

Innern nicht genehmigt war, ist Thatsache. Wie der Fürst Hohenlohe sich aventurirt, ist Ihnen aus der Scene auf dem schlesischen Landtage bekannt. Es ist aber nicht unwahrscheinlich,

Thionville und Luxemburg, das es auch nicht erhielt. Herr von Gagern, ein alter und glücklicher Gegner Preußens, ist darin ein unverwerflicher Zeuge. Rußland und England waren damals gegen jede Verkleinerung Frankreichs. Lord Clancarty meinte sogar, das Beharren darauf könnte wohl zu einem Kriege mit Preußen führen! Und Cato Stein murrte und knurrte mit Recht: «Il est clair, que les Russes veulent que nous restions vulnérables.» Die neuesten Einstreuungen gegen den Zollverein sprachen laut genug für die, welche Ohren haben, aber auch zum Hören! Mit Fug und Recht ermahnte jüngst Loebell „die Nemesis dafür, daß Preußen 1814 wider Recht und Vernunft von der Maas abgedrängt wurde, daß, während man mit Preußen über jede Spanne Landes makelte und dingte, man Holland mit vollen Händen gab, zu ganz Belgien noch Lüttich fügte — die Nemesis dafür ist schnell genug gekommen! Oder hätte in Brüssel eine Revolution dauernden Erfolg haben können, wenn in Lüttich und Namur preußische Garnisonen gewesen wären? In einem Kriege mit Frankreich wird immer um Belgien gekämpft werden, es gehöre Holland oder bilde einen eigenen Staat; daß aber im Frieden den deutschen Interessen ungleich mehr mit der Trennung gedient ist, hat die Erfahrung vollständig bewiesen. Den Eingang in das Meer, den uns Holland mit vertragswidriger, krämerischer Sophistik auf dem Rhein ein volles Vierteljahrhundert versagt hat, Holland, welches deutsche Differentialzölle gar bald unschädlich machen könnten, diesen Eingang haben wir jetzt über Antwerpen, und würden dessen nicht einmal mehr bedürfen, wenn die reichsgesetzliche und in der Wiener Congreßnote neugefestete Freiheit der Ströme eine Wahrheit wäre.

Von unschätzbarem Werth ist im zweiten Theil die Apologie des mit Herrn von Gagern so freundlich verbundenen Talleyrand. Nirgends ein bestochenes oder rachgieriges, oder verstockt eigensinniges Urtheil, nirgends die heutzutage bei Vielen alleinseligmachende Lobhudelei, selbst nicht gegen den eigenen Monarchen, König Wilhelm oder den höchstseligen König von Preußen, oder vollends Karl X. In Wahrheit hat der Freiherr von Gagern ein reiches und preiswürdiges Leben hinter sich — in Verbindung oder Bekanntschaft mit den einflußreichsten Männern des Entwurfes und der That. Das Haus Nassau-Oranien dankt ihm Milderung großer Kriegsleiden 1792 bis 1800, nach dem Frieden reiche Entschädigung 1802

daß Se. Majestät dem Fürsten wirklich gewisse Eröffnungen
gemacht hatte. Auch kann Hr. v. Schaper durch Hrn. v. Bobel=
schwingh zu jenen auffallenden Aeußerungen bevollmächtigt ge=
wesen sein. Auf so incohärente und unconsequente Art ist
nicht zu regieren.

Die katholischen Separatisten *) bewirken eine Diversion,
von der Niemand sagen kann, wohin sie führen werde, auch
zeigt die unflätige Grobheit und Gemeinheit der Rhein= und
Mosel-Zeitung, daß man im ultramontanen Lager die Gefahr
vollkommen erkennt. In Bayern zählt die neue Bewegung

---

bis 1803, die Rettung in den Rheinbund, ja das Präsidium des Fürsten=
raths 1809, und die eifrigste Betreibung der für Oranien ungemeinen Er=
gebnisse des Wiener Congresses und der Pariser Verhandlungen 1815.
Dabei fehlte ihm niemals Zeit und Lust zu gelehrten Arbeiten: die Re=
sultate der Sittengeschichte, die durch die wichtigsten Aufschlüsse unschätzbaren
fünf Bände: mein Antheil an Politik, die Ansprache an die deutsche Na=
tion in den kirchlichen Wirren, die Schriften über die durch alle ihre
Stadien eifrig und zweckmäßig verfolgte deutsche Auswanderung werden
Gagern's Andenken im deutschen Volke späten Enkeln überliefern, so wie
seine Abstimmungen in der Bundesversammlung voll Genialität und Frei=
muth, voll eruditer Kenntniß in der Vergangenheit und richtiger Diagnose
der Gegenwart. Dabei überall ein feuriges Gefühl für Wahrheit und
Recht, für den Rechtszustand des Einzelnen, der Körperschaften und der
Stände, für Nationalehre und Nationalwohlfahrt. Noch haben wir des
edlen Mannes letzte Worte nicht gehört. Er schließt dieses Buch: „Das
Christenthum ist mild und den Zeiten und Umständen fügsam. Dieses
Streben soll meine Tage und meine literarischen Versuche beschließen. Nach
der sorgfältigen Prüfung der Civilisation und ihres Herganges werde ich
der Philosophie, der Tugend und der Religion die letzten Blätter widmen.
Sie sind schon in Bereitschaft."

*) Zu Anfang Januar 1845 trennte sich eine Anzahl Katholiken in
Breslau von der katholischen Kirche und stellte ein neues rationalistisches
Glaubensbekenntniß auf. Bis zum März verbreitete sich die Bewegung
durch ganz Deutschland. Am 9. März hielt Ronge den ersten Gottesdienst
der deutsch-katholischen Gemeinde in Breslau.

unter den Christen viele Anhänger, aber auch dort haben die Ultramontanen den Kopf verloren. Das zeigt der Artikel von Görres in der Allg. Ztg. vom 16., Nr. 75. Die Cottaerin bringt nur Correspondenzen gegen diese Separatisten. Ein Bischof an der Spitze und der Erfolg würde groß sein.

Der Fürst Metternich correspondirt über diesen Gegenstand viel mit Berlin. Hr. v. Bülow hat nur vorläufig geantwortet, da man im Cultusministerium noch keine Entschlüsse gefaßt hat.

Bis jetzt behandelt man die neue Gemeinde nach Analogie der altlutherischen Separatisten, deren Verhältnisse man zu reguliren im Begriffe steht. Uebrigens unbegrenzte Toleranz.

In allem Uebrigen ist man sehr furchtsam. Das Wollen und Nichtwollen, Genieblitze, Popularitätsstreben, Ehrgeiz und dergleichen mehr beherrschen die Gemüther!

Das Publicum ist muthlos und hat kein Vertrauen. Das Petitionswesen, wie es sich jetzt zeigt, ist ein wahrer Fluch!

Ich gehe Ende April oder Anfangs Mai nach München. Hr. v. Thun begibt sich zuvor noch nach Berlin. Ich ziehe vor, ohne Instruction dort aufzutreten und sie mir später geben zu lassen.

Hrn. v. Radowitz werde ich vor meiner Abreise noch sehen. Ganz der Ihrige 2c.

Oldenburg war sackgrob! sehr unparlamentarisch, konnte ihm nicht auf der Stelle geantwortet werden?

———

Stuttgart, 13. April 1845.

Am letzten Sonnabend ist über die bürgerlichen und kirchlichen Verhältnisse der altlutherischen Separatisten im Staatsrath verhandelt. Auch beschäftigt man sich mit der legislativen

Reorganisation des Kirchen-Reglements der evangelischen Landes=
kirchen, d. h. Kräftigung der Consistorien.

In Schlesien handelt es sich nicht mehr um communistische
Zündstoffe, sondern um eine lodernde Flamme. Das Ding ist
den Herren in Berlin über den Kopf gewachsen.

Eine Denkschrift des Hrn. v. Savigny zur Widerlegung
der Behauptung des Prinzen von Preußen, daß für die reichs=
ständischen Projecte des Königs der Consens der Agnaten nöthig
sei, ist durch Hrn. v. Raumer trefflich beleuchtet.   -

Für den Augenblick sind alle Gemüther mit den kirchlichen
Angelegenheiten beschäftigt.

Leider ist die Opposition sehr unanständig, und es fehlt
nicht viel daran, so schickt der König die Stände zu Hause.
Ich sprach heute Se. Majestät und er wird sich nichts gefallen
lassen. Ich erwarte über Frankfurt gehörige Instructionen aus
Berlin.

Gott mit Ihnen.
Ganz der Ihrige ꝛc.

Berlin, 30. Mai 1845.

Mein theuerster Kelchner!

Ihre Sendung habe ich durch Hrn. v. Nagler richtig er=
halten.

Hr. v. Usedom geht als Gesandter unter sehr günstigen
Bedingungen nach Rom. Bockelberg scheint vorgeschlagen ge=
wesen zu sein. Auch behauptet man, daß Hr. v. Sydow zum
Ministerialdirector in Vorschlag gewesen sei. Doch ist er als
solcher nicht bestätigt. Eichmann ist Ober-Präsident der Rhein-
Provinz geworden. Ein Mißgriff. Sein Ausscheiden aus dem
Ministerium ist ein sehr empfindlicher Verlust für die Geschäfte.

Hr. v. Bülow war mehrere Tage bedeutend krank. Er geht im Juli nach Kissingen. Graf Bernstorff wird unterdessen mit den fremden Gesandten verhandeln, der Posten in München bis dahin vacant bleiben. Ich gehe schwerlich vor Ende August nach Petersburg.

Hrn. v. Bockelberg's Urlaubs=Antrag ist bevorwortet, der Urlaub des Hrn. v. Radowitz bewilligt. — Der König kömmt vor dem 24. Juni schwerlich von Kopenhagen zurück. Er schifft sich am 17. in Stettin dahin ein.

Vice=Präsident v. Raumer aus Königsberg ist Chef=Präsident in Cöln geworden und der bisherige Präsident v. Bonin Ober=Präsident in Magdeburg. Nach Erfurt kommt Davignau aus Münster.

Hr. v. Bülow wollte außer Hrn. v. Sydow auch den Geh. Ober=Regierungs=Rath v. Raumer aus dem Haus=Ministerium zum Director. Letzterer wollte den Fürsten Wittgenstein nicht verlassen. Jetzt denkt man an Ladenberg, Patow und Pommer=Esche II.

Gott mit Ihnen.

Ganz der Ihrige 2c.

Berlin, 3. Juni 1845.

Die Zeit meiner Abreise ist noch ganz ungewiß. Der Prinz Carl und die Friedrich'schen Herrschaften aus den Niederlanden gehen am 16. von Stettin nach Petersburg. Herr v. Usedom ist als Gesandter mit besserem Gehalt für Rom ernannt. Hr. v. Sydow wird nicht Ministerial=Director, weit eher Hr. v. Patow. Eichmann's Versetzung ist ein großer Verlust und seine neue Stellung vielleicht ein Mißgriff. Graf Redern hat wenig Chancen für Turin. Hr. v. Bülow geht im Juli nach Kissingen.

Die Wegweisung von Itzstein dürfte noch viele Verlegenheiten verursachen.

Sie geschah auf Vortrag von Mathis und Specialbefehl des Ministers Grafen Arnim.

Geh. Ober-Finanz-Rath Pochhammer geht nach Carlsruhe zur General-Zoll-Conferenz.

Herzlichst und treu 2c.

Berlin, 13. Juni 1845.

Ihr werthes Schreiben vom 11. erhielt ich soeben und bedaure herzlich Ihren Familienkummer. Es läßt sich viel darüber sagen; ich kann Ihnen nur mein aufrichtiges Beileid bezeugen, aber dies ist innig und warm empfunden.

Der General Canitz übernimmt den Cabinets-Vortrag des Ministers Thile und es ist nicht unwahrscheinlich, daß er in der Folge in der gleichen Wirksamkeit verbleibt. Man will wissen, daß dem Staatsminister Grafen Arnim und Hrn. v. Liebermann der Wiener Posten angeboten war. Beide haben sich zu dessen Annahme nicht verstehen wollen. Hr. v. Bodelschwingh wohnt morgen zum erstenmal der Plenar-Sitzung des Ministeriums des Innern bei. Graf Arnim geht in einigen Tagen nach Boizenburg. Der König und die Königin haben sich zum Morgen in Radehnen bei meinem Bruder ansagen lassen und ich soll mich auch dort einfinden. Die großherzoglich hessischen Herrschaften werden am nächsten Dienstag erwartet.

Man schreibt aus Wien, daß der Cardinal-Staatssecretär ebenso wenig wie den Hrn. v. Sydow, den Hrn. v. Usedom haben will. Hr. v. Canitz dürfte unter diesen Umständen vorläufig Geschäftsträger bleiben. In der Stadt erzählt man in wohlunterrichteten Kreisen, daß die Minister v. Savigny, v. Bodelschwingh, Uhden, der Generallieutenant v. Canitz und

der Hofmarschall v. Rochow berufen seien, die ständischen Projecte Sr. Majestät zu begutachten.

Dänemark hat zur Beseitigung der Sundzoll-Angelegenheit
zur Zeit Sr. Majestät Anwesenheit in Kopenhagen Anerbietungen
gemacht, die eine Möglichkeit darbieten, um diese Sache zu
Ende zu führen. Eine desfallsige officielle Note von Dänemark
ist angekommen. Des Königs Abreise dürfte zum 25. fixirt
bleiben. Ueber den Tag der Abreise der Königin Victoria
steht noch immer nichts fest. Der Herzog von Wellington
glaubt, das Parlament würde erst am 8. geschlossen, Lord
Brougham war der Meinung, daß dies schon am 28. c. geschehen könne.

Der König hat den Fürsten Metternich nach Brühl oder
Stolzenfels (bei Coblenz) eingeladen, der Fürst wird dieser
Invitation Folge leisten, zuvor aber den König von Würtem-
berg sehen. Mit der Creirung eines Gesandtschaftspostens in
Darmstadt bin ich gar nicht einverstanden.

Der Ihrige 2c.

Berlin, 23. Juni 1845.

Herzlichen Dank für Ihr liebes Schreiben vom 20. c.,
das ich gestern erhielt.

Den König erwarten wir heute zurück. Er war während
der ganzen Reise durch Preußen sehr niedergeschlagen und hat
trübe Erfahrungen gemacht.

Generallieutenant v. Canitz ist seit drei Tagen hier. Er
soll an der Verfassungsarbeit helfen, will sich aber zu einzelnen
Rathschlägen nicht einlassen. Der Hr. Minister v. Bülow geht
in den ersten Tagen Juli's nach Kissingen und von da nach
Coblenz, zur Zeit, wo Lord Aberdeen die Königin Victoria an

den Rhein begleitet.*) Die allerhöchsten Herrschaften dürften wohl Anfangs August in Stolzenfels sein.

Es ist wieder zweifelhaft, ob Hr. v. Patow der Nachfolger des Hrn. Eichmann wird. Hr. v. Sydow nennt man jetzt ziemlich bestimmt als Gesandten in die Schweiz.

In der Itzteiniana herrscht Zwiespalt zwischen den Ministerien des Aeußern und Innern. Dem Geh. Rath Philippsborn liegt der Hr. Hofgerichtsrath im Magen. Er wird vom 1. Juli ab auf sechs Wochen sich von den Geschäften zurückziehen, theils Brunnen trinken, theils mit der Frau Geheimräthin eine Erholungsreise machen.

Der König dürfte — nach den Aeußerungen des Ministers Thile — den Minister Arnim aufrecht erhalten.

Nicht wegen der Itzteinschen Episode, die allerdings wegen der ungeschickten, brüsken und unpolitischen Behandlung wie ein ätzendes Gift sich über den preußischen Namen ausbreitet, sondern wegen anderer Verhältnisse beabsichtigt Graf Arnim das Portefeuille des Innern abzugeben.**)

Hrn. v. Liebermann erwarten wir in den nächsten Tagen. Er geht nach Carlsbad und wird schwerlich je wieder nach Berlin kommen.

Mit dem Befinden der Kaiserin geht es schlecht.

Hr. v. Nagler ist wohl.

Morgen ist die Hochzeit meiner Tochter.

Herzlichst und treu 2c.

Berlin, 29. Juni 1845.

Ich danke Ihnen herzlichst für die Zuschrift vom 27., die ich soeben nebst Einlage empfangen und bitte abermals um gefällige Besorgung des angeschlossenen Schreibens.

---

*) Die Königin Victoria reiste nach dem Schluß des Parlaments nach Belgien, Sachsen, Preußen und Frankreich.

**) Er legte sein Ministerium am 12. Juli nieder.

Hr. v. Bülow ist heute Morgen abgereist.

Graf Arnim hatte vor sechs Wochen um seinen Abschied angehalten, weil er sich zu den ständischen Ideen nicht verstehen wollte. Dieser Austritt des Hrn. Ministers des Innern ist jetzt nicht rechtzeitig. Ich glaube nicht zu irren, wenn ich annehme, daß Hr. Graf v. Redern in Turin als Gesandter bleibt und Hr. v. Bockelberg zum Gesandten in Darmstadt ernannt wird.

Hr. v. Patow ist gewiß der Nachfolger des Hrn. Eichmann, welcher sehr bald nach Coblenz abgehen wird. Ueber den Nachfolger des Hrn. Grafen Arnim ist noch nichts bestimmt. Der Vermuthungen hat man sehr viele.

Ueber meine Abreise ist noch nichts bestimmt.

Hrn. v. Radowitz wird der Entwurf zu einer Note über die Itzsteinsche Angelegenheit geschickt, welche eilfertig berathen wird.

Der Artikel in der Allg. Ztg. Nr. 160, Paris, 4. Juni, über Arago*) soll von Hrn. v. Redern, der über die kur-

---

*) Paris, 4. Juni. Herr Arago beabsichtigte gleich nach dem Schluße des diesjährigen Landtages eine Reise nach Deutschland zu machen, und vor allem Berlin zu besuchen. Seitdem der berühmte Gelehrte und Deputirte die Wegweisung der beiden badischen Kammermitglieder vernommen, ist er in seinem Entschluße wankend geworden und will erst bei seinem Freunde, Herrn v. Humboldt, deshalb Anfrage stellen. Wenn ein deutscher Volksrepräsentant von so gemäßigter Gesinnung, wie Herr v. Itzstein, ein Greis, dessen würdiger Charakter stets die Anerkennung aller Parteien gefunden, durch bewaffnete Polizeibeamte über die Grenze gewiesen wird, welche Aufnahme hätte wohl ein französischer ultraradicaler Deputirter, ein fast republicanischer Volksmann, wie Herr Arago, in Berlin zu erwarten, selbst wenn er das Ordenskreuz pour le mérite besitzt? In dieser Weise äußerte sich der berühmte Astronom gestern gegen einen hier anwesenden deutschen Naturforscher. Indessen werden dem französischen Gelehrten wohl von Herrn v. Humboldt ganz beruhigende Zusicherungen zukommen.

märkischen Junker in der Augsb. Allg. Ztg. vom 23., von
Hrn. v. Varnhagen *) sein.

---

*) Preußen. Berlin, 15. Juni. Das beklagenswerthe Ereigniß (Aus-
weisung der badischen Landtags-Abgeordneten Itzstein und Hecker aus Berlin) vom vorigen Monat scheint einer Lösung entgegen zu gehen, welche das
Gefühl des preußischen Vaterlandsfreundes wieder aufrichtet. Ich rede
nicht von der allgemeinen Stimmung, die im ganzen übrigen Deutschland,
ja in Baden selbst, nicht entschiedener sich darüber aussprechen konnte, als
es hier geschah, ich wiederhole nicht die Aeußerungen sehr hochgestellter
Männer; es ist das seit drei Wochen beobachtete officielle Schweigen unserer
Staatszeitung selbst, was deutlicher als alles andere spricht. Nur eine
untergeordnete Behörde hatte auf einem Seitenwege den Schein des Rechtes
für eine Maßregel zu vindiciren versucht, die jetzt von Niemand, welcher
Ansicht er auch sei, anders denn als eine Calamität betrachtet wird. Ich
will Ihr Blatt nicht mit Gerüchten füllen, die jede Stunde wechseln. Die
Gerüchte über das Warum ermangeln so jeder innern Wahrheit, daß selbst
Diejenigen, welche zu Anfang aus patriotischem Pflichtgefühl die Maßregel
zu vertheidigen suchten, jetzt schweigen. Erfreulicher sind die Gerüchte darüber, welchen Eindruck der Vorfall allerhöchsten Ortes hervorgebracht hat.
Sie auszusprechen, hieße der höchsten Willensmeinung vorgreifen, zu der
wir uns mit vollem Vertrauen getrösten dürfen, daß sie in ihrer Weisheit
Mittel finden wird, die Schmach des gekränkten Gastrechts, welche tiefer
uns drückt, als die persönlich Gekränkten, wieder auszugleichen. Wir verweilen lieber bei frohen Betrachtungen, beim Gedanken, daß jedes moralische
Unrecht, jede Wahnkrankheit, wenn sie ihren Gipfel erreicht hat, die lösende
und heilende Krisis von selbst vorruft. Jedermann weiß, wie das System
der überängstlichen Beaufsichtigung, wie das demoralisirende Delatoren-
wesen dem Geist und dem Herzen unseres Königs zuwider ist, wie er seit
seinem Regierungsantritt sich entschieden dagegen ausgesprochen, und nur
nothgedrungen in das gefügt hat, was seine Umgebungen ihm als un-
erläßlich vorstellten. Dies System hat sich übergipfelt, sich selbst geschlagen.
Dies war vorauszusehen. Daß es auf diese Art geschehen mußte, ist für
Preußen zu beklagen, aber welche Regierung darf behaupten, daß sie nie
Mißgriffe und Uebereilungen begangen hat? Ein Umschlag, wohlthätig
für noch viele andere und wichtigere Verhältnisse und begründet auf das
Vertrauen zwischen Volk und König, ist abzusehen. Aber man handelt
Unrecht das Uebel allein auf Schuld des kurmärkischen Systems zu schieben,
für das man jetzt einen noch potenzirteren Grad in dem sogenannten

Tausend Dank für Ihre Glückwünsche.

Ganz der Ihrige ꝛc.

Den 30. Heute ist Instruction an Hrn. v. Radowitz ab=
gegangen, ich bin nicht damit zufrieden. Die Correspondenz

Ukermärkischen finden will. Der vorwaltende Einfluß der Kurmark, oder,
wenn man will, des kurmärkischen Junkerthums hat freilich Preußen vielen
Schaden gethan, fast zu allen Zeiten wirkte es retardirend und war ein
Hemmschuh für den Aufschwung des Königsstaates Preußen. Es ist nur
zu wahr, daß die großartigsten königlichen Gedanken durch die kurmärkische
Verwickelung in der Ausführung oft zu halben Maßregeln wurden.
Aengstlich an der Scholle klebend, ohne welthistorischen Umblick, zäh, auch
selbstich ist die kurmärkische Art, das sei zugegeben, aber sie ist ehrlich.
Es ist nicht der Stoff, aus dem die Natur Premierminister, Feldherren,
Philosophen und Speculanten bildet, in großen Krisen der Geschichte
weiß der kurmärkische Conservatismus sich nicht zu rathen und zu helfen,
aber rechtlich in seinem Grund und Wesen, bildet er in ruhigen Zeiten
gemessene, thätige und tüchtige Charaktere aus, erprobte Festungscomman-
danten, redliche Verwalter, unparteiische Richter, eisenfeste Landwehr-
commandeure und selbst kühne Husarengenerale. Ein solcher Schlag erhebt
sich zwar nicht zu den geistigen Höhen der Zeit, aber, auf sittlichem Funda-
mente ruhend, verirrt er sich auch nicht zu den Tiefen ihrer Demoralisation.
Das zeitweilig anscheinend begünstigte Angeber-, Verdächtigungs- und
Ueberwachungswesen ist daher diesem Conservatismus fremd und offenbar
nur ein giftiger Anflug von anderwärts her. Der Altpreuße gibt sich
vertrauensvoll der Hoffnung hin, daß eine freiere Luftströmung in Folge
dieser Krisis das Gift des Argwohns forthauchen wird. Er hofft, daß
das beklagenswerthe Ereigniß nicht einen neuen Riß zwischen ihm und
seinen deutschen Brüdern verursache; wenn er entstanden, daß er durch Acte des
Vertrauens wieder ausgeglichen werde. Er hofft aber auch, daß seine
preußischen Mitbrüder nicht aus gerechter Entrüstung über einzelne Ver-
irrungen seine guten Eigenschaften blindlings verdammen mögen. Die
kurmärkische Art bleibt, trotz aller ihrer Mängel, ein Kern des preußischen
Körpers. Sie ist nicht sein Kopf, nicht sein Arm und nicht sein Fuß, sie
denkt, handelt und bewegt sich nicht für ihn, aber sie ruht für ihn, sie
sammelt und läutert die Säfte. Wie kein Alexander ohne seinen Vater
Philipp, so wäre kein Friedrich II. ohne einen Friedrich Wilhelm I.
möglich gewesen, und dieser in seiner unumgrenzten schlichten Ehrenhaftig-
keit ist der wahre Repräsentant des kurmärkischen Charakters.

von Hrn. v. Frankenberg mit Hrn. v. Holstein wird bald in den Zeitungen zu lesen sein.

München, 1. April 1845.

Ich war in besonderer Mission in Hannover und habe den alten König sehr kräftig gefunden. Es ist unerhört, was man alles mit Kraft und Beharrlichkeit durchsetzt.

Der Prinz von Preußen wird dem Hrn. Grafen Dönhoff zu Wiesbaden Manches mitgetheilt haben. Der Fürst Metternich hat ungern der Einladung gefolgt. Er glaubt am Rhein überflüssig und unnütz zu sein.

Die österreichische Intervention in der katholischen Angelegenheit Würtembergs ist fruchtlos geblieben. Da man in Stuttgart auf keinen Wiener Vorschlag eingegangen, so wird die Vermittelung aufhören.

Soviel ich höre, wollte Hr. v. Radowitz Se. Majestät in Frankfurt erwarten. Der König hat ihm namentlich sagen lassen, daß Se. Majestät ihn am Rhein zu sehen wünschte. Generallieutenant Canitz geht auch an den Rhein, wenn Fürst Metternich in Brühl sein wird.

Der gute Robiczky wird nun wohl auch bald das Zeitliche segnen; für Preußen und namentlich für Radowitz ein Verlust. Ich bin seit dem 22. von Berlin fort und hörte wenig aus der Residenz. Die Kaiserin geht vielleicht nach dem Süden, wenn ihre Gesundheit so bleibt, wie sie während der großen Hitze war. Der König ist in der letzten Hälfte August zurück, Ihre Majestät die Königin Mitte September.

Schreiben Sie mir doch ab und zu durch die russische Gesandtschaft. Ganz offen, wie Sie denken, ohne Namensunterschrift.

Gott mit Ihnen ꝛc.

St. Petersburg, 30. August 1845.

Sie haben viel Besuch gehabt, wie ich aus den Zeitungen sehe und dabei auch die Krankheit des Hrn. v. Bülow, welche uns den General Canitz näher führt.

Die Vorfälle in Leipzig *) haben sehr alarmirt, sie waren aber gemacht auf den schwachen Prinzen Johann und den nicht starken König von Sachsen berechnet. Doch haben sich die Urheber verrechnet. Die Regierung hat viel Energie entwickelt. Möchte man Aehnliches auch anderorts wachrufen. Wer wird Rodiczky ersetzen? Ist Hr. v. Radowitz General-major geworden, wie die Allg. Pr. Ztg. vom 24. ihn nennt?

Die Kaiserin reist den 2. nach Stettin und trifft den 5. oder 6. in Berlin ein, bleibt acht Tage in Sanssouci und geht dann über Como und Genua nach Palermo. Ich fand sie nicht so krank, und kräftiger als ich gefürchtet, ich habe sie jetzt viermal gesprochen und gehe heute wieder nach Petershof. Der Kaiser tritt in etlichen Tagen eine große Reise an und wird wohl in Gagageff ein Rendezvous mit Fürst Woronzoff haben. Dort sah man Heldenthaten, aber keine Erfolge. Der Kaiser kehrt erst am 14. October zurück. Der Herzog von Leuchtenberg macht als Chef des Bergwesens eine Reise in den Ural und legt 7000 Werst zurück. Der Thronfolger begleitet die Kaiserin.

Sagen Sie mir nur, wie es in Süddeutschland aussieht? Was hat der König mit Fürst Metternich verhandelt?

Herzlich und treu der Ihrige 2c.

---

*) Bei der Musterung der Leipziger Communalgarde durch Prinz Johann entstand ein Tumult. Unter dem Rufe „Fort mit den Jesuiten! es lebe Ronge!" versuchte man in das Hotel de Prusse, wo der Prinz wohnte, einzubrechen; das Militär mußte einschreiten, um die Ruhe wieder herzustellen. Die Regierung verbot alle Bürgervereine und Volksversammlungen, wies viele Literaten aus Leipzig aus und entfaltete eine Energie, die Rochow ihr nicht zugetraut hatte.

St. Petersburg, 18. October 1845.

Wir sind hier sehr verlassen, die Kaiserin ist wohl bald in Palermo und dürfte vor Mitte December c. nicht zurück= kehren. Graf Nesselrode ging von Odessa über Wien nach Palermo und Staatsrath v. Labensky folgt ihm von hier über Warschau und Wien, Triest 2c.

Die Gräfin Nesselrode reist über Berlin, München nach Rom. Von der Kaiserin waren sehr gute Nachrichten aus Verona.

Hr. Minister Canitz wollte auf 14 Tage nach Wien. Seine Familie folgt erst im neuen Jahre nach Berlin. Ueber die Ernennung eines Ministers des Innern war noch nichts bestimmt.

General Rauch wird wohl von Sanssouci nach Palermo gehen. Die Großherzogin von Schwerin folgt im November.

Wer nach Wien kommt, scheint noch ungewiß.

Geben Sie bald Nachricht und behalten Sie im guten Andenken 2c.

St. Petersburg, 28. October 1845.

Herzlichen Dank für Ihre liebe Zuschrift vom 16., die ich gestern mit einigen eigenhändigen Zeilen des Hrn. Ministers v. Nagler erhalten. Um Besorgung der Anlage bitte ich.

Mit unserer Gesundheit geht es nur leidlich. Die Tem= peratur ist sehr wechselnd, allein gefroren hat es noch nicht.

Hier gibt es nichts Neues. Se. Majestät den Kaiser er= warten wir vor Ende December nicht zurück.

Alle Blicke sind auf Deutschland gerichtet, das von Weitem sehr bunt aussieht. Der Weltproceß rührt Alles auf. Es scheint, daß er förmlich durchgähren muß. Ich hoffe, daß bei dem gesunden und überlegenden Sinne der Deutschen bald wieder eine praktischere und positivere Richtung des Geistes die Oberhand gewinnen werde.

Ich bin entschieden gegen das Umherreisen des Ronge. In der Eingabe des Berliner Magistrats sehe ich kein theologisches Meisterstück. *) Se. Majestät hat der guten Stadt Berlin sehr viel Ehre erwiesen.

Aus Stuttgart vernehme ich nur Gutes. Von Berlin höre ich dagegen wenig.

Ueber die Besetzung des vacanten Postens scheint noch nichts veröffentlicht. Den Grafen Dönhoff würde man in Wien nicht gerne haben, noch weniger aber meinen sehr lieben Freund Radowitz in Frankfurt. Man wird Alles aufbieten, diese beiden Combinationen zu verhindern. General Canitz kennt die desfallsigen Ansichten von der Donau. Man sagt, daß Hr. Geheime Rath Philippsborn um seine Entlassung nachgesucht. Ein tüchtiger, erfahrener und ganz und gar dem Dienst lebender Arbeiter weniger. Er hat für unser Ministerium wahrhafte Verdienste.

Der Hr. Graf Colloredo wird schwerlich vor Monat December hier eintreffen.

Die verwittwete Frau Großherzogin von Schwerin geht mit ihrer Tochter nach Palermo, um Ihrer Majestät der Kaiserin Gesellschaft zu leisten.

---

*) Man fing in Preußen an sich gegen die Herrschaft der altlutherischen Glaubensrichtung zu verwahren, welche in ihrer unliebenswürdigsten Strenge durch den Professor Hengstenberg vertreten war. Der König antwortete auf eine Beschwerde, der sich die evangelischen Bischöfe Eylert und Dräseke anschlossen, er wolle die Kirche sich durch sich selbst gestalten lassen, die Synoden seien die berechtigten Organe die kirchliche Meinung auszusprechen, die Magistrate hätten kein Recht sich in kirchliche Angelegenheiten zu mischen. Er ließ den Magistraten von Berlin und Königsberg ihre Eingaben, worin sie über Uebergriffe der Altlutheraner klagten, zurückstellen.

Nehmen Sie mit diesen Zeilen vorlieb und behalten in gütigem Andenken Ihren alten Freund 2c.

St. Petersburg, 12. November 1845.

Hier herrscht große politische Windstille.

In den Ostsee-Provinzen ist die Stimmung schlecht, die kirchlichen Klagen sind begründet und was das Journal des Débats über diese Verhältnisse sagt, ist Wahrheit. Auch die Cotta'schen Nachrichten, sowohl in der Allg. Ztg. als in den Ergänzungsblättern, sind begründet.

Den Kaiser erwarten wir vor Ende Januar nicht zurück, da er den 27. c. Palermo verläßt, drei Wochen zur Reise bis Wien braucht, wo er am 18. bis 20. December sein will.

Vom General Canitz bekomme ich oft vertrauliche Schreiben. Er ist mit seinen Unterredungen in Wien sowohl mit Graf Nesselrode als mit Fürst Metternich zufrieden. Was diese Herren dazu sagen, weiß ich nicht.

Die Berathungen über den Landtags-Abschied waren in Berlin beendigt.

Der Posten in Wien scheint noch nicht vergeben zu sein.

Hrn. v. Radowitz meine beste Empfehlung.

Es fängt an, kalt zu werden.

Ich bin oft krank. Hr. v. Otterstedt geht im Frühjahr auf Urlaub.

Die Kaiserin kehrt über Wien und Warschau zurück gegen den Juni. Sie verläßt den 13. Juli Palermo.

Gott mit Ihnen 2c.

St. Petersburg, 25. November 1845.

Lieber Freund!

Ihre Sendung habe ich durch den hochverehrten Herrn v. Nagler erhalten und danke für Ihre gütige Besorgung.

Aus Berlin höre ich oft vom General Caniz privatim, die Conferenzen plagen ihn. Die Landtagsabschiede werden viele dilatorische Antworten, auch einige nützliche Bescheide enthalten, aber nichts von der sog. Entwickelung. Die kommt erst anno 47. Die deutsch=katholische Kirche wird aus Mangel an materiellen Mitteln versiegen. Jetzt macht sich der confessionelle Paroxismus in einer Broschüre Luft.

Ob der Kaiser über Wien zurückkehrt, wird sich erst in Rom entscheiden. Wie die Visite dort ausfallen wird, darauf ist man sehr gespannt.

In Würtemberg dürfte die Bischofswahl große Schwierig= keiten haben.

Die Landtage in Carlsruhe, München, Cassel und Dresden werden für die Zeitungen eine reiche Ernte sein. Die wenig befriedigenden Resultate der Carlsruher General=Zoll=Conferenz setzen den ganzen Chorus der Feinde Preußens in Bewegung; ihm schiebt man alle Last zu, daß die übertriebenen Wünsche der industriellen Anfänger nicht berücksichtigt wurden.

Hr. v. Nagler schreibt mir bei Gelegenheit der Anwesenheit des Hrn. v. Sydow, daß von einer Directorstelle die Rede sei.

Der junge Nagler ist in Berlin und außerdem werden in der Königsstadt die Seckendorffs erwartet.

In Bälde mehr.

Herzlich und treu 2c.

Mit unsere Gesundheit geht es nicht allzu gut.

St. Petersburg, 10. December 1845.

Ich freue mich Ihrer Ruhe, diese findet hier nicht statt. Obgleich Se. Majestät der Kaiser und der Hr. Reichskanzler abwesend sind, und die politischen Angelegenheiten still stehen, so haben wir hier doch mit laufenden, sehr unangenehmen Sachen sehr viel zu thun. Es geht aber Alles in Frieden ab.

Wie das diplomatische Revirement ausgeführt werden wird,
weiß Gott. Meines Erachtens paßt sich Hr. v. Sydow nicht
nach Brüssel. So schnell dürfte Graf Bernstorff nicht nach
Wien passiren. Aus Berlin schreibt man mir darüber nichts
Bestimmtes.

Hier werden das Journal des Débats und die Augsb. Allg.
eine um die andere in Beschlag genommen. Beide sind perfide
und impertinent und liefern den Beweis, daß mit der Preß=
freiheit nichts anzufangen ist. An dem Journal des Débats
arbeiten Gelehrte und Akademiker, wie Arago, St. Marc
Girardin, Michel Chevalier, bei der Augsburgerin sind Thiersch,
E. Förster, Herrmann, Varnhagen, Mohl, Nebenius u. A. be=
schäftigt und doch machen beide Blätter ebenso viele dummen
Streiche, wie die Cölnische Ztg., auf welche sie mit Hochmuth
und Verachtung herunterblicken.

Unsere Blicke sind mit großer Spannung auf Rom und
Wien gerichtet.

Sehr begierig bin ich auf das Resultat der kirchlichen Be=
sprechungen in Berlin.*)

Was uns die Landtagsabschiede bringen werden, ist mir
bekannt. Die Posener Untersuchungen werden sehr ernstlich
betrieben und solche Erscheinungen darf man nie, vorzüglich
aber jetzt nicht unbeachtet lassen.

Leben Sie wohl, lieber Freund.

Wie geht es denn dem Hrn. v. Blittersdorff und wann
eher kehrt der kluge, geschäftsgewandte Hr. Graf Münch zurück?
Den Hrn. General Jezer kenne ich nicht. Ich hoffe, daß Oberst

---

*) Auf Anregung des Königs Wilhelm von Würtemberg wurden zu
Berlin Berathungen gepflogen um der Einheit der katholischen Kirche gegen=
über eine nähere Verbindung der protestantischen deutschen Länder zu über=
einstimmendem Handeln in Kirchensachen, ähnlich dem vormaligen Corpus
evangelicorum herbeizuführen.

Fromm mit dem Bau von Ulm zufrieden war. Ich habe großes Vertrauen zum Major v. Prittwitz. Ich kann mir nicht vorstellen, daß dieser ausgezeichnete Ingenieur nicht auch bei Ulm seinen bewährten Ruf bethätigen sollte. Mit Graf Thun ist man in Frankfurt wahrscheinlich zufriedener, als man mit mir war. Ich habe es mir immer zum Ruhm gerechnet, den Hrn. v. Prittwitz zu vertreten, wenn ich die Ueberzeugung gewonnen hatte, daß er sich im Recht befand.

Meine Frau geht im Frühjahr nach Stuttgart, ich werde wohl hier bleiben müssen. Se. Majestät den Kaiser erwarten wir schwerlich vor Anfang des nächsten Jahres unseres Styls.

Nochmals mit aller Freundschaft und wahrer Achtung 2c.

Den 11. c. Ich erhielt gestern auch Ihr Schreiben vom 2. December mit Einlage und danke herzlich. Es ist immer noch zweifelhaft, ob Hr. v. Arnim aus Brüssel nach Wien geht. Aus Berlin weiß ich nichts Positives darüber.

Den Generalmajor v. Jetzer sah ich nie, höre aber hier, daß es ein tüchtiger Militär sei.

St. Petersburg, 23. December 1845.

Ihr liebes Schreiben vom 14. habe ich gestern Abend dankbar erhalten. Die Sendung vom 8. liegt in Gumbinnen und wartet den nächsten englischen Courier ab, welcher am bevorstehenden Sonntag hier eintrifft.

Also doch Hr. v. Sydow! Großes Wunder, keinen Frieden. Graf Arnim's Entfernung aus Paris wird von allen Diplomaten beklagt. Er war ein Sammelplatz aller fremden Diplomaten und ein praktischer und wohlwollender Rathgeber. Hr. v. Kisselef ist sehr betrübt über seinen Verlust und behauptet, daß Graf Arnim mehr Einfluß in Paris ausübe, als irgend einer der Herren Botschafter.

Das sächsische Ministerium benimmt sich vortrefflich. Zu dem badischen habe ich kein Vertrauen.

Hier nichts Neues. Alles erwartet die Rückkehr des Kaisers. Die kirchlichen Verhältnisse sind verwickelt und difficil.

Bald mehr. Herzlich und treu ꝛc.

St. Petersburg, 23. Juni 1846.

Theuerster Kelchner!

Ihr Brief vom 9. ist mir gleichzeitig mit der traurigen Nachricht von dem Dahinscheiden des trefflichen Hrn. Ministers Nagler zugekommen. Ich widme dem Andenken dieses hochverdienten, ausgezeichneten Mannes eine treue Verehrung. Er war mir ein vieljähriger gütiger Gönner. Sein Name ist weit verbreitet und er hat auf dem Postfache viel geleistet. Jetzt nimmt diese Sache eine andere Richtung, die Eisenbahnen werden einen Postillon zur Roccoco-Figur machen. Schmückert, ein kluger Mann, der sein Handwerk versteht, wird das Departement behalten, ohne General-Postmeister zu werden. So denke ich es wenigstens.

Herzlich freue ich mich, daß Sie wieder wohl sind; Gott stärke Sie. Sie kennen meinen aufrichtigen Antheil. Vom Grafen Nobili höre ich nur Gutes, aber Zochi zweiter Bevollmächtigter! — Adieu Substitution! Graf Münch wird es ebenso machen.

Oberstlieutenant Prittwitz hatte sich von Hause aus wegen des Steinmaterials verwahrt. Ich habe dies fast in jedem seiner Geschäftsberichte gelesen. Daß Hr. Hauptmann Sontheim ein Gegner des Erbauers von Posen ist, wußte ich wohl. General der Infanterie v. Aster*) liebt Prittwitz auch nicht, läßt

*) Erbauer der modernen Befestigungen von Coblenz.

ihm aber Gerechtigkeit widerfahren. Es ist auffallend, daß die österreichischen Behörden den preußischen Ingenieur gegen preußische Militär-Commissäre in Schutz nehmen müssen.

Die beiden Bremer Zeitungen sind ja in Preußen verboten und Bürgermeister Smith hat versprochen, daß Hormayr'sche Artikel unbedingt zurückgewiesen werden sollen.

Der König Ludwig geht stark ins Zeug. Minister Abel hat den alten Minister Gise beseitigt und den unbequemsten Oppositions-Mann, den Fürsten Wallerstein, entfernt. Der König fertigt seine Stände sehr kurz ab. Graf de Bray ist ein wahrheitsliebender, moderirter und loyaler Mann. Ob er dem Posten gewachsen ist, vermag ich nicht zu beurtheilen. Seine Gemahlin verläßt uns Sonnabend, über Stettin reisend.

Den Kronprinzen von Würtemberg erwarten wir am 27. c. Am 1./13. findet die Vermählung statt und zwar in Peterhof.

Mit dem Befinden Ihrer Majestät der Kaiserin geht es sehr viel besser, als vor der Reise. Der Hr. General Rauch ist länger zurückgehalten, als ich gehofft.

Aus Stuttgart hatte ich bisher gute Nachrichten.

Um Besorgung der Beilage an Hrn. v. Radowitz bitte ich gefälligst. Auch zähle ich darauf, daß Sie die übrigen Beilagen recht bald und sicher abgeben lassen und mir den Empfang derselben über Berlin mittheilen.

Hr. Balan macht eine gute Carrière; in Warschau wollte es nicht gehen. Was wird denn aus Hrn. v. Gruner und wie geht es Hrn. v. Sydow in Brüssel? Graf Arnim dürfte jetzt nach Wien unterwegs sein.

Der Tod des Papstes *) ist hier betrauert, da man auf dem besten Wege war, sich mit dem apostolischen Hofe gründlich und dauerhaft zu verständigen. Graf Bludoff sollte nach Rom gehen.

Was fehlt nur dem hübschen Erbgroßherzog von Baden?

---

*) Gregor XVI. starb am 1. Juni.

Leben Sie wohl, mein alter Gönner. Schonen Sie sich und geben Sie mir bald Nachrichten.

Mit den bekannten Gesinnungen rc.

Stuttgart, 4. Januar 1846.

Soeben empfange ich den Befehl, sofort über Berlin nach Petersburg zu gehen. Man scheint mit meinem Stellvertreter nicht zufrieden. Ich habe seit 13 Tagen das Bett gehütet und vermag nicht auf der Stelle abzureisen, doch hoffe ich am nächsten Sonnabend, den 8., zeitig, mit dem Bruchsaler Eisenbahnzug in Frankfurt anzukommen, um am nämlichen Abend mit der Courierpost nach Eisenach abzureisen. Nehmen Sie mir, wenn es möglich ist, für Sonnabend zwei Plätze, ich habe etwa 120—140 Pfd. im kleinen Mantelsack bei mir. Sind die Plätze besetzt, so nehme ich einen Taxis'schen Wagen.

Um 5 Uhr Nachmittags bin ich im Römischen Kaiser, lassen Sie ein Zimmer heizen. Aber sagen nichts Ihrem Chef.

Ich will Niemand sehen und sprechen, ausgenommen meinen alten Freund Kelchner, dem ich herzlich für den Kalender danke.

Erkundigen Sie sich nach Dubril's Befinden und sammeln Sie Nova.

Herzlich und treu rc.

Stuttgart, 22. September 1847.

Lieber treuer Freund!

Wir denken Sonntag, den 26. c., in einem Tage von hier nach Frankfurt zu gehen und ersuchen Sie, die Ge-

fälligkeit zu haben, uns im Römischen Kaiser Quartier, bestehend aus einem Zimmer mit zwei, und einem dito mit einem
Bett, zu bestellen. Ein Salon ist nicht nöthig, aber ein Zimmer
für den Bedienten. Ich bitte aber von meiner Anwesenheit in
Frankfurt nicht zu reden. Ich weiß noch nicht, ob ich den
ganzen Montag dort verweile oder aber schon Mittags weiter
reise.

Leben Sie wohl, lieber Kelchner! Ich benutze den österreichischen Courier um an Sie zu schreiben. Neues gibt es
nichts. Mündlich Näheres.

Herzlichst der Ihrige rc.

Berlin, 16. December 1847.

Bester Kelchner!

Ich bringe meine Frau und Tochter nach Stuttgart,
bleibe mit ihnen daselbst einige Wochen, kehre im Januar nach
Berlin zurück um meine Reise nach St. Petersburg im Februar
fortzusetzen. Von allen diplomatischen Veränderungen ist für
jetzt nichts wahr. Wir erwarten stündlich Hrn. v. Radowitz,
welcher zur Conferenz nach Neuenburg geht; auch den Grafen
Coloredo, welcher eben dahin bestimmt ist, indessen erst sich nach
Paris begibt.

Ich will mit den Meinigen am nächsten Sonntag, den 19.,
Berlin verlassen und die Nacht in Eisenach schlafen. Am folgenden Morgen, den 20., fahren wir von dort ohne Aufenthalt
bis Frankfurt, wo wir mithin in der Nacht vom 20. zum 21.,
oder in aller Frühe des 21. eintreffen werden. Haben Sie
die große Güte, uns zur Nacht vom 20. auf den 21. zwei ge-
heizte Zimmer im Römischen Kaiser zu bestellen, und auch
warmes Unterkommen für Kammerjungfer und Bedienten. Für

uns ein Zimmer mit zwei, und eines mit einem Bett, gleichviel wo gelegen, nur warm. Wir setzen am 21. die Reise fort.

Ich rechne auf Ihre Güte und freue mich, Sie zu sehen. Ganz der Ihrige 2c.

Berlin, 18. Mai 1851.

Lieber alter Freund!

Ich denke, daß Sie schon davon unterrichtet sind, daß Ihr alter Bekannter für Frankfurt provisorisch bestimmt ist. Ich freue mich herzlich, Sie nach schwerer Zeit zu begrüßen und nehme gleich Ihre Gefälligkeit in Anspruch. Zunächst bitte ich Sie, dem Hrn. Grafen Thun das beiliegende Schreiben auszuhändigen. Demnächst würde ich Sie ersuchen, für mich im Englischen Hofe ein Quartier von einem Schlaf-, einem Wohn- und einem Empfangszimmer nebst einem Bedientenzimmer zu bestellen.

Ich gedenke Sonnabend, den 10., Abends, abzureisen, um Sonntag Abend (die Zeit werden Sie kennen) in Frankfurt einzutreffen. Vielleicht lassen Sie mir einen Wagen am Bahnhofe finden.

Der Hr. Geh. Legationsrath v. Bismarck bittet, auch ihm ein Zimmer im nämlichen Gasthause zu bestellen, und ich denke, daß Hr. Gouvernon aus alter Bekanntschaft gut für uns sorgen wird. Hr. v. Gruner wird auch wohl zu gleicher Zeit eintreffen. Ich habe aber nicht den Auftrag, für sein Unterkommen zu sorgen.

Mit den bekannten Gesinnungen der Ihrige 2c.

Berlin, 1. October 1851.

Mein guter alter Freund!

Ihre Zuschrift hat mich tief gerührt, ich bin Ihnen nicht nur für die mir aufs Neue ausgesprochene Gesinnung, sondern für die Treue herzlich dankbar, welche Sie mir seit Jahrzehnten erweisen.

Wenn Sie meiner dortigen Thätigkeit Beifall schenken, so ist das sehr erfreulich für mich, weil ich auf Ihr erfahrungsreiches Urtheil einen großen Werth lege. Ich that aber nichts mehr, als was mir Gewissen und Pflicht und der erfahrene gesunde Menschenverstand vorschrieben. Das ist hier und auch in Wien anerkannt.

Ich habe vorgestern meine arme Frau aufs Land gebracht und kehrte gestern von Neuhausen zurück, wo ich nur 16 Stunden gewesen. Sonnabend früh gehe ich von Stettin ab. Hier ist Alles sehr beschäftigt.

Gott erhalte Sie Ihren Mitarbeitern und dem Vaterlande. Herzlichst und treu ꝛc.

St. Petersburg, 3. November 1851.

Ich habe zwar eine sehr reichhaltige, geistreiche und belehrende Mittheilung aus Frankfurt erhalten, aber nichts von Ihnen gehört und bitte daher, wenn es Ihre Zeit erlaubt, mir einmal zu sagen, wie es Ihnen geht, wo Sie jetzt mit der Canzlei wohnen und wie es bei dem schweren Geschäftsgang in Frankfurt möglich ist, daß die preußische Bundesgesandtschaft in Kurhessen sich etablirt hat.

Empfehlen Sie mich den Hrn. Wenzel und Rudloff und erhalten Sie mir ein geneigtes Andenken.

Ihr dankbarer Freund ꝛc.

Berlin, 12. Juni 1852.

Lieber Kelchner!

Ihrem freundschaftlichen Gedächtnisse mich zurückrufend, bin ich so frei, Ihnen durch den nach Schlangenbad gehenden Grafen P. Schuwaloff einen Brief an Madame Legat in Baden-Baden mit der Bitte zu schicken, solchen auf sicherem Wege an Hrn. v. Savigny oder dessen Secretär gelangen zu lassen, der vielleicht die Güte hat, die Beilage mit 82 Thlr. gegen Quittung abzuliefern. Sie haben dann die Güte, jene Quittung an mich nach Dresden, Marienstraße Nr. 18, zu schicken, wo ich bis zum 8. Juli verbleiben werde.

Von hier nichts Neues. Parteien und Intriguanten sind thätig. Welche Partei den Sieg davontragen wird, wissen die Götter. Ich bin kein Intriguant und halte mich von Allem ferne.

Leben Sie wohl und bewahren Sie mir ein gutes An- denken.

Geh. Legationsrath Borcke geht Mitte Juli nach Homburg. Graf Radziwill hat um seinen Abschied gebeten. Vorthausen geht nach Brüssel, Seckendorff nach Stuttgart, Sydow an den Hof der Königin Isabella.

Diese Notizen für Sie.

Herzlich und treu ꝛc.

––––––––––

Dresden, 20. Juni 1852.

Ich habe Ihr Schreiben über den Empfang meines Briefes an Madame Legat durch Graf Schuwaloff erhalten und mich herzlich gefreut, Ihre Handschrift wieder zu sehen. Glauben Sie mir, lieber alter Freund, daß ich Ihrer oft gedacht. Die Dinge stehen immer noch nicht gut. Es scheint Alles zu kreisen;

man folgt Impulsen und glaubt, daß das, was einem durch den Kopf geht, auch ausgeführt werden kann. Dadurch geschehen so viele seltsame Schritte, daher kommt es, daß so manche tüchtige Männer abgenutzt und compromittirt werden, die dann bei Seite gestellt werden müssen.

Ich bleibe bis zum 4. Juli hier, brauche eine Kur, meine Frau hat Wolf consultirt und wir erwarten dessen Entscheidung.

Aus Wien habe ich oft Nachricht.*) Hr. v. Bunsen dürfte den Kaiser schwerlich sehen.

Empfehlen Sie mich sehr angelegentlichst dem Hrn. Legationsrath Wenzel, dem ich aufrichtig attachirt bin.

Ihnen ist meine Achtung und Freundschaft für immer gewidmet.

Der Ihrige ꝛc.

Sollte einer oder der andere der Herren und namentlich Sie, lieber Kelchner, mir hierher schreiben wollen, so bitte ich, den Brief unter Adresse des Grafen Galen oder der hiesigen preußischen Gesandtschafts-Canzlei zu schicken.

Ich lege noch ein Schreiben nach London bei. Geben Sie solches auf der britischen Gesandtschaft mit der Bitte ab, es bald mit dem Courier abzuschicken.

---

*) Der Kaiser Nikolaus besuchte den Kaiser Franz Joseph in Wien.

Namen-Register.

Betrachtung,

angestellt am 7. December 1850.

Es ist immer eine ernste Pflicht, in Zeiten, wie die unserigen, das Ohr der Wahrheit nicht zu verschließen und sich die nächste Vergangenheit vorzuführen. Was ist der Ursprung der Gefahr des Augenblicks? Preußen nahm durch die Unionsidee den Gedanken der Frankfurter Einheit wieder auf und suchte denselben zu seinem Vortheil zu exploitiren. Daraus erwächst der Vorwurf: daß Preußen aus Deutschland einen Bundesstaat unter Preußens Hegemonie hat machen wollen. Die Unmöglichkeit: dies Ziel zu erreichen lag Jedem klar vor Augen, der sie nicht absichtlich verschließen wollte, besonders nachdem Oesterreich durch die Beendigung des ungarischen Kriegs wieder sehr fest stand und die vier Königreiche sich ihm anschlossen. Es ist dies dem königlichen Hofe rechtzeitig gesagt worden, aber bemungeachtet verfolgte man den unausführbaren Gedanken, wendete den größten Theil von Deutschland von sich ab, und ging einem Bruch mit Oesterreich unfehlbar entgegen.

General Radowitz sagt zwar: „Wir bieten Oesterreich keinen gerechten Grund zum Kriege, aber Oesterreich wird gezwungen werden gewaffnet zu bleiben und bei der Penurität seiner Finanzen genöthigt sein nachzugeben." Allein plötzlich trat das preußische Cabinet aus dieser Stellung hervor und erklärte laut: „Wir dulden keine Intervention in Hessen und Holstein." Wohin Oesterreich jedoch durch die unabhängigen Souveräne dieser Länder gerufen war! Durch diese Erklärung, welche jeder legalen Basis entbehrte, gab man Oesterreich ohne Frage eine begründete Ursache zum Krieg, und hätte sich Preußen an Stelle Oesterreichs befunden: die Hand auf's Herz! Preußen hätte sich gleichfalls auf den Krieg gefaßt gemacht. So standen die Sachen, als man sich in Warschau versammelte, in der gegenseitigen Absicht sich zu verständigen. Oesterreich schickte noch vorher den Grafen Buol nach Berlin mit sehr versöhnlichen Vorschlägen. Doch der General Radowitz schreckte ihn mit der Conjugation des Wortes: „Nicht Dulden" zurück. Demungeachtet verzichtete Oesterreich auf die Forderung, daß Preußen die Frankfurter Versammlung anerkennen möchte. Preußen dagegen versprach durch Grafen Brandenburg sich der Autorität der Frankfurter Versammlung in der Sphäre derjenigen Länder nicht entgegen zu setzen, welche sich dort repräsentiren ließen. Der Graf Brandenburg ist über diesen gegenseitigen Zugeständnissen gestorben, und ich bin allein übrig, der Zeugniß von den dortigen Verhandlungen ablegen kann. Sie waren nichts Anderes als eine Rückkehr auf den Weg des Rechts, das Aufgeben einer Opposition, die keine legale Wurzel hatte.

Als Preußen die Intervention in Hessen einräumte, forderte es nur eine Garantie seiner Militärstraßen. Eine solche erfolgte. Die Declaration vom 20. vor. Monats, also die Garantie von Oesterreich würde zwischen Particuliers jedes Duell überflüssig gemacht haben, weil damit Alles befriedigt war, was das feinste Ehrgefühl in Anspruch nehmen kann. Oesterreich scheint daher keine Unverträglichkeit an den Tag gelegt zu haben. Folgt man dem, was Recht, Gerechtigkeit, der Wortlaut der Verträge vorschreiben, so hätte Preußen die Autorität der in Frankfurt vereinigten Regierungen in dem Bereich ihres Wirkungskreises ohne Störung und Einspruch walten lassen, Kassel verlassen und sich mit Aufrechterhaltung der Etappenstraße beruhigen müssen. Die Theilung des Präsidial-Rechts, eher eine Etikettenfrage als ein reelles Privilegium, kann in den Augen vernünftiger Menschen nicht den Vorwand zu einem Kriege geben. Ebensowenig dürfte der Dualismus in der Executivgewalt des neuen Bundes-Central-Organs einen plausibeln Grund zu einem Bruch mit Oesterreich darbieten, und prüft man die Sache etwas näher, so kann Preußen diese beiden Forderungen nur durch allgemeine Zustimmung sämmtlicher deutschen Regierungen realisirt sehn, und soweit ich die Sache beurtheilen kann, sind beide Ansprüche keine Lebensfrage für Preußen, an die sich seine Existenz knüpfte. Ob diese Forderungen mit 550,000 Mann, oder ohne Bewaffnung unterstützt werden, ist für den Rechtsstandpunkt einerlei. Wollte aber Preußen seine Forderungen durchsetzen, weil es gewaffnet hat, so bekundet es dadurch einen Uebermuth, welcher den Frieden mit Preußen allen übrigen Mächten für die Folge ganz unmöglich machen würde.

Ich habe den Enthusiasmus des ganzen preußischen Volks beobachtet. Er war ehrlich und gerecht. Es handelte sich damals darum, das unerträgliche, schimpfliche Joch eines Fremden, das seit sechs Jahren schmählich auf uns lastete, zu brechen. Ein Jeder setzte bereitwillig Gut und Blut für diesen Zweck ein. Heute ist es doch wesentlich verschieden. Preußen hat gar keinen plausibeln Grund zum Kriege. Niemand hat sich erlaubt, daran zu denken, Preußen zu beeinträchtigen, und alle desfallsigen Gerüchte sind ohne Grund. Preußen hat aber ohne alle Frage seit achtzehn Monaten eine falsche oder wenigstens keine glückliche Politik betrieben; die Regierung will davon abgehn, hat aber nicht die erforderliche Resolution, es offen einzugestehn und die damit verbundenen Folgen ihrer wohlthätigen Determination zu tragen. Mit der österreichischen Erklärung in der Hand kann jeder preußische Minister vor die Kammer treten, und sie fragen: ob sie noch den Krieg wolle? einzig und allein um die Gebote der sogenannten preußischen Ehre zu befriedigen? — Befolgt man nicht diesen Weg, ist man nicht ehrlich und vernünftig bei der jetzt verabredeten Cooperation, stachelt man noch Braunschweig an, den Durchmarsch zu verweigern, so wird man unwiderruflich einen Krieg heraufbeschwören, und zwar einen Krieg, wobei die Franzosen bis zum Rhein vorrücken und ihn zu behaupten suchen werden, ungeachtet des Becker'schen Rheinliedes, wo die Dänen über die Eider gehn und andere mythische Gesänge ihrer Politik einverleiben werden, wo die Russen in Ost- und West-Preußen einrücken, aber nicht als Befreier. Rechnet man alle diese Eventualitäten, und daß die Enthusiasten zum Krieg gewöhnlich diejenigen sind, welche zu Hause bleiben, so wird die halbe Million Streiter kaum genügen; zumal man doch auch den größten Theil von Deutschland gegen sich haben würde. Niemand beklagt und fürchtet mehr den Krieg, als ich; und zwar vornehmlich für Preußen.

Die Zeitungsschreiber, die Kannegießer und die parlamentarischen Notabilitäten werden niemals dem Landvolk überzeugend beweisen können, daß ein Krieg unabänderlich nothwendig sei. Er ist provocirt und mit Haaren herbeigezogen durch des General Radowitz Politik seit achtzehn Monaten, vornehmlich durch sein „Nicht Dulden Wollen" dessen, was Preußen an Oesterreichs Stelle unfehlbar auch gethan haben würde. Die Ursachen zum Krieg werden den Völkern wie den Cabinetten ganz unerklärlich bleiben. Die Ehre ist in der That außer dem Spiele. Will Preußen sich vergrößern, so ziehe es sein blankes und scharfes Schwert; aber wenn es sich um Erhaltung des Friedens handelt, so darf man nicht die wahren Absichten Preußens übersehn. Möge man in Berlin nicht vergessen, daß, indem man von dort aus die Gegner zwingt den ersten Kanonenschuß zu thun, man anderwärts die Schuld der Aggression auf Preußen fallen und folgen lassen wird. Der Kaiser hat es mir seit anderthalb Jahren gesagt: „C'est celui qui enfreint les traités, celui, qui viole des engagements et manque à sa promesse, qui est l'aggresseur." In diesen Worten liegt für den Kaiser das Gebot, sobald der Krieg ausbricht, sich über die preußische Politik frei auszusprechen. Es wird dies ein Tadel sein, und alle Eventualitäten wird man sich in einer Weise vorbehalten, um die Hand frei zu haben für den Fall, daß fremde Mächte sich dareinmischen sollten. Der Kaiser will die Aufrechterhaltung der Tractate von 1815, mithin auch Beibehaltung der damals für jeden einzelnen Staat bestimmten Grenzen.

R.